济大社会学丛书

山东省社科理论重点研究基地（济南大学）"新时代社会治理与政策创新"研究基地成果
山东省高等学校青创人才引育计划"新时代社会治理与社会政策创新团队"成果

中产阶层的
主观地位认同

以上海市数据为例

THE SUBJECTIVE SOCIAL STATUS OF
MIDDLE CLASS IN SHANGHAI

韩 钰／著

社会科学文献出版社
SOCIAL SCIENCES ACADEMIC PRESS (CHINA)

目录
CONTENTS

第一章
中产阶层及其主观地位认同的研究现状

随着改革开放进程的推进，我国开始从传统的农业社会转向现代的工业社会，经济体制也经历了计划经济体制向市场经济体制的变迁。在这一过程中我国经济获得了稳定持续的快速增长，工业化的迅速发展也带来了快速的城市化过程，随之而来的是社会结构的不断分化。进入21世纪以后，我国的社会经济发展更是取得了举世瞩目的成就，人们也极大地享受到了改革开放带来的成果，生活水平有了显著提高，总体上达到小康水平；人们的收入不断增加，受教育程度不断提高，职业结构也发生了剧烈的变化。而上海市作为我国省级行政区、直辖市、国家中心城市，其人均收入、受教育程度和职业结构分化水平更是远超全国平均水平。

根据图 1-1，2000~2020 年，我国城镇居民人均可支配收入从 2000 年的 6280 元上升到 2020 年的 43834 元，增长了 5.98 倍；而上海市城镇居民人均可支配收入在 2000 年就达到 11718 元，与全国 2006 年的水平相差无几，到 2020 年增长至 76437 元，是全国同期金额的 1.74 倍。这表明上海市城镇居民人均可支配收入已经达到较高水平。

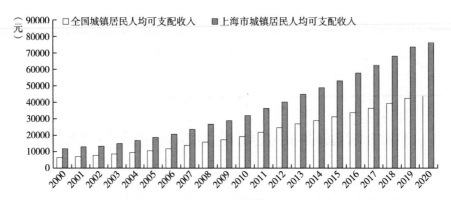

图 1-1　2000~2020 年全国和上海市城镇居民人均可支配收入变化情况

资料来源：本图是作者根据历年《中国统计年鉴》中分地区城镇居民人均可支配收入大表数据绘制而成。

根据图 1-2 中 2000~2020 年全国和上海市大专及以上学历人口占6 岁及以上人口的比例数据，全国高等教育人口比例呈逐年上升趋势，上海市除个别年份外，总体呈上升趋势，且上升幅度要高于全国水平。从 2016 年开始，上海市高等教育人口比例开始超过 30%，2020 年更是超过了 35%。这表明我国当前人力资本水平有了极大提高，而上海市的人力资本水平又远超全国平均水平。

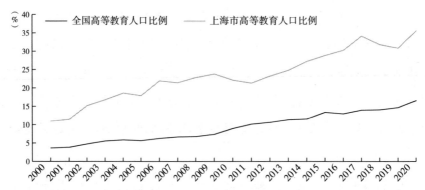

图 1-2　2000~2020 年全国和上海市大专及以上学历人口占6 岁及以上人口的比例变化情况

资料来源：本图是作者根据历年《中国统计年鉴》中分地区按性别和受教育程度分的 6 岁及以上人口大表数据绘制而成。

从图 1-3 中 2000~2020 年全国和上海市第二产业从业人口占所有从业人口比例的变化趋势来看，全国第三产业从业人口比例稳步上升，到

2020 年，已达到 47.7%，而上海市从 2017 年起就已超 65%。这表明我国已进入工业化后期阶段，"白领"工作人员的总量已经超过蓝领工人，职业分布的"白领时代"已经来临。同时，这也表明我国职业分布更加多样，传统意义上的工人阶级已经由一个单一的体力或重体力劳动者社会集团，转变为一个由体力劳动者（所谓"蓝领"）和脑力劳动者及轻体力劳动者（所谓"白领"）两部分组成的复合型的社会集团，且后者的比例已经开始超过前者，占据主导地位。

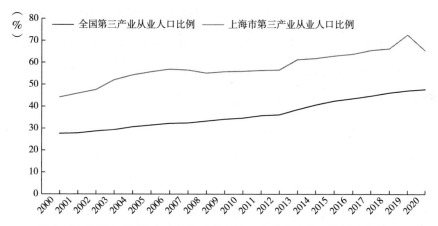

图 1 - 3　2000～2020 年全国和上海市第三产业从业人口比例变化情况

资料来源：本图是作者根据历年《中国统计年鉴》和《上海市统计年鉴》中的数据绘制而成，其中 2000～2019 年的全国数据来源于《中国统计年鉴》按三次产业分就业人员统计表，上海市数据来源于《上海市统计年鉴》全社会各行业从业人员统计表；2020 年的全国和上海市数据均来源于《中国统计年鉴》分地区就业人员数统计表。来源的差异主要是由于统计年鉴数据指标的变化，作者不确定上海市 2020 年第三产业从业人口比例的显著下降是否由于统计指标的差异导致。

以上只是截取了 2000～2020 年，全国和上海市在收入、教育和职业三个方面的部分变化趋势，但一致反映出我国进入 21 世纪后在各方面取得的显著成绩。上海市与全国的对比也反映出上海一直走在全国改革开放的前列，人们也极大地享受到了改革开放带来的成果，生活水平有了显著提高，我国城镇居民的社会结构发生了极大变化，中产阶层群体①的

---

① 本研究中，"中产阶层""中产阶层群体"没有概念上的差别。

比例逐步提高，其作为一个独立的群体逐渐出现在大众的视野之中。与此同时，学者，包括经济学、社会学、政治学等各个领域的学者，对这一群体也给予了高度关注。我国社会学界对中产阶层群体的相关研究从20世纪90年代后期开始，但最初研究成果并不多，到21世纪初，相关研究全面展开，现在相关研究成果可谓数不胜数。不同研究领域的学者从各自的兴趣点出发对中产阶层群体的各方面问题展开了一系列理论和实证研究，这些研究主要涉及以下方面。首先是对国外中产阶级理论背景和现状的介绍（刘欣，2003；李强，2005a；周晓虹，2005a；姚俭建，2005；刘长江，2008）。其次是对中国中产阶层群体现状的分析，包括这一群体发展的社会背景、人群组成、人群规模、类型特征等方面（刘欣，2007；李路路、李升，2007；李路路、王宇，2009；李春玲，2013；李强、王昊，2017）。再次是以中产阶层群体为研究对象，分析他们的消费行为（王建平，2006b；刘毅，2008；范贞，2008；黄庐进，2010；李春玲，2011a；朱迪，2013；孙秀林、张璨，2014）、社会态度（张翼，2005；李培林、张翼，2008；李春玲，2008b；李春玲，2011b；李小红、严翅君，2014）、政治功能（李友梅，2005；沈瑞英，2007；李路路，2008b；胡联合、胡鞍钢；2008；孙秀林、雷开春，2012；吕庆春、伍爱华，2016）等具体问题。

但是，更多情况下我国学者对中产阶层的分析主要集中在一个"他者建构"的世界里，而对他们的"主观建构"，即主观阶层地位认同的研究在中产阶层群体研究中相对较少。根据中国社会科学院2002年组织的大型调查，当时已经有超过九成的受访者可以明确地将自己划分至某一阶层（李培林等，2005）。因此，社会阶层分化不只是一种客观层面的社会事实，也逐渐发展为一种主观层面的心理事实。目前，国内学者对主观阶层意识和阶层地位认同也展开了一些专门的讨论，总体而言，当前这方面的研究主要集中在以下几个方面。首先，分析中产阶层的主观地位认同现状与特征，这部分研究主要是将主观认同作为划分中产阶层群体的标准之一，据此讨论中产阶层群体的现有规模，然后将其与其他国家的情况进行比较，在对比的基础上总结我国主观阶层地位认同的基本特征（李春玲，2003；李培林，2005；周晓虹，2005b；李培林、张翼，2008；金玉，2014）。采用以上分析的研究者发现我国居民主观阶层地位认同具有明显的"下移"，即与其他国家相比，我国居民主观认同"中产阶层"的比例较低。但是这部分研究并没有进一步将主观阶层地位认同作为因变量，以定量研究的方式分析其产生的原因，而只是做了简单的逻辑推演和猜测（赵延东，2005；吕庆春，2006）。其次，以主观阶层地位认同作为一个中间变量，用以解释他们在社会态度、政治功能或主观幸福感等方面的差异（张翼，2009；冯仕政，2011；宋辰婷，2013）。就这部分研究而言，阶层地位认同只是一个解释变量，他们要研究的问题是人们的社会态度、政治功能或主观幸福感等问题。当然，这方面的研究中也有不少直接以主观阶层地位认同作为因变量进行的分析。但是这些研究中有很大一部分其实仍是以所有客观阶层地位的居民为研究对象，分析他们的阶层地位认同或中产认同（刘欣，2007；范丛，2013）。只有少部分研究是真正以中产阶层群体为研究对象对他们的主观阶层地位认同的影响因素进行分析（沈晖，2008；杜雪，2012；郭辉，2013；崔岩、黄永亮，2017）。其中沈晖和杜雪的研究是以质性研究的方式展开讨论，而郭辉（2013）和崔岩、黄永亮（2017）的研究则以定量研究的方式进行分析。

然而对中产阶层群体主观阶层地位认同的相关研究较少并不意味着"中产阶层"的概念仍然只存在于学术领域或官方文件中，其实民众对这一概念有着自己的理解。近年来，每当有关学术机构发布跟中产阶层群体有关的研究报告时，都会在网上引起巨大反响。很多网民都认为，这些机构发布的判断中产阶层的标准或结论是"难以想象"甚至是

"不合常理"的，他们有时还会调侃自己"被中产"了。周晓虹（2007）在《〈白领〉、中产阶级与中国的误读》中就指出，他和他的学生根据经济条件、职业分类、教育层次等指标对中产阶层群体展开综合考察，由此计算出我国五大城市中中产阶层的比重为 11.9%。就是这个他们认为还算保守的数字还是引起了广泛的质疑，很多人都不相信当时中国的大城市已经有 11.9% 的中产阶层群体，也有许多人对"月收入五千元人民币以上、白领职业、接受过正规大学教育的人"就可以归为中产阶层这一说法提出质疑。类似的例子比比皆是，国内各大网媒、论坛都有专门针对中产阶层的讨论。以知乎论坛为例，以"中产阶级"为主题的话题，截至 2022 年 9 月 17 日，有 16302 名关注者、2881 个问题、39875 次讨论，而与此同时以"热门话题"为主题的话题也仅有 11555 名关注者、4544 个问题、88593 次讨论，这足以说明"中产阶层"概念的关注人之多，且已经进入人们的日常讨论。而学术界或咨询媒体调查研究得出的中产阶层划分标准和规模与对照入座满足这些标准的广大中产阶层民众的主观认同和感受有着很大的差异。那么在这些客观中产阶层群体的想象中，他们处于什么样的阶层地位？他们心目中的中产阶层群体需要满足哪些条件？影响他们对自身阶层地位做出判断的主要因素有哪些？这一系列问题都是等待我们回答和讨论的，也是本书将要尝试回答的问题。

为了更好地回答这些问题，本章将对中产阶层及其主观地位认同的研究现状进行简单梳理。但是因为不同学者的文化背景、语言习惯、学科背景等差异，他们会选择使用不同的词语称呼本书称为"中产阶层"的这一群人，比如"中等收入群体"、"中等收入阶层"、"中产阶级"、"中产阶层"、"中产"、"中间阶级"和"中间阶层"等都是学者们对这一群体的称呼。笔者在现状的梳理中将不加区分地使用这些概念，但是在本研究中，除特殊情况外，将更多使用"中产阶层"这一概念。

一　中产阶层概念的缘起与发展

（一）　概念缘起

中产阶层的概念来源于西方社会的"Middle Class"概念，它作为一个名词出现，经常被译为"中产阶级"。这一概念最早可以追溯至古希腊时期的亚里士多德（Aristotle），他在《政治学》一书中指出："在一切城邦中，所有公民可以分为三个部分（阶级）：极富、极贫和两者之间的中产阶级。"（亚里士多德，2009：208）亚里士多德提出这一概念主要是为调和当时雅典社会的贵族寡头与贫民之间的矛盾，这里的"中产阶级"是一个具有中庸价值观且自身具有稳定特性的执掌政权者。这与我们当前对中产阶级政治功能的讨论有异曲同工之妙。但是真正具有当代"中产阶级"概念内涵的"Middle Class"概念兴起于西欧资本主义萌芽之后。这一概念在18世纪开始初步形成，当时主要在政治上被频繁使用。但是在不同历史发展阶段，这一概念的词义也经历了从"自由民"到"小资阶级"，再到"有产者"和"资产阶级"的变化过程，"中产阶级"概念在不同的语言环境中会有不同的含义（张展，2012）。但是当时著作中提到的"中产阶级"还只是一个表面的概念，或者说是一个"剩余群体"的概念，即处于贵族与农民之间的社会阶级，具体而言，主要是指新出现的资产阶级（商人或工厂主等），以及在城镇中新出现的一些社会人群（也被称为平民或市民）（李春玲，2013）。但是这一概念的使用者对这一群体的分析并未深入问题的实质，只是停留于表面，且与当代西方学者所使用的"中产阶级"概念在根本上是不同的。

我们从社会分层的角度分析"中产阶级"，不得不提的两个重要人物是社会分层研究的经典大师卡尔·马克思（Karl Marx）和马克斯·韦伯（Max Weber）。在《资本论》中，马克思详细阐述了他的阶级理论，在他看来，阶级是对生产资料占有有相同关系的一群人。在现代工业产生以前，常用的生产资料包括土地和生产工具或牲畜，所以在当时的社会中主要存在两大阶级：一个是拥有土地的阶级，主要包括贵族、绅士和奴隶主；另一个是积极从事生产劳动的阶级，主要包括农奴、奴隶和自耕农。而到了现代工业社会，工厂、办公室、机械等都是需要购买的，因此生产资料就变得越来越重要。这时的两大主要阶级就变成拥有以上新生产资料的资本家阶级和靠出卖劳动力为生的工人阶级（或称之为无产阶级）。在马克思晚期的阶级理论中，他提出了一个关于资本主义社会阶级结构的发展模式，即"两阶级对立－中间阶层"模式（沈晖，2008：16）。根据王永年（2004）的总结，在《资本论》中，马克思认为由于资本主义社会生产力的发展和生产社会化的推进，企业的组织结构不断创新；同时由于银行制度和股份公司的出现，私人资本逐步"公有化"，出现了社会资本取代私人资本的趋势，这些新出现的因素不仅导致了企业生产过程中精英管理权和所有权的分离，发展出经理阶层和白领阶层，而且在很大程度上缓和了生产资料私人占有与生产社会化这一资本主义的尖锐矛盾。这部分新兴的经理阶层既与传统的"蓝领"工人不同，又与资本所有者相区别，他们的人数也在随着社会的发展不断增加，规模也在不断扩大，这部分人就被马克思概括为"中间阶层"。这一群体主要包括："小工业家、小商人、小食利者、手工业者、农民、医生、律师和学者等。"（陈义平，2005：41）马克思认为这些中产阶层在一定程度上既与资产阶级类似，也与无产阶级类似，因为他们既是有产者，又深受资本的压迫，与无产阶级一样同为劳动者，所以中产阶层是一群在经济上处于无产阶级和资产阶级中间地位的人。随着技术的进步和资本的进一步积累，中产阶层也会不断分化，其中少部分人可以变为资本家，而大部分人可能会沦落为半无产者或者无产者。所以，在马克思的论述中，他的"中产阶层"概念，与前文中提到的那些在政治上使用的"中产阶级"概念具有很大的相似性，因为他们都是介于两大对立社会阶级之间的一个社会群体，只不过之前是介于贵族和农奴之间，而现在是介于资产阶级与无产阶级之间。但相比之前的学者，马克思展开了更加系统、深入的阐释。

韦伯的阶级理论是对马克思阶级理论的进一步补充和完善，他认为马克思仅从生产资料的占有情况来区分不同的社会阶层是不够的。在韦伯看来社会分层的标准应该是多元的，所以他重点选取了三种"在一个共同体中的权力分配现象"——阶级、地位和政党——进行阶层的划分。所以在韦伯这里，阶级只是分层的一个方面，且与马克思一样，他在对阶级的分析中也强调经济的重要性；所不同的是，他认为马克思对经济的认识主要停留在生产过程，而忽视了流通过程，比如产品的流通和劳动力的流通（马丽娟、李小凤，2006），所以在韦伯这里，生产方式绝不是划分阶级的决定性因素，真正具有决定性的是市场力量。所以他把阶级看作"由同样经济地位的人组成的一些集团"，这也就意味着处于同一阶级的人，他们有着共同的生活机遇（马丽娟、李小凤，2006）。根据周晓虹（2005a）的总结，韦伯对地位的界定是从社会的角度进行的，不同的身份或地位群体"具有较高的社会声望或缺乏这种声望……它是通过具体的生活方式来体现的"（Gerth & Mills，1958：405）。社会角度的地位向度与经济角度的阶级向度存在部分关联，但并不完全一致，前者由后者决定，但又制约着后者。韦伯对政党的界定是以权力作为指标进行划分的，政党之所以能成为划分阶层的一个向度，主要是因为不同的阶级或阶层可以通过政党的力量行使权力，由此改变原来的市场分配方式。换句话说，政党的权力大小基本上直接关系着它们在市场分配过程中所能得到的社会资源的多少，所以政党的力量是十分强大的。尽管韦伯没有专门对中产阶层展开具体的阐述，但基于以上社会分层理论，韦伯不同意马克思认为的随着技术的进步、资本的积累，中产阶层会分化为与工人阶级相同的阶级群体。因为中产阶层与工人阶级占有不同的财富和收入，并且他们在生产机会和生产资料的占有上也是不同的，所以他们是两个完全不同的阶级。相比于工人阶级，中产阶层是一个更加稳定的阶级，因为他们更多的只是为了追求利益，一般不会发起容易引起大规模骚动的集体行动。总之，韦伯的多元分层理论为当代中产阶级理论提供了比马克思更灵活的理论视角。

（二） 概念发展

尽管马克思在《资本论》中多次提到"中间阶层"的概念，也对其展开了详细的阐述，但是他仍然只是将其看作一个介于资产阶级和无产阶级之间的社会群体，并认为其最终会瓦解，而其中的大多数会加入到无产阶级队伍中。根据李强（2005a）的总结，真正全面阐述中产阶级思想的是伯恩斯坦（Eduard Bernstein），一个马克思思想的修正者。他在1909年的一次演说中比较全面地阐述了中产阶级的观点，根据收入统计，他发现高收入和中等收入人数非但没有像马克思所预测的那样不断减少，反而一直增加，并且这部分人的增长速度明显超过全部人口的增长速度。所以他指出，社会关系并没有发生像马克思所预言的那样出现两极分化，阶级对抗也会因为中产阶级的扩张而趋于缓和，而这主要得益于白领从业者在数量上的增长和在职业种类上的多样化，他们已经从工人阶级中分化出来，与工人阶级相比，他们在经济状况上有很大改善。所以，伯恩斯坦的中产阶级观点更符合当代西方学者所使用的"中产阶级"概念。

尽管伯恩斯坦提出了现代中产阶级概念，但并没有对此展开全面的学术论证，较早完成这一工作的应该是德国社会学家埃米尔·莱德勒（Emil Lederer）。他把由职员、技术人员构成的新中产阶级看作一个特殊的社会阶层，一个有着特殊的阶级利益的社会阶层，他们与产业工人是不一样的，在实践中他们建立了与产业工人相分离的工会（李强，2005a）。在 1937 年与他人合作出版的《中产阶级》一书中，莱德勒全面研究了中产阶级群体的起源和发展，以及他们的社会地位和社会功能。他研究发现，19 世纪末 20 世纪初，德国的独立企业主群体，也就是那些老式中产阶级，在经济活跃人口中的比重不断下降，到 1907 年，这一群体所占比重已不足 20%，比 1882 年下降了将近 10 个百分点；同时，手工劳动者所占比重也只有小幅度增长；增长较快的是薪金雇员群体，他们在劳动力人口中的比重从 1882 年的 1.8% 上升到了 1907 年的6.7%（周晓虹，2005a）。

而真正具有里程碑意义的中产阶级研究学者当数美国社会学家 C.赖特·米尔斯（Charles Wright Mills）。他在 1951 年出版的《白领：美国的中产阶级》一书中，从"老式中产阶级"和"新中产阶级"两个方面研究美国的中产阶级群体。前者主要由自由农场主、店主和小企业主组成，而后者主要是"白领"，如从事专业技术工作的人员，包括经理阶层、学校教师、医生、律师等，还有办公室工作人员以及从事推销工作的人。在米尔斯看来，美国没有封建时代，所以在工业化之前，其并没有形成一个暴敛社会财富的贵族阶级。在美国"老式中产阶级"曾占到总人口的 80%，但随着农村的大量减少和城市化的迅猛发展，老式中产阶级也会不断减少，并逐步退出历史舞台，而新生的白领阶层将会占据主导地位。米尔斯发现，"80 年以前（1860 年），只有 75 万中产阶级雇员；到了 1940 年，中产阶级雇员人数超过 1250 万人。同一时期，老中产阶级增长了 135%，雇佣劳动者增长了 255%，而新中产阶级增长了 1600%，……现在，白领职业已经覆盖了美国中产阶级总体的一半以上"（米尔斯，2006：49～50）。米尔斯认为，"中产阶级的这种转变意味着分层轴线从财产到职业的转变，中产阶级的旧有的、独立的那部分人的人数下降，是财产集中化的结果，新的工薪雇员的人数上升则归咎于工业结构，它导致了组成新中产阶级的各种职业的出现"（米尔斯，2006：50）。

在米尔斯看来，相对于老式中产阶级，新中产阶级没有独立的财产，而相对于工人阶级，他们却都是从事"脑力"劳动的白领。米尔斯在书中对这些新中产阶级进行了全方位的描述（沈晖，2008）。首先，从生活和收入水平来看，新中产阶层处于较高水平，他们在物质享受上甚至大大超出了传统的中产阶层群体。他们享受郊外的住宅、带薪的假期和其他各种社会福利，但这让他们失去了私有财产、独立地位，以及由此带来的自由和安全感。所以他们常常会因为受到外力的操纵而沦为附庸，行动上，他们谨小慎微；精神上，他们无根无援。其次，作为一个庞大的群体，这些白领分布在大型官僚机构中的大多数部门和各行各业，如大公司、政府部门、学校、商业部门等各类服务性机构。在其中，他们一般处于社会运转的控制部门，所以基本上行使着管理职能，是联结与协调上下级关系的中坚力量。所以尽管他们的地位不上不下，既有一定管理权，又受他人操纵，但仍然具有自己的职业优势并发展出"小马基雅维利"式的权力观。最后，因为新中产阶级处于复杂的职业分割下，所以他们较难获得明确的自我意识和团结感，是一群没有同一方向且"政治冷漠"的人。他们通过专注于技术的进一步完善、提升个人职位、增加业余活动等方式弥补在精神上的懈怠与政治上的消极。他们入世过晚，所以不能像工会那样拥有强大的组织并开展自觉行动，又因面目较新，还没有走上历史舞台，而只能浑浑噩噩地当一阵"政治后卫"。

米尔斯对美国二战后社会结构变化的敏锐洞悉，揭示了"白领"这一新中产阶级群体规模不断扩大的现实，之后一大批社会学家开始关注以"白领"为主要对象的中产阶层并展开研究，从此，中产阶层开始真正进入社会学家的视野，并逐步成为研究的热点。大卫·洛克伍德（David Lockwood）的《职员》、西奥多·盖格（Theodor Geiger）的《处于熔炉中的阶级社会》以及弗里茨·克龙奈（Fritz Croner）的《现代社会中的雇员阶层》等都是有关中产阶层研究的著作（李强，2005a）。另外，米尔斯的这一研究也产生了极大的理论影响，职业开始代替财产关系成为人们分析社会分层结构的要素。中产阶级作为在现代社会变迁过程中，因为技术劳动替代体力劳动而产生的一种新型社会力量，不断发展、壮大，逐渐形成了独具特点的生活状态以及政治取向。

之后的很长一段时间，大量学者从职业、收入、教育、声望、消费、性别、种族、品位、认同和政治态度等各个层面对中产阶级进行了反复研究，也得出了很多有意思的研究结论。但是学者们对中产阶级的研究基本上是建立在米尔斯提出的白领职业规模不断扩大的社会结构现实基础上，他们基本上认同用职业分类作为界定中产阶级的最重要测量指标。新马克思主义学派代表人物埃里克·欧林·赖特（Erik Olin Wright）在对马克思主义阶级理论修正过程中提出了连续剥削理论，也是为了适应这一社会现实。赖特区分了当代社会存在的四种资产——物质生产资料、劳动力、组织资产和技术资产（赖特，2006），每种类型的资产都会产生对应的剥削。新韦伯主义代表人物约翰·亨利·戈德索普（John Harry Goldthorpe）构建的阶层分类框架也是以职业为基础，通过市场状态与工作状态来划分阶级。他认为，体力劳动者与非体力劳动者之间的区分是一种最基本的社会性分割，由此他把工业资本主义社会阶级分为三大部分：第一部分是公务人员阶级，也包括大企业主，第二部分是工人阶级；第三部分是中间阶级，主要由底层非体力雇员和小业主组成（李春玲、吕鹏，2008）。新韦伯主义的另一个重要代表人物安东尼·吉登斯（Anthony Giddens）就在劳动分工的基础上提出了定义中产阶级的另一个重要标准，即市场能力（李强，2005a）。三种重要的市场能力分别是对生产资料的占有、对教育或技术的占有和对体力劳动力的占有，由此产生出资本主义社会的三个基本阶级——上层阶级、中产阶级和下层工人阶级。三种市场能力之间清晰的界限使得中产阶级的界限也是清楚的，就是指那些占有教育、技术证书而不占有生产资料的人群。尽管中产阶级内部会因为劳动分工的不同而具有内部差异，但这种差异并不会造成阶级的差异，因此中产阶级依然是一个统一的阶级。就连当今国际学术界少数几个最有影响的社会学大师之一的皮埃尔·布迪厄（Pierre Bourdieu）的阶级分析也难逃职业分类。布迪厄深受马克思和韦伯的影响，他指出，当今社会个体区别于他人的因素并不仅仅取决于其所拥有的经济资本，还在相当程度上依赖个人的品位和生活方式等文化资本（朱伟珏、姚瑶，2012），这是布迪厄阶级理论的分析框架。我们必须首先认识到，布迪厄的阶级结构概念是包含全部职业分工的（赖特，2011：101），他的目的就是用他提出的分析框架将各种不同的职业分类，即将劳动分工的各种职位的相互区隔与关联在一些因素上赋予理论含义。他最终提出的阶级模型可以被理解为一个由三个相互垂直的轴组成的因子空间（factorial space）。第一个（也是最重要的一个）轴主要是依据在职者所具有的资本总量（经济与文化）将职业系统中的不同职位区分开来。第二个轴是用来区分阶级位置中的职位，主要是用经济与文化资本的相对优势（构成比例）来划分。第三个轴是对时间的准结构化处理，即对人们随时间精力的资本数量和构成的变化或静止来划分人群（赖特，2011：102～104）。所以布迪厄的阶级理论分析框架也离不开职业的分类。

国外社会学大师基本都对中产阶级的界定或者阶层结构的划分方式进行了自己的阐述，这些阐述之间各不相同，甚至很多采用相互对立的理论取向。马克思主义及其追随者更多地认为阶级是一个真实存在的社会集团，他们有共同的阶级意识。而韦伯主义及其追随者则把阶级看作一种宽松的、名义上的概念，同一阶级地位的人可能拥有共同的社会地位，或者在市场中有相似的生存机会。但无论坚持何种理论取向，他们都坚持一种"地位结构观"，即在他们看来中产阶级是一群在社会属性或者社会资源占有上处于社会结构中间位置的人。所以，不同的研究者只是强调不同的社会资源属性，以及他们对社会结构的不同解读。另外，他们在分析中也都以不同的职业分工作为基础，对各群体掌握的某种社会资源进行总结，并以此划分出不同的阶层。

二　中产阶层的划分标准

根据毛泽东的《中国社会各阶级的分析》，"中产阶级主要是指民族资产阶级"（《毛泽东选集》第一卷，1991：4），文中毛泽东划分中产阶级的依据是对生产资料的占有情况，与马克思的划分是高度一致的。他认为，中产阶级具有两面性和双重性，他们并没有形成"独立"的以本阶级为主体的革命思想，所以在新中国成立初期对资本主义工商业进行了社会主义改造。在这样一个大背景下，中国传统的"中产阶级"基本上已经不复存在，中国中产阶层的重生基本上始于1978年开始的改革开放。换言之，当今中国中产阶层的兴起，与1978年后的改革开放和社会转型有着密切的关系（周晓虹，2006）。20世纪90年代末期，为了强调自己产品的高端性，一些商品生产者、销售者和服务者等都借助传媒广告等形式把"中产阶层"的话题传遍全国，在这些极具诱惑力的广告语下，"中产阶层"被打造和宣传成为一个在生活方式、消费方式和休闲方式方面极具品位和格调的群体。这一现象不仅引发国内学者更多地从文化品位和消费行为方面对中产阶层群体展开研究，而且关于中产阶层评价标准的问题也开始有了越来越多的争论。目前，国内学者已经在西方社会分层理论的基础上，充分考虑中国国情，提出了划分社会阶层和界定中产阶层群体的多种标准。

（一） 经济学取向的中产阶层划分标准

2002 年 11 月，党的十六大报告提出了 "以共同富裕为目标，扩大中等收入群体" 的政策目标，[①] 这被认为是我国试图促进中产阶层发展的一个政策信号，"中等收入群体" 也成为中产阶层的一个代名词。之后的历年政府工作报告也多次提到 "中等收入群体" 的概念，2021 年的政府工作报告在 "'十三五'时期发展成就和'十四五'时期主要目标任务" 部分中就提到 "着力提高低收入群体收入，扩大中等收入群体，居民人均可支配收入增长与国内生产总值增长基本同步"。[②] 政府工作报告对中等收入群体的重视，也吸引学者从收入、财产和消费等经济角度界定中产阶层。

1. 收入标准

收入是经济学取向的学者界定中产阶层最常采用的指标，较早使用这一标准的学者多会参照世界银行在 1990 年提出的贫困线标准界定中产阶层。当时，世界银行选择了一组最贫困国家的贫困县，然后根据购买力平价把收入换算成美元，按照这种方式，他们计算出的贫困线应该设定为日人均收入 1 美元左右。有学者就按照此标准提出中产阶层的收入标准是日人均收入 10 ~ 50 美元（Milanovic & Yitzhaki, 2002）。根据他们的推算，当时全世界约有 11% 的人是中产阶层。在 2005 年和 2015 年，世界银行公布了提高后的贫困线标准，分别提高到日人均

---

① 《全面建设小康社会，开创中国特色社会主义事业新局面——在中国共产党第十六次全国代表大会上的报告》，https://fuwu.12371.cn/2012/09/27/ARTI1348734708607117.shtml，最后访问日期：2022 年 11 月 13 日。

② 《2021 年政府工作报告》，http://www.gov.cn/zhuanti/2021lhzfgzbg/index.htm，最后访问日期：2022 年 11 月 13 日。

收入 1.25 美元和 1.9 美元。也有学者参照这一指标提出了广义"中产阶层"和狭义"中产阶层"的划分方法。前者即经购买力平价调整后的日均收入超过 2 美元的人。根据此分类法，2012 年，全世界 70 亿人口中，已有超过 40 亿人口达到该中产阶层水准（Dadush & Ali，2012）。按照这一标准，中产阶层的大多数能买得起一部手机，但无法负担私人轿车，所以这类分类法的界线太低。而狭义的"中产阶层"则是那些收入接近或超过发达国家中等收入者的人，折合成日均收入约为 85 美元。按照这一定义，20 国集团的发展中国家中约有 3.69 亿人可被列入中产阶层（Dadush & Ali，2012）。但是这种购买力平价法的实用性也存在一些争议，因此有些学者采用收入中位数方法来定义中产阶层。2000 年，美国经济学家伯兹奥尔、格雷厄姆和佩蒂纳托较早提出了这一标准，他们指出，收入介于中位数 50% ~ 125% 的人为中间阶层（Birdsall，Graham，& Pettinato，2000）。之后这种方法开始流行，也有学者和机构对这一标准进行了简单调整，将收入中位数调整为 75% ~ 150%（Pew Research Center，2008）或 67% ~ 200%（Pew Research Center，2015）。

　　国内很多学者也赞同使用收入标准来界定中产阶层。狄煌（2003）认为，应该将收入水平作为划分中等收入群体的唯一标准，因为这一概念没有阶级意味，所以不必考虑学历、资产、职业等其他资本的配置。但是不同学者提出的具体划分标准有很大的差异，且在使用个人收入还是家庭收入上也有差异。狄煌（2003）将家庭人均年收入在 1 万 ~4 万元作为划分中产阶层的标准；国家发改委宏观经济研究院课题组（2005）在考虑我国城乡居民收入水平、达到全面小康时的城乡居民收入水平、城乡居民收入差距和国际参照标准的基础上提出我国中等收入者的划分标准为：个人年收入 3.4 万 ~10.0 万元，家庭人均可支配收入 1.8 万 ~5.4 万元，家庭年收入 5.37 万 ~16.0 万元。赵洁（2010）在考虑城乡、区域、行业差别的基础上，根据我国目前的具体国情，认为我国中等收入阶层的收入标准应该是年人均收入为 3 万～50 万元。李实（2017）采用相对标准的方式，提出计算各国中等收入标准的如下方式：首先，把世界上各个国家的收入分布算出来，之后，按照全球的中值收入，取其 60% 作为下限，取其 300% 作为上限。由此计算出 2002 年，全国中等收入群体的规模大概在 5%，2007 年上升到 14%，2013 年上升到 24%，2016 年达到 32%；城市的规模远大于农村，以 2016 年为例，城市中产阶层规模达到 57%，而农村只有 9%。

除了经济学家用收入标准界定中产阶层，部分社会学家也采用收入标准界定中产阶层。李培林、张翼（2008）以中国城市户籍人口的平均收入作为参照基准，把该收入的 50%～250% 作为划分"中等收入层"的标准。李春玲（2008a）采用相似的思路，把城镇人均年收入的 2.5 倍设定为中产阶层的标准线，超过这一标准即归类为中产阶层。之后她又提出把普通城市居民收入的中位数作为中间阶层的收入基准线，把一线城市居民收入的中位数作为中产阶级的收入基准线（李春玲，2013）。李培林、朱迪（2015）认为，中等收入者应该是那些在收入上处于中等水平，因而生活较宽裕的人群，所以在具体的界定过程中，他们使用的是收入分位值的指标，将上限定义为城镇居民收入的第 95 百分位，将下限定义为第 25 百分位。但是社会学家对中产阶层的界定一般都是将收入标准作为辅助标准，而不是单一的标准。正如李培林、朱迪（2016）指出的："构建一个以职业为基础、较为综合的测量中等收入群体的指标对于转型中的社会还是比较恰当的。"

2. 财富标准

除了以收入作为划分中产阶层的指标，经济学取向的研究者有时还会用财富作为划分中产阶层的指标。其中影响最为广泛的是瑞信研究院（Credit Suisse Research）发布的《全球财富报告》中提到的中产阶层标准。以 2015 年为例，它以美国作为基准国家，按当地拥有 5 万～50 万美元的财富标准来界定中产阶层成年人。[1] 根据这一标准，全球中产阶层成年人的数量已由 2000 年的 5.24 亿人增加至 2015 年的 6.64 亿人，相当于成年总人口的 14%。按照瑞信银行公布的计算方法，根据国际货币基金组织确定的购买力平价进行汇率换算，个人净资产在 2.8 万～28.0 万美元的中国人，就是中产阶层人军中的一员（李春玲，2016）。根据这一标准，中国有 1.09 亿中产阶层，总数居全球第一。尽管如此，西南财经大学中国家庭金融调查与研究中心的甘犁认为，瑞信银行低估了中国中产阶层的数量，他们根据 2015 年做的 CHFS 调查数据测算，中国中产阶层的数量实际应为 2.04 亿人。同时，他也指出，中国中产阶层财富太过依赖房产（占比高达 79.5%），而金融资产占比过低（仅 10.8%）。[2]

国内当前研究中，直接给出中产阶层财富界定标准的研究并不多见。张晓华（2017）指出，存款和住房面积应该成为中产阶层的评价标准，具体存款金额的确定，应该以均值为下限，以均值加上三倍标准差为上限；而住房面积应该大于均值小于均值加一倍标准差，将同时满足以上两个标准作为划分中产阶层的家庭财产标准。李强、赵罗英（2017）提出了中等生活水平的概念，其中有一项就是财产的测量，认为有房、有车、有金融理财产品的家庭才能达到中等生活水平的程度。但是通过房产这一中国重要财富表现形式研究社会分层和界定中产阶层的研究比较多。李春玲（2007）就指出，住房消费已经构成了我国社会分层的重要指标。李强（2009）认为，住房的产权、价格、地理位置、社区环境、社区文化等的差异会带来一定的地位区隔，分成不同的

---

① 《中国中产阶级财富达 7.34 万亿美元　2016 年中产阶级最新标准》，http://news.cngold.com.cn/20160518d1903n70484692.html，最后访问日期：2022 年 9 月 17 日。

② 《中国中产阶级人数已超过两亿》，http://business.sohu.com/20151117/n426657041.shtml，最后访问日期：2022 年 9 月 17 日。

"住房地位群体"。汤茜草（2012）从住宅福利出发分析了高校教师群体从"被中产"到"被消失的中产"的变化，其研究发现，中产阶级的住宅福利提升将经由职业认同而影响阶层认同，要培育足以稳定城市结构和促进城市发展的中产阶层，需要关注中产阶层住宅福利的提升。马丹丹（2015）发现，居住在高档小区的人们，可以超越物质财富和消费层面发展出某种社会和文化认同意识，表达着自我的身份与地位。而从住房角度分析居民阶层认同的研究更多（谭日辉，2012；张文宏、刘琳，2013；张海东、杨城晨，2017），只不过直接以中产阶层为研究对象的研究相对较少，他们并未提出划分中产阶层群体的住房标准。

3. 消费标准

国外学者中，西美尔、凡勃伦、布迪厄都从消费角度对社会分层展开了自己的研究。西美尔（2001）认为，时尚是对既定模式的模仿，所以它在一定程度上可以满足社会适应的需要，进而增强人们的群体归属感。同时因为每个时点上的时尚又都是独特的，所以时尚还具有建构身份认同、满足人民"示异"动机的功能。但时尚是与阶级分化联系在一起的，它最初产生于少数上层精英，是他们把自己与大众区分开来，展示自己社会地位的符号，因此，时尚可以成为我们划分不同阶级的标准。在凡勃伦（2011）看来，新贵阶层（在一定程度上就是我们说的中产阶层）刚刚获得财富，他们急于通过各种方式展现自己的成功或标榜自己与社会上层人士一致的生活方式。因为他们在经济上具有一定的优势，通过花费大量金钱来彰显成功就成为一种很好的方式，由此，"炫耀性消费"就应运而生。他们的目的就是通过炫耀自身的财富来博得社会的赞誉，从而提升自己的社会地位或社会声望，以获得内心的满足。正如前文所指出的，布迪厄在分析社会阶层时使用的是经济资本和文化资本相结合的分层标准，尽管前者占主导地位，但后者也发挥着日益重要的作用。由此，他提出了消费品位差异的阶层理论（Bourdieu，1984）。作为中产阶层组成部分的小资产阶级是消费和艺术新趣味的生产者和消费者，但同时又因为没有充足的经济资本和文化资本来采用统治阶级的生活方式，所以又同时具有紧张和矫饰的阶级消费惯习。以上三位学者的研究都把消费看作一种社会成员争夺社会地位的活动，或者说借助消费来展示自己优越的趣味以呈现自己的阶层地位。

除了消费品位，也有很多学者将恩格尔系数作为居民消费水平的标准对中产阶层进行划分（Rosenbaum，1999）。Birdsall、Graham 和 Pettinato（2000）指出，我们可以采用相对测量的方法，把那些处于平均消费支出 75%~125% 的人群定义为消费中产阶层。Banerjee 和 Duflo（2008）则使用绝对测量的方法，认为中产阶层的日人均支出下限应该在 2~4 美元，上限应该在 6~10 美元。Ravallion（2010）则指出，中产阶层的划分应该考虑各个国家的发展阶段，以消费额每天为 2~13 美元为例，这在发展中国家可能已经达到中产阶层水平，但在美国可能仍处于贫困水平。

近年来，国内学者也逐渐把消费作为社会分层的一个重要指标。李培林和张翼（2000）是国内社会学者中最早提出将衡量消费水平的恩格尔系数作为消费分层的划分标准的人，他们认为，恩格尔系数在 50% 以下的家庭都可以划分为中层及以上阶层。刘毅（2006）将消费中产界定为恩格尔系数在 40% 及以下的家庭。李春玲（2007）采用家庭耐用品指数估计法来研究我国城乡居民的消费分层情况，她把指数得分 6~10 分归为消费分层的中层，全国占比约为 22.9%，高于这一分数的占比约为 35.6%。钟茂初、宋树仁、许海平（2010）参考国际对比的恩格尔系数与生活水平的对应关系，结合中国的消费支出特征，明确将中国中产阶层界定在恩格尔系数为 0.3~0.4 的人群。田丰（2011）则采用因子分析的方式把消费水平、消费结构、耐用消费品拥有量和消费方式等整合为一个消费公因子，并按照得分高低分为 10 等分组，然后划分出 7 个消费阶层。李强、赵罗英（2017）将 0.300~0.369 作为中等收入群体的恩格尔系数标准。

（二） 社会学取向的中产阶层划分标准

与西方中产阶层的研究一样，国内较早也是社会学者，尤其是社会分层研究的学者，首先关注到这一群体。在这一舶来概念传入之初西方就已经展开了深入的讨论，关于中产阶层具体特征的分析也较为全面，因此，国内学者在对这一群体进行研究时，更多的是采用多元化的标准展开分析，除了收入、财富和消费等经济指标，社会学家经常用职业和教育作为划分中产阶层的指标。

1. 职业标准

以职业为标准对中产阶层进行界定的研究又因采用的指标不同而分为客观职业标准和主观职业标准，前者主要以各类职业类别作为判断中产阶层的标准，后者以职业声望或职业对应的社会经济地位指数作为划分中产阶层的标准。

国内较早对社会分层问题展开深入研究的是陆学艺带领的中国社会科学院"当代中国社会结构变迁研究"课题组，他们在界定中产阶层群体时也使用了客观的职业标准，认为中产阶层应该从事以脑力劳动为主的职业，其对授权管理的工作对象拥有一定的调度、支配、控制权（陆学艺，2002）。作为以上课题组成员的张宛丽就指出，在现代工业化社会中，"中产阶层"不应该是一个单纯地以收入水平进行界定的群体，他们还有着比较明确的职业构成："包括各种工程技术人员、科学研究人员，包括政府雇员在内的各级政治和经济管理者等的脑力劳动职业。"（张宛丽，2002）

周晓虹带领的中产阶层研究课题组认为，中国中产阶层包括"私营与乡镇企业家，自营业者与个体户，党政干部、知识分子与国有企业领导人，外企的中方管理者与高级员工，大批企业和社会组织的管理者，拥有高新技术和新专业知识的高收入群体"（周晓虹，2005b）。这也是从职业类型角度对中产阶层群体进行的界定。

李强（2007）提出，我国中产阶层是一个范围广泛的群体，具体由四类群体构成：第一类是具有较高学历的"新中产阶层"；第二类是效益比较好的国有企业与股份制企业的职工；第三类是传统意义上的干部和知识分子阶级；第四类是各种各样的个体与私营经营者。李培林和张翼（2008）指出，在职业分层方面，"职业中层"应该是那些既领取薪金又有一定管理权限或者技术水平的人，当然并不包括体力劳动管理人员。李春玲（2003）认为，中产阶层主要包括："专业技术人员、国家与社会管理者、经理人员、私营业主、个体工商户。"2011 年，李春玲依据中国社会学家对中产阶级概念的新认识，并参考戈德索普的新韦伯主义阶级分类框架，将以职业为基本分类标准划分的中国社会的 6 个阶级中的企业家阶级（雇用 20 人或以上）、新中产阶级（管理人员和专业技术人员）、老中产阶级（不雇用他人的小业主和雇用 20 人以下的小雇主）及边缘中产阶级（非体力的商业服务业人员和普通办公人员）统一称为广义上的中产阶级，而将新中产阶级称为狭义上的中产阶级（李春玲，2011a）。

刘毅（2006）除了以恩格尔系数作为中产阶层的划分标准，还提到了职业标准，他认为职业中产应该包括那些"从事各类专业技术人才，国家机关、党群组织、企事业单位负责人，办事人员和管理人员"。胡建国（2010）指出，在现代社会人力资本对社会发展的贡献日益增加的背景下，中产阶层主要是那些脑力劳动者，他们掌握文化资源和组织资源。胡建国是用职业标准对中产阶层进行划分的学者，尽管他一直提到人力资本，但并没有对受教育程度进行具体的规定，而是认为只要能够胜任一定的脑力劳动即可。

尽管这些研究都是从职业类型的角度对中产阶层进行划分，但他们划分的标准其实还是职业背后的权力和资源占有情况，这也是在新马克思主义社会分层理论基础上提出的划分中产阶层的具体标准。有些学者在进行阶层划分时就明确提出了这背后的机制，如陆学艺（2002）提出的十大阶层的划分就是以职业的组织资源、经济资源和文化资源的占有情况展开的。其中，组织资源主要包括行政组织资源和政治组织资源，经济资源主要是指对生产资料的所有权，而文化资源主要是社会所认可的知识和技能的拥有情况。李路路（2002）根据权力得分提出了一个包括"权力优势阶层，一般管理人员、办事人员阶层，专业技术人员阶层，工人农民阶层和自雇佣者阶层"在内的五阶层分析框架。刘欣（2007）则从公共权力和市场能力的角度提出一个由 5 个阶层组成的社会分层框架，他认为两种标准中，公共权力是首要动力，基于资产产权的市场能力处于次要位置。在这些学者的整体社会分层框架中，可以看到中产阶层群体的职业范围。陆学艺（2002）把其中的白领职业人员和小企业主作为中产阶层，具体包括"领导干部、企业经理人员、各级专业技术人员、中等企业和小企业主、办事人员、个体工商户、中高级技工、农业经营大户"。在李路路（2002）的框架中，一般管理人员、办事人员阶层和专业技术人员阶层就属于中产阶层的范围。在刘欣（2007）的分析框架中，位于支配者和非支配者之间的一般干部、经理、小业主、专业技术人员和一般办事职员就属于中产阶层的范围。

从以上各位学者根据客观职业类型对中产阶层进行界定的研究中，我们不难发现，党政机关公务员，事业单位人员，中小私营企业主，国有企业管理人员，外资、民营企业管理人员，专业技术人员，个体工商户一般都会被纳入中产阶层。而一些商业服务业白领和行政办公人员，尽管属于白领职业人员，但是他们占有的文化、组织资源较少，有可能被一些学者排除在中产阶层行列之外。

除了以职业背后的权力和资源占有情况这种客观标准作为划分中产

阶层的标准的研究，还有一类以职业生活或社会经济地位指数等主观标准划分中产阶层的研究。这种方法主要是受到彼得·迈克尔·布劳（Peter Michael Blau）、奥蒂斯·杜德里·邓肯（Otis Dudley Duncan）的影响，他们在《美国的职业结构》一书中以自己采集的数据再加之 1950 年美国人口普查数据，推算出了美国人口普查局确定的所有职业的社会经济地位指数（Blau & Duncan，1967）。后来甘泽布姆（Harry B. G. Ganzeboom）等在邓肯（Duncan，1961）的社会经济地位指数的基础上，基于职业的平均受教育水平和收入计算得到目前国内学者使用比较多的社会经济地位指数（ISEI）（Ganzeboom，Graof，& Treiman，1992）。① 随后，美国社会学家唐启明（Donald J. Treiman）及其合作者发布了"标准国际职业声望量表"，该量表以 1969 年国际劳工组织公布的"标准国际职业分类表"（ISCO）为基础将职业扩充为 509 种（Treiman & Rossi，1977）。②

　　李强是国内较早使用职业声望标准对中产阶层展开分析的学者，他在多篇论文中都采用这一方法分析我国的阶层结构或对中产阶层进行界定。2005 年，李强把我国的"五普"数据利用甘泽布姆的 ISEI 进行转换，然后利用得到的 ISEI 分值分析我国的社会结构，发现我国社会是"倒丁字型"的社会结构（李强，2005b）。后来他采用国际常用的测量社

① 其科研资料已经形成了一份详细的国际分层与流动文件（International Stratification and Mobility File，ISMF）。该文件是一个统一的包含受访者和父母社会地位（教育和职业）等社会分层和社会流动指标的抽样调查数据集合。该数据集合由阿姆斯特丹自由大学（Vrije University Amsterdam）的甘泽布姆与加州大学洛杉矶分校（University of California – Los Angeles）的唐启明（Donald J. Treiman）和伊丽莎白·斯蒂芬森（Elizabeth Stephenson）合作创建和维护。通过申请可以访问这些数据，而且用于创建该数据集合的一些资源已经对公众开放。更为详细的资料参见网站 http://www. harryganzeboom. nl/ismf/index. htm。

② 其实目前相关资料已经更新了三个版本，包括 1968 年版（ISCO）、1988 年版（ISKO）和 2008 年版（ISQO）的国际标准职业分类测量（Status Measures for the International Standard Classification of Occupations）。前文提到的 ISMF 网站也给我们提供了其不同版本之间国际标准职业分类测量编码的转化，及其与 ISEI（国际社会经济地位指数）之间的转换规则，并且为我们提供了 SPSS 版本的操作命令。约翰·亨德里克斯（John Hendrickx）在这些命令的基础上编写了 isco 软件包，通过系列命令可以轻松进行相互间的转化，更多信息详见 Stata 相关帮助文件。

会地位的方法，即"国际社会经济地位指数"，将分值为 41～66 分作为"职业中产"的标准（李强、王昊，2017）。张翼和侯慧丽（2004）利用"五普"数据，以"职业声望"（根据唐启明的职业声望表赋值）与该职业中"高中及以上文化程度获得者所占的百分比"之积作为分层指数，将我国职业分为 6 个层次，其中"中下层"及以上的阶层主要是"白领"阶层。李春玲（2005）利用全国抽样调查数据，参照邓肯（Duncan，1961）估计职业声望得分的方法，计算了我国所有职业的声望得分（SEI），然后以每 20 分一个档次，分为 5 个层次，84.2% 的人的社会声望处于中层。最近几年，利用社会经济地位指数对我国社会阶层结构和阶层地位流动进行研究的学者越来越多（张翼，2010；仇立平，2014；陈云松、范晓光，2016）。

2. 教育标准

除了收入和职业之外，教育也是社会学者最常使用的划分中产阶层的指标。周晓虹（2005b）认为，中产阶层要接受过大学本科及以上程度的教育。李培林和张翼（2008）指出，"教育中层"应该是取得了中专和大学本科阶段及以上教育文凭的人员。齐杏发（2010）采用与李培林和张翼（2008）相同的教育标准，然后再加上收入和职业标准对中产阶层进行界定。李强、王昊（2017）认为，除了收入和职业标准，教育也应作为划分我国中产阶层的一个附加标准，具体依据为是否拥有大专及以上教育水平。因为人们可以"通过教育获得文凭、证书"（李强，2011：99），也可以通过教育接受社会主导的规范或中产阶级的规范（李强，2001）。但是李春玲（2013）认为，考虑到我国的教育水平远低于西方发达国家，接受过高等教育的人只占少数，所以我们需要调低西方学者所设定的中产阶级教育标准。她把小学教育水平确定为中国中间阶层的教育基准线，把初中教育水平作为中产阶级的教育基准线。由此可见，国内学者对中产阶层教育标准的具体分界线设定存在较大差异，最低设定为初中，最高设定为大学本科及以上，这也就意味着教育也无法作为单一的划分中产阶层的标准，需要和收入、职业等其他标准配合使用。

3. 综合标准

尽管我们对各类标准分别进行了梳理，但仍然可以看出学者们在界定中产阶层的实践中，会同时使用多个标准。国内研究中产阶层的三大团队陆学艺、李培林和周晓虹带领的团队——基本上都是以综合的指标对中产阶层进行界定。陆学艺团队在 2004 年出版的《当代中国社会流动》一书中提出了新中间阶层的几个标准："拥有一定知识资本及职业声望、从事脑力劳动为主的职业、拥有较高的就业能力、有一定的职业权利、私人财富在社会中处中等水平、有能力支付其中等水平的个人及家庭消费、对社会公共事务有一定的社会影响力。"（陆学艺，2004）李培林带领的"当代中国人民内部矛盾研究"课题组成员 2005 年出版的《社会冲突与阶级意识——当代中国社会矛盾问题研究》一书，以及课题组成员发表的一系列论文，大多用多元的指标界定中产阶层，除了收入、职业和教育，他们还提出价值取向和观念态度的重要性（李培林，2005；李培林等，2005；李培林、张翼，2008）。周晓虹带领课题组在《中国中产阶层调查》和《全球中产阶级报告》两本书中对客观中产阶层的界定也都使用了综合的指标，主要包括经济收入、职业和受教育程度三个标准（周晓虹，2005b；2005c）。除了这三大团队，另有一些国内社会分层研究学者（李强，2010；李春玲，2003，2013；刘毅，2006）等较多地使用综合标准对中产阶层进行界定。各学者在使用综合标准时，对不同标准的重要程度排序和具体要求也有所不同，由此划分出来的中产阶层所占比例也不尽相同。对此朱斌（2017）进行了较好的总结（见表 1-1）。

表1-1 综合标准下的中产阶层研究和中产阶层规模分析

数据来源	文献	中产阶级的构成	规模	
			全国	城市
2000年全国人口普查数据	李强，2010	收入、职业、教育的综合标准，由五大集团构成：专业技术人员、各类管理人员、新中产阶层、效益较好的单位的职工、中小企业主	16%	—
2001年"当代中国社会结构变迁研究"调查	李春玲，2003	职业中产、收入中产、消费中产、认同中产，中产阶层同时符合这四项	7%	—
2004年广东省城市社会经济调查队常规入户调查	刘毅，2006	收入中产、职业中产与消费中产，中产阶层同时符合这三项	—	23.69%
2004年五大城市调查	周晓虹，2005	月收入5000元以上；职业为事业单位管理或专业技术人员、公务员、企业技术人员、经理人员、私营企业主；接受过大学本科及以上教育	—	11.90%
CSS 2006	李培林、张翼，2008	收入中产、教育中产和职业中产的叠加，符合3项、2项、1项分别为核心中产阶级、半核心中产阶级和边缘中产阶级。中产阶级=核心中产+半核心中产	12.10%	24.40%
CSS 2011	李春玲，2013	小学及以上教育水平、年收入24000元及以上的白领职业从业人员（工薪阶层）和小业主（小业主阶层）	22.10%	41.70%

资料来源：朱斌，2017。

（三）公众眼中的中产阶层

在中国，要研究中产阶层问题，尤其是中产阶层的主观阶层地位认同问题，不得不考虑公众眼中的中产阶层形象。因为真正促使中产阶层问题成为全民讨论的热门话题，让大多数人知道中国社会存在这样一个群体的不是学者，也不是政府，而是商品的生产者、销售者、服务提供者以及相关的传媒人士。以上人士对中产阶层宣传多是为了昂贵商品的销售，为了宣传他们的产品，他们不自觉地把中产阶层的形象打造为成功者，中产阶层的生活也成为人们羡慕和追求的生活。商家和媒体对他们应该住什么样的房子、开什么样的汽车、去哪里旅游以及应该上什么样的休闲娱乐场所消费等都根据自己的商品做了配套宣传。在他们的宣扬之下，中产阶层应该是"住在中高档社区的大房子里，开着中高档的私人轿车，衣着名牌服饰，经常旅游度假"（李春玲，2013）。为此，笔者在知乎论坛帖名为"中国的中产阶级主要指哪一群人"[①] 和"中产阶级的生活是怎样一种体验"[②] 的讨论中找了一些具有代表性的回答。[③] 截至 2022 年 9 月 18 日，这两个帖子分别有 5806 名和 2802 名关注者，被浏览次数分别为 1577921 次和 679204 次，是知乎论坛"中产阶级"话题中较热的帖子。

对于中产阶级的人群范围，或者说标准，在名为"姑娘你这么懂事"的用户看来，中产阶级应该满足三个条件：

房贷压力不大（或有房无贷）；敢结婚，敢生娃，二胎更佳；为娃准备了足够的教育费用。

在名为"章添湿"的用户看来：

中产阶级从来都不是经济概念，从来都是对一个人能调度社会资源占有社会地位的概括，中产，也就是社会中坚，不论从结果还是起因论，都是如此。

---

① "中国的中产阶级主要指哪一群人？"，https://www.zhihu.com/question/19710550/answer/73513242，最后访问日期：2022 年 9 月 18 日。

② "中产阶级的生活是怎样一种体验？"，https://www.zhihu.com/question/19710550/answer/73513242，最后访问日期：2022 年 9 月 18 日。

③ 之所以选择知乎论坛的这两个帖子的回答和讨论内容作为公众眼中的中产阶层形象，主要有两方面的考虑：首先，知乎论坛用户以城市白领及未来城市白领为主，在一定程度上符合中产阶层群体的人员界定，因此他们的很多观点具有一定的代表性；其次，本部分的内容仅用于初步梳理公众眼中的中产阶层形象，以为后续研究的开展打下基础，并非具体的研究内容，故无须开展严格的调查研究或深入的个案访谈。这部分内容主要在 2017 年完成，故发帖内容也多在 2017 年及之前。

在名为"御风"的用户看来：

根据中国的现实国情，粗暴一点的指标是，每月的税前收入能买得起通勤时间半小时之内一平方米房子的人。

在名为"宁南山"的用户看来：

中产阶级不只是收入，也是一种生活方式。所以从生活方式的角度来判断更为科学。1. 中产阶级会出国旅游；2. 中产阶级会投资股票；3. 中产阶级受过大学教育；4. 中产阶级会看电影；5. 中产阶级会开车；6. 中产阶级会坐飞机。

在名为"图灵 Don"的用户看来：

在中国，月收入 5000~31000 元、年收入 6 万~37.2 万元之间属于中产阶级。

在名为"斗战胜佛"的用户看来：

一般认为，年收入在 20 万~50 万元，有房有车，贷款基本还清或者没有贷款的人。在精神层次上，比所谓的小资要高级一点，经常出国旅游或者度假，并且经常去参加高雅音乐会或者歌剧的这类人。

在名为"照远"的用户看来：

我感觉能买套房子（二、三线城市 100 平方米），买台车子（二三十万元），年收入 20 万~50 万元，然后每年能和家人旅游个三四次（国内 2 次，国外 1~2 次），平时读读书，学习学习，投资喜欢的东西，看看电影，逛逛街，这样的生活就很好了啊！

根据以上回答，国内大众眼中的中产阶层大多数需要满足以下条件：有无贷款或贷款已还清的自有产权住房，吃穿用都是中高档，可以出国旅游，年薪 6 位数以上（具体要根据所在城市来定），子女可以享受优质教育。其实，在国内达到以上条件的已经属于典型的"富裕人群"，就算在发达国家，人们对中产的要求也是能贷款买得起房，根据统计资料，在有些发达国家一般也只有 60%～65% 的成年人拥有房产。

而对于那些认同自己属于中产阶级的用户而言，他们对自己的生活体验一般如下。名为"草木亦明"的用户认为自己目前：

住房、医疗、养老、教育，对我而言都不存在。想买个奢侈品直接就买了，想去哪儿旅游拔腿就去了。想干吗就干吗，不想干吗就不干吗。发愁的事是钱不够多，买不起豪宅游艇，达不到真正的财务自由。

还有"匿名用户"回答：

三线城市，父亲公务员母亲教师，家庭收入中产，不愁吃喝，母亲比较闲，基本每周和朋友自驾游去爬山，父亲有时间也会去。因为父亲工作原因，所以朋友圈子里除了公务员大部分都是富裕阶层的商人，比上不足比下有余，在我所在城市里过的也算体面安稳，大概就是这样吧。

名为"Leonardo"的用户认为中产阶级应该达到：

如果家人生个病能抗住经济压力；房产没贷款；有个代步车；苹果（品牌产品）、留学都能消费一下；每年旅游 2 次；不消费奢侈品；孩子毕业了家人能供个首付。

但他表示这是他一个博士生在魔都（上海）奋斗好多年才可能达到的。

名为"熊猫镇"的用户对我国中产阶级的生活状态进行了很好的总结，他认为，中产阶级在经济上并没有想象中如此优越，他们有高额薪水，但是除了房产和汽车之外，他们基本再无财产。为了维持自己看似体面的生活，他们需要不停地努力工作，这样才能获得高额薪水。所以，他们既无法享受到富豪的那种奢侈生活，又不甘心与城市平民的平淡日子为伍。所以他们：

心神不宁，患得患失，不得不一本正经地通过各种符号来定位自己，一遍一遍确认自己的身份归属感。他们花 9.9 元买一个有机西红柿，喝现磨咖啡，关注新餐厅和美食讯息，必须分清金枪鱼的 Akami（鱼背肉）和 Otoro（前中腹部肉），定期买书，跑步健身，男人穿打折的 Tod's、Hugo Boss、Tommy Hilfiger，女人则会买三五个经典款可以经常轮换着背的包包，例如 LV、Burberry、Fendi。

以上看法在很大程度上代表了公众眼中的中产阶层形象，他们基本上指的是高收入和高消费的企业主、职业经理人和精英知识分子。这些中产阶层与学术界界定的中产阶层有很大的不同，其实这些中产阶层只是中产阶层中的少数上层，真正符合公众形象的中产阶层在中国人口中只占极少数。不过由于这类形象是经由商家和媒体广泛宣传而形成的，因此其影响远比政府或学者公布的中产阶层分类标准深远。这也是中产阶层主观认同研究具有必要性的前提。这也提醒我们学者在确定中产阶层分类标准时需要考虑公众意识中的中产阶层形象。

三 主观阶层地位认同的理论视角与实证研究

在主观阶层地位认同研究中，常用到的两个概念是"阶级认同"与"阶层地位认同"。如果从词源上来分析这两个概念，它们之间是存在一定差异的。前者源于马克思主义的阶级分析理论，常被称作"阶级意识"（Class Consciousness），而后者更多的是一个比较模糊的概念（Kluegel，Singleton，& Starnes，1977），其界定取决于采用的分层指标，源于韦伯的多元分层理论。但是更多的时候，学者，尤其是国内学者在使用这两个概念的时候并不做严格的区分。马克思对阶级意识进行了详细的阐述，但并没有给出一个明确的定义。根据刘欣（2001）的总结，马克思的"阶级意识"概念有两个方面的含义：一是指一个阶级作为一个集体对自己的阶级地位和利益的觉悟；二是指一个阶级的成员所具有的相似的情感、幻想、思想方式等。美国社会学家丹尼斯·吉尔伯特（Dennis Gillbert）和约瑟夫·A.卡尔（Jeseph A. Kahl）对阶级意识给出了明确定义："阶级意识是指对本阶级的认同感、对相关阶级之间关系的认识，以及在这些认识的基础上，本阶级集体行为的意识与行动倾向。"（吉尔伯特、卡尔，1992：289）而对"阶层地位认同"（Class Identification）给出较为权威性定义的是杰克曼夫妇（Mary R. Jackman 和 Robert W. Jackman），他们认为阶层地位认同是指"个人对自己在社会阶层结构中所占位置的感知"（Jackman & Jackman，1973）。这一定义更多的是强调人们对自己身份群体的归属。阶级意识和阶层地位认同除了词源的差异，也反映了学术界的两个不同取向。阶级意识其实是一种集体层面的意识取向，他们把阶级看作一个"群体性的实体"，共享行为意识与行动倾向。而阶层地位认同是一种个体层面的意识取向，他们重视阶级成员中的单个个体，关注每个人对自己所处阶层位置的评价。考虑到当前的社会背景，即随着当今资本主义社会内部群体的分化，资产阶级与无产阶级对立的局面基本上不复存在，社会结构也更趋于复杂化、层级化，且对阶级/阶层认同的分析也基本转向个体取向，本研究在接下来的理论梳理和分析中，并不刻意地强调二者之间的差别，而是把它们都看作一种地位认同。

国内外学者对阶层地位认同的形成过程展开了大量研究，并形成了几种不同的理论视角。借用冯仕政（2009：163~164）的总结，即国内外对主观阶层地位认同影响因素的探索包括"结构地位论"、"历史文化论"、"国家中心论"和"精英策动论"四种主要的理论视角，本书也将根据这四种理论视角进行简单回顾，并分别对这四种理论视角的基本观点和相关的实证研究成果进行简单梳理。

（一） 结构地位论

在经典的马克思主义理论者看来，阶级意识是反映一定阶级特殊地位和利益的社会群体意识。因为不同阶级群体拥有不同的经济地位和生活条件，所以当他们面临物质利益的对立或政治权力的冲突时，必然会反映在意识形态领域，这时，阶级意识就形成了。因此，在马克思主义理论者看来，客观经济地位决定个体的主观阶级意识。马克思根据阶级群体中的个体成员是否已经意识到自己的切身利益，并在追求这部分利益时采取一些集体行动，对阶级进行了"自在阶级"和"自为阶级"的划分。前者只是根据客观经济指标，即对生产力的占有情况划分出的阶级群体，只有当他们意识到自己的利益并采取阶级行动时，才会变成"自为阶级"（《马克思恩格斯全集》第一卷，1956；《马克思恩格斯全集》第四卷，1958）。尽管后来学者们在分析阶级认同时有了个体取向的转向，但马克思的这种客观经济地位决定主观阶级认同的观点还是被沿袭了下来。在早期就有很多学者通过实证研究发现，人们的客观阶层地位对主观阶层地位认同具有较强的解释力，具体表现为个人的职业、受教育程度以及经济收入等个体客观地位的特征对阶层地位认同有明显的正向作用（Cantril，1943；Hodge & Treiman，1968；Jackman & Jackman，1973；Giddens，1973；Haddon，2012）。

国内的很多研究也在很大程度上证实了结构地位论的观点，职业地位、受教育程度和收入水平等客观阶层地位变量对人们的主观阶层地位认同具有显著的影响。中国社会科学院"当代中国人民内部矛盾研究"课题组（2004）发现，个人收入、职业地位、政治面貌和受教育程度以及父辈阶层地位等反映个人客观阶层地位的指标对个人的阶层认同有显著一致性影响。卢福营、张兆曙（2006）利用2004年在浙江省进行的调查数据进行分析后发现，客观分层与主观认同具有总体结构一致性，二者存在一定的正相关关系。刘精明、李路路（2005）用潜在类别模型进行分析后发现，人们对阶层的主观观念与客观阶层地位有着一定关联。刘欣（2007）利用CGSS 2003的调查数据进行分析后发现，阶层变量与主观阶层地位认同变量之间具有高度的统计相关性，就中产阶层而言，其认同中间层的比例显著高于工人和其他低阶层对中间层的认同比例，同时，也较社会上层的认同比例更低。范晓光、陈云松（2015）研究发现，"地位决定假设"得到支持，即人们的受教育程度、收入和职业声望越高，主观地位认同也越高，但是这种相关性受到城乡差异的影响。李强（2017）根据第六轮世界价值观调查项目的中国数据，发现脑力劳动比例高、独立完成工作任务程度高以及具备管理他人的工作权力的这部分人更易获得较高的阶层地位认同，即所掌握的权力资本和组织资本越高，主观阶层地位认同也越高。谢熠（2017）利用CSS 2013的数据，从经济收入、职业地位和受教育程度三个方面对客观阶层地位与主观阶层地位认同进行了研究，结果发现二者在一定程度上呈现正相关关系。

敖杏林（2015）对影响农村妇女阶层认同的因素进行了分析，研究发现，已婚农村妇女的阶层认同更容易受配偶阶层地位的影响，而未婚者却不太依附于父母，仍然在一定程度上证明了结构地位论的观点，同时提醒我们，对阶层地位认同的分析除了要考虑本人的客观阶层地位，其他家庭成员的客观阶层地位也是需要考虑的，因为他们同属一个经济共同体。许琪和熊略宏（2016）利用CGSS 2013的调查数据也对中国已婚女性的阶层认同进行了分析，研究发现，已婚女性的阶层认同主要受其丈夫地位的影响，甚至在自己的收入和受教育程度高于丈夫时，仍然存在对丈夫的依附性。

根据以上的分析，结构决定论的静态模型在人们的主观阶层地位认同中确实发挥着重要的作用，但是，也有很多研究发现，二者之间的相关关系并不具有稳定性，在加入更多控制变量的情况下，客观阶层地位对主观阶层地位认同的影响面临显著性消失的危险。也有较多的学者发现了主观阶层地位认同与客观阶层地位不一致的直接证据（Starnes & Royce，1977；Evans & Kelley，2004；Andersen & Curtis，2012；Sosnaud，Brady，& Frenk，2013）。胡蓉、叶丽玉（2014）利用 CGSS 2010 的调查数据进行分析后发现，相对于客观社会经济地位，主观社会经济地位才是影响人们阶层自我评价的主要因素，且人们因自我期望或与其他群体比较而产生的相对剥夺感是这种主观差异的来源。韩钰、仇立平（2015）利用 CGSS 2010 的调查数据进行分析后发现，"我国城市居民的主观阶层地位认同存在明显的偏移，具体表现为'上层居民向下偏移'、'下层居民向上偏移'的'趋中倾向'"。崔岩、黄永亮（2017）利用 CSS 2015 的调查数据进行分析后得出了相似的结论：在当前我国的中等收入人群中有半数以上的人认为自己处于社会中下层或者社会下层，即存在社会阶层认同下移的倾向。这些研究结果都是结构地位论所不能解释的，却为与结构决定论的静态模型相反的相对地位变动论的动态模型的产生奠定了研究基础，这也就是下文提到的"历史文化论"的观点。

（二） 历史文化论

与马克思不同，汤普森（2001）主要从历史文化角度分析阶级的形成过程。他认为阶级意识并不是由客观的经济地位决定的，而是阶级经历的产物，人们根据自己的阶级经历建构自身在社会结构中的位置。所以他认为阶级认同是社会经济实际的一种反映，主要来自长时间与客观世界的相互作用，但并不必然由它来决定，其中包含了人的积极能动作用，是一种社会的建构。这就是相对地位变动论的典型观点。汤普森所谓的阶级经历包括人们的消费方式、休闲娱乐以及心理感受等与个人的生活相关的各种活动（汤普森，2001）。其实韦伯的阶层分析理论就包含了这种历史文化论的观点，因为根据阶级经历的定义，用于区分等级和身份群体的生活风格和社会声望其实就是一种阶级经历。韦伯对"身份"的定义本身就可归结于一种具有某种特定习惯风格的生活方式，这种方式是在多种社会交往行为中，通过一种相对封闭和稳定的群体化形式而表现出来（韦伯，2010）。冯仕政（2009：163）提醒我们，这里所说的历史并不是马克思意义上的"大尺度的历史"，而只是一种日常的生活史。

在前文对消费标准进行梳理的过程中提到的西美尔、凡勃伦和布迪厄对消费习惯的分析，其实就包含了明显的历史文化论观点。不管是时尚消费、炫耀性消费还是追求品位的消费都是中产阶层群体的一种生活方式。另外，赫伯特·J.甘斯（Herbert J. Gans）在《大众文化和高雅文化：品位革命与分析》中，通过"大众文化"和"高雅文化"的划分，提出了用文化区分阶级和社会群体的观点，其中"品位文化"主要是指价值观和审美标准（Gans，1999）。尽管以上几位学者除了布迪厄外并没有直接对他们提出的时尚消费、炫耀性消费和品位文化在个体阶层地位认同中的作用展开分析，但他们确实为我们的阶层分析提供了新的视角，让我们意识到，不同的阶层群体之间在文化品位和生活经历上存在巨大差别，这也是他们将自己与其他群体区别开来的重要方式，其实，换句话说就是他们会根据自己认同的阶级地位追求特定的生活形式。而布迪厄明确指出，因为不同阶级在消费水平、文化品位和生活方式等方面存在巨大差异，因此不同阶级之间具有明显的区隔，而阶层的认同就是因为区隔的存在和再生产而出现的（Bourdieu，1987）。Ted、Miller和Perrucci（2006）研究发现，人们的经济地位与社会阶级之间存在一定的不一致，但是他们可以在确定其阶级地位时用其他生活方式因素来弥补这种不一致。

国内的很多研究也发现了相似的结论。陆益龙（2010）基于 CGSS 2006 的农村样本数据发现，乡村居民的阶层意识和阶层认同具有明显的分化特征，对于较低层次的意识水平来说，更多的是受结构性因素的影响；而对于较高层次的意识水平，更多的是受到实践经历的建构作用的影响。刁鹏飞（2012）发现，个体公平感等心理因素与阶层认同之间存在着显著的相关关系。除了客观的职业特征，李飞（2013）利用 CGSS 2016 的数据从个人消费水平、父辈职业声望、个人相对剥夺感和个人生活品位四个方面对生活经历在主观阶层地位认同中的影响进行了实证分析。刘彦、靳晓芳（2015）利用 CGSS 2010 的调查数据分析了城乡居民的家庭消费支出对个体阶层认同的影响，研究发现，家庭消费支出中的服装支出、交通通信支出、耐用品支出、非个人自付医疗支出、文化娱乐支出及人情送礼支出对城乡居民的阶层认同具有积极影响。肖日葵、仇立平（2016）从"文化资本"角度分析了高学历、艺术修养、休闲文化资本对阶层认同的独立效应。李强（2017）还分析了生活感知（个人生活满意度、生活愉悦度和自评健康状况等）对城乡居民阶层认同的影响。另外，在房价暴涨的现实背景下，购房成为人们最大的一笔消费，"一套房子消灭一个中产"的说法反映了房价对人们生活的影响，所以从住房消费和住房品质等角度对阶层认同进行的分析也越来越多（谭日辉，2012；张文宏、刘琳，2013；谢霄亭、马子红，2017；张海东、杨城晨，2017）。住房已经成为不同阶层之间符号区隔的重要标志。

历史文化论除了强调人们的消费方式、休闲娱乐等生活经历，还比较重视一些特定的心理感受，如相对剥夺感在阶层认同中的作用。"相对剥夺"的概念最早是由美国社会学家塞缪尔·安德鲁·斯托弗（Samuel Andrew Stouffer）及其同事于 1949 年在《美国士兵》一书中提出来的。斯托弗及其同事在对二战期间士兵的士气和晋升关系进行研究时发现，士兵在对他们所处的位置做出判断时所依据的不是绝对的客观标准，而是依据他们与周围人的相对位置来评价的。如果他们发现与周围人相比自己处于较低位置，他们就会产生"相对剥夺感"（Stouffer et al.，1949）。但是斯托弗等并没有给出"相对剥夺"的正式定义和测量方法。Runciman（1966）对"相对剥夺"做了更加精确的描述："一个人感到剥夺要满足四个条件：（1）他没有 X；（2）其他人在过去或者未来可以预期的某个时间里可以得到 X；（3）他有得到 X 的欲望；（4）他认为他理应得到 X。"之后关于相对剥夺感的研究就成为社会科学尤其是心理学的一个重要研究课题。相对剥夺感产生的参照点可以是两类：一类是现实可比的参照群体，即那些可感知、可参照的其他个体（Berger et al.，1972）；另一类是个体生活的纵向经历（Runciman，1966；Gurr，1971）。

汤普森（2001）在《英国工人阶级的形成》中，对此也做了具体的阐述，他指出，因为工人阶级的生活水平一直维持不动，而雇主阶级的财富却不断提升，这就使得工人阶级有一种自己的生活水平在下降的心理感受，尽管他没有使用"相对剥夺感"的概念，但这其实就是相对剥夺感的一种典型表现。同时，韦伯（2010）也指出，其实不同的人之间在生活机遇上存在的实际差异并不必然会引起有意识的阶级处境与阶级行为，只有人们意识到这种差异已经形成了鲜明对比，也就是相对剥夺感产生时，人们才会更加理性地认识阶级处境与阶级行为，从而产生阶级意识。Gurin、Miller 和 Gurin（1980）从相对剥夺感的角度对工人阶级和中产阶级职业人群的身份认同和阶级意识进行了解释。

在国内已有的研究中，有证据表明相对剥夺感的强弱与人们所处的实际客观阶层地位高低存在着明显的负相关关系，较低的社会地位可能会带来较高的相对剥夺感。同时，对自己社会经济地位的评价也会影响人们的相对剥夺感强度。一般来说，对自己社会经济地位评价较低的群体，感知到的相对剥夺感会更强（郭星华，2001）。也有越来越多的学者从相对剥夺感的角度对我国居民的阶层认同展开分析。刘欣（2001）认为，"相对剥夺感阶层以及相对剥夺感"是造成武汉居民向下认同的主要原因。李培林（2005）发现，相对剥夺感较强的人越易对自己阶层产生较低的认同。卢福营、张兆曙（2006）认为，上层村民低估自己的阶层认同和下层村民阶层地位认同"上偏"在一定程度上都与他们的参照群体的设定有关。沈晖（2008）认为，阶层认同偏差的出现是由于中产阶层设定的参照群体不合理。陈光金（2013）研究发现，"相对剥夺"论题在解释我国中部地区的阶层认同分布时具有统计上的显著影响，而"转型期的生存焦虑"对解释我国西部地区的阶层认同分布更有解释力；农民在考虑生存状况的变化时更多地基于自身的纵向比较而不是横向比较，所以相对剥夺感并不强烈，因此"相对剥夺"命题不适用于解释农业户籍者的阶层认同水平。李向建（2016）在对农村青年阶层认同的研究中发现，相对剥夺感越强的人认同的阶层地位越低，与陈光金（2013）的研究结论不太一致。范晓光、陈云松（2015）认为受教育程度、收入和职业地位越高，人们越不可能处于相对剥夺地位，其认同的自身阶层地位越高，与客观阶层地位的偏差程度会越小。

（三） 国家中心论

根据马克思的预测，随着资本主义在世界各地的不断发展，所有的工人阶级会产生一种共同的阶级意识，到时候全世界的无产阶级就会联合起来，以革命的形式推翻资产阶级，并建立无产阶级政权。然而经过一百多年的发展，世界上的工人阶级没有产生共同的阶级意识，其原因引发了学者们的思考。为了回答这一问题，学者们逐渐意识到国家制度在阶级意识和阶级认同中的作用。20世纪60年代，戈德索普等（Goldthorpe, Dechhofer, & Lockwood, 1969）在分析工人阶级的资产阶级化问题时就注意到了工人阶级所处的社会经济环境，如社会特征（平均

收入、财产安全）、工业化背景（科技发展、就业政策）、社区特征
（开放性、异质性）等，对工人阶级意识产生的影响。根据吴清军
（2006）的总结，艾拉·卡兹尼尔森（Ira Katznelson）与阿里斯蒂德·
R. 泽尔博格（Aristide R. Zolberg）在 1986 年出版的《工人阶级形成：
19 世纪西欧与美国的模式》中就发现，法国、德国与美国工人阶级在
形成模式上与汤普森的英国工人阶级形成模式存在巨大差异。所以在阶
级结构和阶级意识的形成过程中，国家发挥着更为决定性的作用与效
果。卡兹尼尔森和泽尔博格认为，在他们提出的阶级形成的四个必要条
件（社会结构、生活方式、意识倾向与集体行动）中，意识倾向与集
体行动受到国家的影响与制约（Katznelson & Zolberg，1986）。

近年来，随着大型跨国数据资源的公开与共享，研究者可以对不同
国家的社会经济环境在阶层地位认同中的影响进行分析。Andersen 和
Curtis（2012）从国民生产总值、收入不平等、失业率和意识形态等宏
观结构性因素方面对阶层认同进行了分析。Lindemann、Saar 和 Linde-
mann（2014）通过对欧洲国家宏观结构因素对个体阶层认同的影响的
研究发现，一个国家的职业结构、教育不平等等宏观结构因素不仅影响
个体的阶层认同，还会对客观阶层地位对主观阶层地位的影响产生调节
作用。

国内学者也对我国改革过程中的制度变迁对人们阶层认同的影响进
行了具体的分析。刘欣（2001）发现，改革过程中"丧失传统体制下
的既得利益或者未获得充分的改革新利益"会对人们的阶层认知产生
影响。高勇（2013）认为，我国层级地位认同出现下降的趋势，这主
要是因为地位认同的基础"参照系"已经由共同体归属转变为个体对
市场机会的占有。陈云松、范晓光（2016）利用 CSS 和 CGSS 的 8 个年
度的调查数据，用全国人均 GDP 增幅以及基尼系数作为反映社会发展
的宏观指标，分析了收入不平等等制度环境对人们主观阶层地位认同的

影响。

除了从整个制度变迁的角度分析阶层认同的变化，也有很多学者从户籍制度、单位制度和地区等因素对我国居民主观阶层地位认同的影响进行了分析。我国一直以来的城乡二元分割的户籍制度，使得不同户籍性质的居民拥有不同的身份，也享有不同的资源。另外，人口跨地区流动的规模不断扩大，人户分离情况越来越多，使得不同户籍性质和户籍所在地的人有机会聚集在一个城市。在一定历史时期内，我国实行了单位制度，单位曾一度成为国家的代理，在组织、治理、发展、控制和资源分配等方面行使着全方位的职能，不同单位因为行政级别和性质的差异会有不同的福利政策。尽管现在这一制度已经取消，但是其残留的影响依然存在。另外，我国幅员辽阔，由于地理环境等的差异，存在明显的区域发展不平衡性，东、中、西部发展差异较大。这些背景都为国内学者从"国家中心论"（制度分割）的角度分析阶层认同提供了空间。李培林等（2005）发现，"区域发展的不平衡有可能在宏观结构层面对个人的阶层认同产生影响"。崔岩、黄永亮（2017）从出生时代、政治身份、户籍性质、单位性质等几个方面对我国社会中等收入群体的身份认同进行了分析，他们研究发现，人们的社会阶层认同存在代际差异；非本地户籍群体更容易在中产阶层认同上出现下移倾向。他的研究结论与李路路、李升（2007）的研究发现一致，即不同社会结构背景可能会导致不同中产阶层的性格特征。

（四） 精英策动论

精英策动论认为，"所谓的'阶级认同'并非一种客观实在的反映，相反只是社会精英群体为了其特定的利益与目的所策划构建出来的"（冯仕政，2009）。换句话说，这一观点认为，所谓的阶级意识是由精英群体向普通民众灌输而成的。虽然这一观点过于绝对，并未引起多数学者的兴趣，但是也给了我们一定的启示。根据前文对"中产阶层"概念发展的梳理，我们知道对于中国人来说，"中产阶层"的概念是一个舶来品，在引入的过程中，学者的学术研究对这一概念在公众中传播产生的影响很小，而真正将这一概念带入公众视野的是各种商品的生产者、销售者及相关的媒体。经过他们的宣传和包装，中产阶层更多的是一种令人羡慕的有房有车、具有较高收入的职业精英形象。这也是造成我国民众中产阶层身份认同感普遍偏低的一个重要原因。但是这方面的实证研究是缺失的，笔者并未发现以精英策动论为理论视角的实证研究成果。

四 中产阶层主观地位认同的研究空间

（一） 充分认识中产阶层群体的异质性

根据前文对学术界有关中产阶层划分标准方面的文献的梳理，我们发现，尽管学者们都已经意识到中产阶层在职业、收入、教育与文化、消费、政治参与、生活方式等各个方面都有自己的显著特征，也对其进行了很好的总结。但是在具体的实证研究中，又无法对中产阶层的所有特征进行具体的操作化测量，也无法通过所有特征对中产阶层进行界定。所以，究竟如何对中产阶层进行边界的确定就成了一个争论不休的话题，至今也未达成一致意见，不同学者根据自己的研究需要和理解选择了不同的指标。尽管这些研究未形成统一的测量指标，但也呈现了一定规律与偏好。就社会学者而言，他们更多地将职业、收入和教育等综合指标作为界定中产阶层的指标，进而从生活方式、消费方式、政治态度、自我认同等方面分析中产阶层的特征，从而证明中产阶层在中国是一个真实存在且存在共同特征的群体。尽管采用职业、收入和教育三个综合指标对中产阶层群体进行界定被社会学者们所接受，但是在具体指标的标准上还没有达成一致。我国城乡、地区之间的巨大差异也决定了无法找到一个通用的标准对全国中产阶层群体进行统一界定，任何一种标准都有可能出现不同的声音。所以学者们根据各自标准估算出来的中产阶层规模也不尽相同，这对进一步展开以中产阶层为分析对象的具体研究带来各种不便，也无法准确地比较不同的研究结论。

另外，由于我国改革开放是在全面参与全球市场竞争的背景下进行的。在这一过程中，我们借鉴了发达国家的诸多先进经验，用 30 年的时间走完了它们 300 年走的道路，伴随经济的快速发展而来的是社会结构的剧烈变迁。原有的社会分层格局受到冲击，各维度地位开始出现新的组合，不依靠权力地位而独立获得较高的经济地位成为可能，职业地位和教育机会的获得也并不必然要从原来的权力地位主轴上转移到经济地位主轴上。权力地位、经济地位和文化地位不断发生分离，出现了明显的地位不一致问题。董运生（2006）、陆新超（2009）和高泰（2017）等对这一问题都进行了详细的阐述。所以我们在使用综合标准对中产阶层进行界定时，如何划分那些在某些方面处于较高层次，而在另一些方面处于较低层次的人的阶层？比如拆迁户，他们分得多套住房，仅靠房租每月就可以获得极高的收入，他们的职业地位和受教育程度未必很高，但是这部分人的阶层地位认同又处于比较高的层次。再比如，刚刚毕业而留在大城市工作的来自中小城市的研究生，高学历的他们可以找到一份具有较高职业地位的工作，但是家庭全部积蓄也无法帮助他们支付大城市一套房的首付，自己的工资收入积累速度也远远赶不上房价的上涨速度，买房成为他们遥不可及的目标。所以，究竟如何更准确地在考虑我国当前的国情的情况下对客观中产阶层进行界定是我们需要认真思考的问题。此外，我们还必须注意到中产阶层并非铁板一块，其内部也存在较大的群体差异。

（二）　转变研究视角

在对主观阶层地位认同的研究中，学者们取得了大量研究成果，并发展出几个较为完善的理论视角，其中较为常见的分析视角主要有三个，即结构地位论、历史文化论和国家中心论。其中，依据结构地位论进行的研究主要是分析居民的客观阶层地位对主观阶层地位的影响，而对客观阶层地位的测量也主要从职业、收入和教育等方面展开。而依据历史文化论展开的讨论又可以分为两个部分：一部分是从客观的生活经历，如消费水平、生活品位、阶层流动等因素出发，分析它们对居民主观阶层地位认同的影响；另一部分是从主观的相对剥夺感这一心理感受出发，对居民主观阶层地位认同进行分析。并且，在具体分析时最常采用的方式就是，把测量居民职业、收入、教育、消费水平、生活品位、阶层流动、相对剥夺感等指标的一系列变量同时纳入统计模型，然后通过分析各个变量的显著性水平或 R^2 的变化情况，分析各个变量在居民主观阶层地位认同中发挥的具体作用。但是很多学者都忽略了一个基本的问题，即历史文化论的理论视角作为强调相对地位变动因素的动态模型是为了回答最早发展出的结构地位论这一静态模型所不能解决的主客观阶层地位不一致问题而出现的。所以在一定程度上，二者应该是一组对立的研究假设，但是根据当前研究，在同时纳入反映客观阶层地位的变量和生活经历的变量时，这些变量基本上都具有统计上的显著性。另外，学者们在验证历史文化论假设时采用的消费水平、生活品位等变量其实又都是与其所处客观阶层地位关联在一起的，这一点在西美尔、凡勃伦、布迪厄的研究中都有详细论述，前文在对相关研究现状进行梳理时也有提及。所以在现有的实证研究中，强调从建构主义视角展开分析的动态模型依然没有很好地回答客观阶层地位与主观阶层地位认同之间的不一致问题。归根结底，他们依然没有走出结构地位论的分析框架，因为他们并没有注意到生活经历与客观阶层地位之间的内部一致性。而相对剥夺感的解释尽管是真正从居民主观建构的视角展开分析，但是在对相对剥夺感的操作化测量中又多少存在同义转换文字的嫌疑。因为绝大多数学者对相对剥夺感的测量主要采用的是这一方式，即与自己或其他人相比的本人客观阶层地位的变化情况。这与我们对主观阶层地位的测量——当前阶层地位评价，存在问法的相似性而带来的测量误差。这种测量方式并没有搜集到人们在对自身阶层地位做出主观判断过程中因为使用参照对象的不同而带来的不同相对剥夺感数据。所以，在未来的研究中，需要加强对人们在做出主观评价时自身衡量标尺的测量，这样才能真正从主观建构的视角分析居民的主观阶层地位认同，否则都将难逃结构地位论的分析框架。

要想真正从主观建构的视角分析居民的主观阶层地位认同，就必须注意到这既是一个主观测量，也是一个抽象概念。在对这类概念进行测量的过程中存在一个"项目功能差异"（differential item functioning，DIF）问题（宋庆宇、乔天宇，2017）。也就是说，每个被访者对这一概念都会有自己的理解，他们在做出判断时也主要是根据自己的理解而非客观标准。由此就产生一个回答结果"人际不可比性"（Interpersonal Incomparability）的问题（King et al.，2004）。所以我们如果在利用这些测量结果进行进一步分析的过程中不考虑被访者主观标准差异带来的误差，则研究结论可能就变得不再可信。其实这一问题在公共卫生学方面的自评健康中已经引起了学者们的广泛关注，只是在社会学的主观阶层地位认同中并未引起足够的重视。目前，笔者所能搜集到的国内文献中，只有吴琼（2014）和宋庆宇、乔天宇（2017）注意到了这一问题。他们所使用的数据和方法都是中国家庭动态跟踪调查（CFPS）中尝试使用的"虚拟情境锚定法"。其中，吴琼（2014）的研究只是描述性地指出不同群体之间做出社会地位评价时的标准是不一致的。而宋庆宇和乔天宇（2017）的研究也只是分析了中国民众主观社会地位认同存在的地区差异。所以，他们的分析仍然集中在对所有阶层居民的主观层级地位认同中，并未涉及"中产阶层身份"认同。

基于此，要对中产阶层的主观地位认同进行研究，除了要继续检验当前关于主观阶层地位认同研究中采用最多的结构决定论的静态模型和相对地位变动论的动态模型与制度分割模型在中产阶层群体中的适用性，还应该纳入评价标准的群体差异这一新的视角。因为主观阶层地位认同作为一个主观建构的抽象概念，每个人的评价标准是不一样的，所以我们在分析的过程中需要充分考虑研究对象在做出主观阶层地位判断时自身评价标准的差异。

（三）转变操作化测量

在对有关主观阶层地位认同的影响因素的实证研究进行梳理时，我们发现，绝大多数研究都是以所有阶层居民为分析对象，以十分的梯子量表或五分的李克特量表对主观阶层地位认同进行测量。而以中产阶层为研究对象，以二分的中产阶层身份认同作为主观阶层地位认同操作化测量的研究在国内还比较少。后者的定量研究多为描述性的，主要目的在于了解我国不同地区的中产阶层认同比例，并与西方国家进行横向对比，而不是分析我国中产阶层对自己这一身份认同与否的影响因素。在少数的此类研究中，我们发现，在对中产阶层身份认同进行测量时，我国居民呈现中产认同偏低的倾向（李培林、张翼，2008）。而为什么在采用梯子量表或李克特量表测量时，又呈现趋中的倾向（韩钰、仇立平，2015）？当然，这些研究使用的是不同的数据，那么在同一批调查对象中，是否仍然呈现如此特征？为了回答这一问题，我们必须意识到，当以中产阶层作为单一的研究对象，要讨论其主观地位认同问题时，我们不能仅仅从层级地位认同这一单一的维度去分析，还需要考虑对中产阶层身份的认同。其中，层级地位认同在本研究中就是对当前所处社会等级的认同，而中产阶层身份认同则特指对"中产阶层"这一群体身份的认同。这就要求我们要重新调整对主观地位认同的操作化测量方式，更加全面地了解中产阶层的主观地位认同。

第二章
研究设计

一　研究问题与研究假设

通过前文对中产阶层主观地位认同研究现状的梳理和剖析，我们明确了对这一问题的研究需要在现有研究的基础上加入研究对象主观评价标准差异的新视角，同时需注意对主观地位认同的测量要区分层级地位认同和中产阶层身份认同。在这一研究思路下，本研究首先对中产阶层在对当前阶层地位做出主观评价时采用的评价标准及其群体差异展开探索，这就是本研究要尝试回答的第一个问题。在社会科学研究中，主观测量是一种常用的测量指标形式，但也有越来越多的研究者意识到，由于不同群体对同一客观事实可能存在不同的评价标准，自评的主观测量指标通常无法进行群体间比较（Chevalier & Fielding，2011），对这一问题的关注更常见于自评健康的相关研究中。这些研究发现，虽然客观指标表明城市居民的健康状况优于农村居民，但农村居民的自评健康水平却经常高于城市居民（董文兰等，2013）。虽然直接注意到评价标准的群体差异对主观地位认同影响的学者不多，目前，笔者仅发现北京大学的吴琼（2014）对这一问题做了直接分析，她研究发现，受教育程度较高、家庭人均收入较高的群体，以及男性和城市居民对主观社会地位的评价标准较高。她主要通过参照群体理论对此做出解释，认为低收入群体更可能与周围同样低收入的人群进行比较，发觉自己的情况并不是最差的，而高收入群体选择与自己具有类似情况的群体对比，可能认为还有比自己情况更好的人存在（吴琼，2014）。在此基础上，我们提出本书的第一个研究假设。

假设1：评价标准差异假设，即不同的人群对主观地位认同做出评价时采用的标准是不同的。

根据国家中心论的观点，人们的主观阶层地位认同会受到国家的社会政策、制度及宏观社会结构背景的影响。第一次鸦片战争的爆发，让上海在1843年正式开埠，自此以后，上海开始面向国外、面向世界，在新中国成立前就已发展成为一个"军事、政治、外交和金融枢纽性质"的中心城市。新中国成立尤其是1978年后，它又走在改革开放的前列，现在已经发展成为一个与纽约、伦敦、香港、东京等齐名的全球特大城市，汇集了各种优秀资源，也吸引了大量移民。但是我国仍然实行严格的户籍制度，人们需要满足较高的条件才能获得上海户籍，所以上海汇集了大量未取得上海户籍的常住人口，而上海户籍和非上海户籍居民之间可享受的资源有着巨大差距。另外，上海作为一个市场化程度极高的城市，其居民的市场意识和公平意识水平居全国前列。这一系列上海特有的背景环境和人们在其中所处位置及对这些背景环境的感知对人们的阶层认同是否产生影响？这将是本研究要尝试回答的第二个问题。

假设2：制度环境假设，即中产阶层群体所处的制度环境对其主观阶层地位认同具有显著的作用。

根据结构地位论静态模型的观点，人们的主观阶层地位认同是由他们在社会阶层结构中的客观社会经济地位决定的，这是主观阶层地位认同产生的基础。前文梳理的实证研究成果基本上都证实了客观阶层地位和主观阶层地位之间的相关关系，尽管相关性程度可能没有预期的高。所以，关于客观阶层地位对中产阶层主观地位认同的影响分析就成为本研究重点探讨的第三个问题，这也是本研究需要验证的第三个研究假设。

假设3：客观阶层地位假设，即处于不同客观阶层地位的中产阶层群体对其主观阶层地位的评价是不同的。

根据历史文化论动态模型的观点，阶层地位的相对变化建构着人们的阶层地位认同，也正是这种建构使得人们的主观阶层地位认同并不是静态地单纯由客观阶层地位决定，人们还会结合自己的消费方式、休闲娱乐及心理感受等进行主观建构，而这一建构活动本身又依赖由他们客观阶层地位影响而长期形成的惯习。依据现有研究成果，学者们在检验历史文化论动态模型时，又会依据影响阶层地位变化的因素是否外显而将其区分为客观的生活经历指标和主观的相对剥夺指标，而其中关于相对剥夺感的研究又多次证实其受到生活经历的影响。这也就意味着我们对历史文化论动态模型的检验其实是一个具有多步中介效应的链式过程检验。一方面，客观阶层地位会通过影响生活经历与相对剥夺感进而对主观阶层地位认同产生影响；另一方面，生活经历也对相对剥夺感产生显著影响。所以，我们需要分多步完成对历史文化论这一动态模型的检验。首先，需要分别检验生活经历和相对剥夺感对主观地位认同的影响，即生活经历假设和相对剥夺感假设。其次，需要检验客观阶层地位是否在通过生活经历和相对剥夺感影响主观阶层地位，即中介路径假设。对这三个假设的检验将构成本研究的第四个问题，即对历史文化论的讨论。

假设4：生活经历假设，即中产阶层群体的生活经历对其主观阶层

地位认同具有显著的作用。

假设 5：相对剥夺感假设，即中产阶层群体的相对剥夺感对其主观阶层地位认同具有显著的作用。

假设 6：中介路径假设，即客观阶层地位、生活经历和相对剥夺感对主观阶层地位认同的影响不是并列的，生活经历和相对剥夺感可以是客观阶层地位影响主观阶层地位认同的中介变量。

在国家中心论基础上，很多学者也注意到不同制度背景下居民的客观阶层地位或生活经历对主观阶层地位认同的影响具有差异性（范晓光、陈云松，2015），也就是说，制度环境不仅直接影响居民的主观阶层地位认同，还会对其他因素的影响过程产生调节作用，由此我们提出本研究的第七个研究假设。

假设 7：制度环境调节假设，即不同制度环境下客观阶层地位影响主观阶层地位认同的路径存在一定差异。

本研究要讨论的第五个问题就是对前文提到的新的研究视角——评价标准的群体差异视角的检验。根据假设 1 的内容，不同的人群对主观地位认同做出评价时采用的标准是不同的，如果这一假设成立，那么我们必然要讨论在加入了被访者自身评价标准差异变量后，前面讨论的制度环境、客观阶层地位、生活经历和相对剥夺感变量对居民主观阶层地位认同的影响是否依然存在的问题，以及以上各变量的影响在高标准居民和低标准居民中是否存在差异的问题，这就是本研究要检验的第八个研究假设。

假设 8：评价标准调节假设，即对用不同标准划分中产阶层的人来说，影响其中产阶层身份认同的因素也存在一定差异。

根据前文对中产阶层主观地位认同相关研究现状及研究空间的梳理，我们注意到，当以中产阶层群体作为单一的研究对象时，要讨论其主观地位认同问题，我们不能仅仅从层级地位认同这一单一的维度去分析，还需要考虑对中产阶层身份的认同。在之前的研究中，因为没有相关研究同时从两个维度对中产阶层群体的主观地位认同展开测量，故我们无法彻底分析造成这一现象的原因究竟是研究对象对这两种地位认同的选择本身存在差异还是调查时间或者调查对象存在差异。在本研究中，我们将在同一时间用两种维度对被访者的主观地位认同展开测量，以此检验中产阶层群体对以上两种维度的主观地位认同是否确实存在差别。如果差别确实存在，那么究竟是什么原因导致了这一结果？哪些人能够做出一致的判断，哪些人又会做出不一致的判断？这将是本书尝试回答的第六个问题，对这一问题的讨论本研究没有相关研究基础做参考，只能探索性地提出本研究的第九个研究假设。

假设 9：主观阶层地位认同不一致假设，即中产阶层群体的层级地位认同与中产阶层身份认同之间存在一定差异。

在后文的分析中，本研究将主要围绕以上六个问题的九个研究假设展开具体的分析，而每个假设又将根据被解释变量的两种测量方式和解释变量指标体系中所设计的具体测量问题而细化为多个子假设，这将在下文的模型分析中进一步展开详细阐述和检验。

二 研究框架

为更好地回答以上六个问题，结合本研究评价标准差异这一独特视角和对主观阶层地位认同测量方式的扩展，本书将从四个方面展开具体的研究。首先是对民众心目中判断中产阶层群体的主观评价标准展开探索，以回答第一个问题。这也是本书第三章的主要内容，具体内容包括对评价标准指标的介绍，影响个人收入标准和家庭资产标准这两个可明确量化标准的因素的探索。由于这部分研究并没有现有研究成果做参考，本研究将尝试从目前学者在分析主观阶层地位认同影响因素时常用的制度环境、客观阶层地位、生活经历、相对剥夺感四个方面进行分析。

其次是分别以两种不同方法测量的主观阶层地位认同为因变量，分析制度环境、客观阶层地位、生活经历、相对剥夺感和评价标准五个因素对中产阶层群体主观阶层地位认同的影响，并进一步验证制度环境和评价标准的调节作用、各类自变量之间的关系及其对主观地位认同的影响。这两方面的内容主要回答本研究的第二至第五个问题，是本书在第四章和第五章要讨论的内容。本书将按照两个步骤展开具体的分析。第一步，与之前研究所有阶层居民主观阶层地位认同的学者类似，通过嵌套模型用简单回归分析的方法对反映制度环境、客观阶层地位、生活经历、相对剥夺感和评价标准的指标在居民主观阶层地位认同中的作用展开讨论。第二步，分析各个自变量内部的因果关系，同时使用有调节的中介效应检验分析客观阶层地位对主观阶层地位认同的影响路径和机制。这一步的分析较为复杂，需要考虑各个自变量内部之间的关系，图2－1清晰地展示了这部分研究的逻辑框架与变量关系。其中椭圆形代表理论概念，矩形代表操作化变量，椭圆形到椭圆形之间的箭头表示影响路径，制度环境和评价标准箭头所指矩形表示调节的路径系数范围。具体而言，客观阶层地位是整个模型的基础自变量，主观阶层地位认同是整个模型的因变量，主观阶层地位认同受到客观阶层地位的影响，但是这种影响除了直接效应之外，还会通过生活经历和相对剥夺感变量发挥中介作用，因为生活经历和相对剥夺感变量受到客观阶层地位的影响，同时它们又会影响主观阶层地位认同。与此同时，制度环境和评价标准又会对整个路径产生调节作用，制度环境主要对直接效应和间接效应的第一阶段进行调节，而评价标准主要对直接效应和间接效应的第二阶段的生活经历到主观阶层地位认同之间的影响系数进行调节。

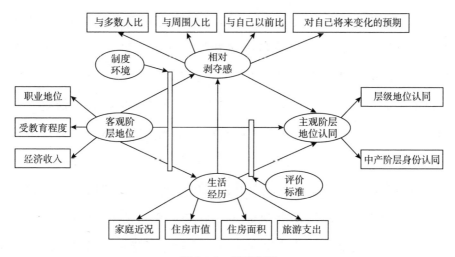

图 2-1 研究框架

最后是对第六个问题的回答，即对两种不同方法测量的主观阶层地位认同是否存在不一致性的问题及其可能的影响因素展开探讨，这将是本书在第六章讨论的内容。

三 研究价值

关于中产阶层群体，尤其是他们的主观阶层地位认同方面的研究不仅在社会学、经济学、管理学等学科中都具有十分重要的学术地位和价值，也是一项跟中产阶层中的每个个体都相关的社会现实问题，是对我国中产阶层群体阶层归属感的了解和判断。因此，这一实证研究具有重要的理论价值和实践价值。

（一）理论价值

首先，对中产阶层主观地位认同的研究有益于丰富我国的中产阶层理论。尽管国内学者已经在大量引进国外社会分层和中产阶级理论的基础上，依据我国的具体国情提出了符合我国实际情况的中产阶层划分标准，并对它们以研究报告或其他形式进行了广泛的宣传和介绍。但是因为人具有主观能动性，普通民众对"中产阶层"概念有着自己的不同理解，他们也会在这一基础上对自己的阶层归属做出一定的判断。在一定程度上说，普通民众对"中产阶层"概念的理解和判断所用的指标其实是比学者所用的指标更加丰富的。所以，对中产阶层群体主观阶层地位认同现状及其影响因素的分析，将有利于发现国内学术界界定中产阶层的客观标准与当事人的主观建构之间的差异，帮助我们对现有划分中产阶层的客观指标和每个指标的具体标准做进一步补充和完善，从而建构出一个更加合情合理和更具说服力的客观指标体系和具体标准。

其次，本研究在现有对居民主观阶层地位认同研究的基础上，进一步从阶层地位认同和中产阶层身份认同两个方面研究中产阶层群体的主观阶层地位认同。本研究不仅对中产阶层群体阶层地位认同的现状进行详细的描述分析，还从结构主义和建构主义双重视角出发，对中产阶层主观阶层地位认同的影响机制展开探讨。这将会进一步丰富国内关于中产阶层主观地位认同的已有研究成果。尽管目前已有部分学者对这一问题展开了分析，但是研究的对象暂不明确，更多的是针对所有阶层居民展开的讨论。部分专门针对中产阶层群体的研究缺少基于大型概率抽样调查数据进行的实证分析，而更多的是基于个案访谈资料和非概率抽样数据的分析。本研究就是在定量研究的基础上，在加入评价标准的群体差异视角基础上，同时从强调结构主义的静态模型与注重建构性和心理性因素的动态模型两个方面分析中产阶层群体主观阶层地位认同的影响机制。这将有助于我们得出更为科学和更具有推广价值的研究结论，从内容上丰富我国的中产阶层理论。

（二）　实践价值

当前社会中，流行着许多有关中产阶层地位认同方面的非理性观念，有些人对中产阶层群体划分标准的研究结果不满，宣扬自己生活得不如意，这可能会带来各方面的消极影响。有些人否认我国改革开放以来取得的伟大成就，夸大自己的生活压力，因而易滋生反社会情绪，增加社会矛盾和冲突。另外，有些人对自己中产阶层身份予以否认，以及存在以弱势群体自居的心态，很难意识到自己应该肩负的社会责任，因而不利于社会团结与进步。对中产阶层群体主观阶层地位认同的分析可以帮助我们更好地了解他们的所思所想，从源头上发现这些非理性观念产生的原因，从而积极寻求并采取有效的措施解决这一问题。所以，对中产阶层主观阶层地位认同的分析有着重要的现实意义，可帮助我们在现有的资源分配格局下，提出提升中产阶层群体主观地位认同感、发挥他们社会稳定器作用的有效建议，从而促进社会团结与社会进步，及早实现共同富裕。

四　数据来源

本研究所使用的数据为上海大学上海社会科学调查中心于 2014 年 11 月至 2015 年 10 月在北京、上海、广州三地统一组织实施的"特大城市居民生活状况调查"（北上广中产阶层调查）[①]。本研究在具体分析中仅选取了上海市的数据。为了同时满足概率抽样与尽可能获得更多中产阶层样本，本次调查分两阶段进行，不同阶段采用不同的抽样方法。第一阶

---

① 本次调查受中国社会科学院－上海市人民政府上海研究院资助。

段为常规的地图地址抽样法随机抽取调查样本，目的在于获得具有代表性的社会各阶层人口样本，以及中产阶层人口的分布起点。以上海市为例，具体抽样过程如下：（1）对上海市市辖区内的街道，按照非户籍人口比例进行降序排列，由此获得每个市辖区的街道（初级抽样单元，PSU）抽样框列表，依据人口规模进行 PPS 系统抽样，抽取 25 个街道；（2）在抽中的 25 个街道内按照 PPS 系统抽样，每个街道抽取 2 个居委会（二级抽样单元，SSU），共抽取 50 个居委会；（3）在抽中的 50 个居委会，采用地图地址法建立排除了空址、商用地址后有人居住的居住地址列表，作为末端抽样框，按照随机起点的循环等距抽样方式抽取 20 个家庭户（三级抽样单元，TSU）；最后在每个抽取的家庭户，利用 KISH 表进行实地抽样，随机抽取一位年龄在 18～65 周岁的居民进行访问。最终第一阶段在上海市成功访问了 1004 名 18～65 周岁的居民。

第二阶段为针对中产阶层的适应性区群抽样（Adaptive Cluster Sampling，ASC），目的在于获得具有代表性的中产阶层样本。根据陈传波、白南生、赵延东（2012）的介绍，适应性区群抽样，又称网络抽样（Network Sampling），它的特征是对一个或多个抽样单位的抽取取决于前一阶段对同样类型抽样单位的抽取。适应性区群抽样更适用于具有一定聚集性的中产阶层群体。适应性区群抽样调查都是两阶段抽样。第一阶段就是前文所述的常规 PPS 随机抽样。第二阶段，当被调查居委会的中产阶层家庭比例超过某个设定的阈值时，采用从上下、左右方向增加与之相邻的居委会的方法抽取新的居委会。根据雷渊才和唐守正（2009）的总结，一次 2～4 邻域形式的适应性区群设计效率比较高。最终，本研究采用限制性适应性区群抽样（Restricted ACS）设计，具体操作如下：（1）在完成第一阶段的抽样后，分别计算每个社区中的中产阶层家庭比例；（2）将第一阶段比例最高的居委会的中产阶层比例设为阈值，使用 ACS 完成聚集网的外推；（3）计算完成的总居委会数量，在数量显著小于 100 的情况下，将第一阶段比例次高的居委会的中产阶层比例设为阈值，完成再次的聚集网的外推；（4）反复过程（3），直至总的社区数量接近 100，或者使用 ACS 外推的数量接近 50。这样，我们既得到了使用 ACS 方法做中产阶层抽样的最佳阈值，也不至于出现陈传波、白南生、赵延东（2012）提及的 ACS 的问题，即阈值选取过小，外推无法停止，导致抽样失败，甚至变成普查研究；或阈值选择过大，无法外推滚动，使样本等同于第一阶段为简单随机抽样的常规方法。本研究的操作可以保证调查总社区数量也基本在可控的范围之内。在第二阶段，在每个外推的居委会内，仍然按照和第一阶段相同的地图地址抽样方法抽取家庭户，在每个家庭户内部按照 KISH 表抽取一位居民。两个阶段完成后，我们共获得 2002 个有效样本。因为本研究重点关注的是阶级、阶层的认同问题，而职业是划分阶级、阶层的重要指标，所以本研究删除了样本中从未有职业经历的在校学生，最终保留 1905 个非学生样本进入后续对中产阶层群体这一研究对象的分析，其中第一阶段为 990 个样本。

五　研究对象的确定

（一）　分析单位

中国是一个特别重视家庭的国家，一个家庭属于一个经济共同体。一般而言，家庭成员尤其是夫妻和未结婚子女的经济收入、消费支出更多的是混合在一起的，所以我们很难精确地计算出每一个人的具体收入（除工资性收入）和支出金额。因此，人们的主观阶层地位认同除了受到个人阶层地位的影响，还会受到其他家庭成员阶层地位的影响。许琪（2018）利用 CGSS 2010 和 CGSS 2013 的数据进行研究后发现，除受访者本人，其配偶和父母的社会地位也会影响个体的主观阶层认同和阶层认同偏差。而且，父母社会地位对年轻人和与父母同住的人影响更大，配偶社会地位对在婚女性影响更大。张文宏等利用2010～2017年五轮CGSS数据分析发现，中国夫妻地位认同仍是以家庭而非个人为基础的，地位决定论强调夫妻任何一方绝对收入的增加都会提升双方的地位认同（张文宏、刘飞、项军，2021）。这都提醒我们，在中国国情下研究主观阶层地位认同问题，不能单纯地以个人为分析单位，而应该将家庭作为一个整体，以家庭为分析单位开展具体研究。

（二） 划分指标

改革开放以来，随着市场经济制度的引入，我国原有的资源配置格局被逐渐打破，各种维度的资源也得以重新分配和组合，较高经济地位的获得也不再仅仅依靠权力地位或技术等级。另外，扩招和"包分配"就业政策向"自主择业"政策的转变也使得教育的获得并不必然带来权力地位和经济地位的获得。因此，人们的权力（职业）地位、收入地位和文化地位之间并不必然保持一致，对中产阶层的界定也不能从任何单一的指标去考虑，必须采用综合指标。李春玲（2013）提出的职业、教育和收入三个指标已经被广为接受，本研究也主要从这三个方面对中产阶层进行界定，在正式确定中产阶层前，本研究首先对三个测量指标进行了初步的处理，具体处理方式如下。

对于职业地位，在调查问卷中，我们对家庭成员的就业状态、职业类型和单位类型都进行了询问，其中职业类型的划分主要采用的是"六普"中的职业中类，所以我们无法将它们直接转化成国际通用的反映职业声望的社会经济地位指数（ISEI）。目前，国内社会学界基于职业类型进行的阶层地位划分仍然主要参照新马克思主义的分析模型，其中以刘欣（2007）提出的公共权力和资产产权的阶层分析框架最为全面。但因为调查过程中我们没有收集反映家庭成员行政级别和专业技术等级的指标，所以本研究对职业的分类是在对刘欣分析框架进行简化处理基础上进行的。职业上层包括党政机关、企事业单位负责人，赋值为5；职业中上层包括党政机关、企事业单位管理人员和具有研究生以上学历的专业技术人员，赋值为4；职业中层包括不具有研究生学历的专业技术人员和体制内办事人员，赋值为3；职业中下层包括体制外办事人员和体制内商业服务业工作人员，赋值为2；职业下层包括自雇人员、体制外商业服务业工作人员、工人和农林牧渔从业者，赋值为1。对于目前没有工作但有过非农工作经历的人员，如离退休人员，我们参照其最近的那份职业进行归类，对于操持家务或其他原因从未就业的人员，我们按无业处理，归为职业下层。

对于受教育程度，我们询问了所有家庭成员的受教育程度。本研究在原数据的基础上进行了简单归类合并，具体规则如下：未上学和小学/私塾归为小学及以下，赋值为1；初中赋值为2；技校、中专、职业高中、普通高中归为高中，赋值为3；大学专科赋值为4；大学本科、研究生及以上归为大学本科及以上，赋值为5。

因为本研究是以家庭为分析单位，所以在后文对中产阶层进行划分时我们使用的是家庭成员中职业地位和受教育程度的最高者。结合前文提到的许琪（2018）的研究结论，父母社会地位对年轻人和与父母同住的人的主观阶层地位认同影响更大，配偶社会地位对在婚女性影响更大。我们在具体比较时，根据不同的人群，选择了不同的比较对象，对于35周岁[①]及以下被访者，我们在父母、本人、配偶（未婚者不参与比较）四

---

① 本研究之所以选择35周岁为界，主要有以下两方面的考虑。首先，这是在古人三十而立的基础上结合当前职场的"35岁现象"确定的。很多用人单位将进人的门槛限定在35岁，在一定程度上表明35岁左右，人们的思想趋于成熟，追求目标基本确立，发展路径逐渐明晰，所以在职场中的地位也逐渐趋于稳定。其次，根据上海市妇联公布的《改革开放40年上海女性发展调研报告》，截至2015年，上海男女的平均初婚年龄分别为30.3岁和28.4岁。众所周知，在我国刚结婚的年轻夫妻经济上很大程度上还会依赖原生家庭，尤其是在房价居高不下的今天，年轻夫妻要真正实现经济独立还需要一段时间。

人中比较选择；对于35周岁以上的被访者，我们仅在本人和配偶（未婚者不参与比较）两人中比较选择；对于比较对象变量缺失的被访者，我们将用本人的职业地位和受教育程度作为家庭最高者。

对于经济收入，我们询问了被访者2014年全年的家庭总收入，然后我们根据其共同收支的家庭成员数量，计算了人均家庭收入。其中，有5个缺失变量，我们根据其所处的家庭支出十分位位置对应的人均家庭收入均值进行了插补。为了方便下文的进一步处理，本研究将人均家庭收入进行了六分位处理，[①] 考虑到本研究采用的调查数据仅第一阶段调查为概率抽样，为了避免采用所有样本直接进行六分位处理会导致各组分界线被拉高的问题，本研究以第一阶段数据的六分位界限对第二阶段被访者的收入进行归类。具体分界点及赋值情况如下：家庭人均年收入在23200元及以下为经济收入第一分位，赋值为1；家庭人均年收入在23201~32000元为经济收入第二分位，赋值为2；家庭人均年收入在32001~40000元为经济收入第三分位，赋值为3；家庭人均年收入在40001~50000元为经济收入第四分位，赋值为4；家庭人均年收入在50001~80000元为经济收入第五分位，赋值为5；家庭人均年收入在80000元以上为经济收入第六分位，赋值为6。

表2-1和表2-2分别记录了本次调查所有样本和第一阶段样本中反映居民家庭客观阶层地位的职业地位、受教育程度和经济收入的基本分布情况。对比表2-1和表2-2的内容，我们发现，本次调查确实获得了无论是在家庭职业地位、受教育程度还是在人均家庭收入方面均处于更高层次的被访者。尤其是教育和收入两个方面表现得更为明显。接下来我们重点了解一下概率抽样的第一阶段样本在以上三个方面的分布情况，

---

① 因为在后文的潜在判别分析中，本研究借鉴的是范晓光和陈云松2015年发表在《社会学研究》第4期上的《中国城乡居民的阶层地位认同偏差》一文的做法，他们采用的就是6级分层标准，本研究中也采用这一标准。

这部分数据可以帮助我们了解上海全体居民在职业、教育和收入方面的整体情况。首先，从职业来看，上海市居民的职业分布基本呈现"洋葱头"型，尽管依然是处于职业下层的居民比例最高，但是它与职业中下层和职业中层的比例相差不大，而处于职业中上层和职业上层的比例明显偏低，尤其是处于职业上层的比例，仅占到1.62%。其次，从受教育程度来看，上海市城镇居民的受教育程度已经普遍达到较高水平，只有3.64%的人具有小学及以下水平，而大专及以上受教育程度的比例达到46.77%。从家庭人均收入来看，均值为57202.02元，最小值为2000元，最大值为665000元。约1/3的家庭人均收入在50001元及以上，约1/6的家庭人均收入在80000元以上。

表2-1 家庭客观阶层地位变量的描述性统计（N=1905）

单位：人,%

变量	频数	百分比
职业地位		
职业下层	479	25.14
职业中下层	459	24.09
职业中层	608	31.92
职业中上层	316	16.59
职业上层	43	2.26
受教育程度		
小学及以下	66	3.46
初中	277	14.54
高中	451	23.67
大专	387	20.31
本科及以上	724	38.01
经济收入		
第一分位（23200元及以下）	235	12.34
第二分位（23201~32000元）	241	12.65
第三分位（32001~40000元）	209	10.97
第四分位（40001~50000元）	283	14.86

变量	频数	百分比
第五分位（50001～80000 元）	355	18.64
第六分位（80000 元以上）	582	30.55

资料来源：本表是作者根据本研究使用的"特大城市居民生活状况调查"中上海市非学生样本数据统计而来，因为第二阶段的抽样并非传统意义上的非概率抽样，故此分布无法反映上海市全体居民的阶层结构。

表2-2　第一阶段调查家庭客观阶层地位变量的描述性统计（N=990）

单位：人,%

变量	频数	百分比
职业地位		
职业下层	312	31.52
职业中下层	263	26.57
职业中层	250	25.25
职业中上层	149	15.05
职业上层	16	1.62
受教育程度		
小学及以下	36	3.64
初中	197	19.90
高中	294	29.70
大专	174	17.58
本科及以上	289	29.19
经济收入		
第一分位（23200 元及以下）	165	16.67
第二分位（23201～32000 元）	176	17.78
第三分位（32001～40000 元）	154	15.56
第四分位（40001～50000 元）	166	16.77
第五分位（50001～80000 元）	170	17.17
第六分位（80000 元以上）	159	16.06

资料来源：本表是作者根据本研究使用的"特大城市居民生活状况调查"中第一阶段概率抽样时所获上海市非学生样本数据统计而来，此分布可以反映当时上海市全体居民的阶层结构。

（三）划分方法

虽然用职业、教育和收入作为划分中产阶层的综合指标已被学者们广泛接受，但对于每个指标的具体标准却仍存争议，并且具体标准选择的差异对中产阶层的规模也会产生很大影响。为了避免主观设定标准造成的争议和误差，本研究将借鉴范晓光、陈云松（2015）的操作，运用潜在类别分析方法（Latent Class Analysis，LCA），对教育、职业和收入指标进行整合。与因子分析类似，潜在类别分析是用来探讨类别外显变量背后的类别潜在变量的最佳技术，只不过因子分析是以潜在变量来解释外显变量之间的线性相关，以达到局部独立性，而潜在类别分析则以最少的潜在类别数目来解释外显变量之间的关联，以达到局部独立性（邱皓政，2008：8~9）。

根据邱皓政（2008：42~43）的介绍，基于研究目的的不同，潜在类别模型可以区分为探索性与验证性两种不同操作形式。其中，探索性模型是指在进行潜在类别分析时，对于潜在类别的数目没有预设的假定，对参数也没有特别设限，纯粹由观察数据来决定潜在变量模型，以未设限的方式（未设限模型）来进行参数估计。而验证性模型则是研究者基于不同的理论观点或特殊需要，在进行分析之前即先提出一个先验的假设模型，然后与观察数据进行比对，据此验证研究者的假设模型是否被支持，在潜在类别分析中以设限模型来进行参数估计。

本研究运用的是探索性潜在类别分析模型，从潜在类别数目为1的基准模型，逐渐增加潜在类别的数目，并逐一检验每个模型的适配性，借以选出最佳模型。根据邱皓政（2008：38~39）的介绍，潜在类别模型的适配指标主要有 AIC 指标[1]和 BIC 指标[2]。但是 AIC 指标并没有

---

[1] AIC 指标即赤池信息准则（Akaike Information Criterion，AIC），是衡量统计模型拟合优良性的一种标准。它是由日本统计学家赤池弘次于 1974 年提出的。它建立在熵的概念基础上，提供了权衡估计模型复杂度和拟合数据优良性的标准。我们的目标是选取 AIC 最小的模型。

[2] BIC 指标即贝叶斯信息准则（Bayesian Information Criterion，BIC），与 AIC 一样是对模型的拟合效果进行评价的一个指标，是 1978 年由 Schwarz 提出的。它是在不完全情报下，对部分未知的状态用主观概率估计，然后用贝叶斯公式对发生概率进行修正，最后再利用期望值和修正概率做出最优决策。BIC 值越小，则模型对数据的拟合越好。

考虑样本数的影响，BIC 指标对此做了修正，所以，当样本数达到数千人或是模型的参数数目较少时，可采取 BIC 指标，否则使用 AIC 指标（Lin & Dayton，1997）。

（四） 划分结果

在具体的潜在类别分析中，我们以家庭为分析单位对客观阶层地位进行了探索。在三个外显变量的类别选择上，我们现有的教育和职业分级都是固定的 5 级；收入类别，我们借鉴了范晓光、陈云松（2015）的操作，采用 6 级分层。在表 2－3 中，我们报告了 6 个模型的适配指标，因为我们的样本量为 1950，模型参数为 3，所以应该根据 BIC 指标选择理想模型。根据统计结果，三层的客观阶层地位潜在类别将是最优的选择。根据表 2-4 中反映的三个外显变量在各个潜在类别上的条件概率值，我们将潜在类别 C1 层命名为中上层，C2 层命名为中层，C3 层命名为下层。根据这一潜在类别分析模型结果，我们可以为每一位被访者生成一个客观的家庭阶层地位。因为将观测值匹配至潜在类别是概率性的，所以可能造成一定的误差（McCutcheon，1987：36）。我们也发现各潜在类别的概率值和实际的分配规模有一定的差异，但是这种差异非常小，完全在可接受的范围内。

表 2－3　家庭客观阶层地位潜在类别分析模型适配指标

模型	分层数量	BIC（LL）	似然比卡方 L^2	自由度	p 值
1	单层	17579.676	1336.067	136	0.000
2	双层	16532.833	259.015	132	0.000
3	三层	16476.412	172.385	128	0.005
4	四层	16497.847	163.611	124	0.010
5	五层	16511.887	147.443	120	0.045
6	六层	16534.926	140.272	116	0.062

资料来源：本表是作者根据本研究使用的"特大城市居民生活状况调查"中两个阶段调查的上海市非学生样本数据进行潜在类别分析时输出的模型适配指标绘制而成。

表2-4　家庭客观阶层地位潜在类别分析模型条件概率值与潜在类别分布

	C1（中上层）	C2（中层）	C3（下层）
潜在类别概率值	0.420	0.311	0.269
家庭最高职业地位			
职业下层	0.051	0.151	0.679
职业中下层	0.186	0.303	0.255
职业中层	0.432	0.390	0.061
职业中上层	0.286	0.143	0.004
职业上层	0.045	0.012	0.000
家庭最高受教育程度			
小学及以下	0.000	0.004	0.124
初中	0.001	0.086	0.440
高中	0.027	0.402	0.374
大专	0.193	0.343	0.058
本科及以上	0.780	0.164	0.005
家庭人均年收入			
第一分位（23200元及以下）	0.005	0.145	0.283
第二分位（23201~32000元）	0.015	0.174	0.247
第三分位（32001~40000元）	0.035	0.161	0.167
第四分位（40001~50000元）	0.112	0.198	0.149
第五分位（50001~80000元）	0.255	0.172	0.095
第六分位（80000元以上）	0.578	0.150	0.060
分配规模（%）	43.52	29.66	26.82

　　资料来源：本表是作者根据本研究使用的"特大城市居民生活状况调查"中两个阶段调查的上海市非学生样本数据进行潜在类别分析时输出的模型条件概率值与潜在类别分布结果绘制而成。

　　根据以上潜在类别分析结果，在概率抽样的第一阶段，以家庭为分析单位的中上层占比为30.20%，中层为33.74%，下层为36.06%，具体结果详见表2-5。结果显示，根据潜在类别分析结果划分的上海市居民阶层结构比较均衡，呈梯形结构，但是中上层比例与下层比例相差不大。而在第二阶段，我们明显抽到了更高比例的阶层地位位于中层和中上层的家庭，位于下层的家庭仅占到16.83%，统计结果详见表2-6。这也充分说明本次调查采用的抽样方法是切实有效的，我们既可以通过第一阶段的概率抽样结果估计上海市中产阶层群体的比例，也可以在第二阶段

抽样中获得更多的中产阶层样本，从而可以对中产阶层群体进行进一步
分析。

表 2-5　第一阶段调查家庭客观阶层地位分布 （*N* =990）

单位：人，%

家庭客观阶层地位	频数	百分比	累计百分比
下层	357	36.06	36.06
中层	334	33.74	69.80
中上层	299	30.20	100.00

　　资料来源：本表是作者根据本研究使用的"特大城市居民生活状况调查"中第一阶段调查的上海市非学生样本数据，按照潜在类别分析划定的三层客观阶层地位分布结果绘制而成。

表 2-6　第二阶段调查家庭客观阶层地位分布 （*N* =915）

单位：人，%

家庭客观阶层地位	频数	百分比	累计百分比
下层	154	16.83	16.83
中层	231	25.25	42.08
中上层	530	57.92	100.00

　　资料来源：本表是作者根据本研究使用的"特大城市居民生活状况调查"中第二阶段调查的上海市非学生样本数据，按照潜在类别分析划定的三层客观阶层地位分布结果绘制而成。

　　为了更充分地利用数据，本研究在最终分析中，纳入了两阶段调查中所有在家庭客观阶层地位中处于职业中层和职业中上层的被访者，最终获得1394 位中产阶层样本。[①] 当然这些中产阶层内部在单一维度的地位上呈现较高的异质性。通过对表 2-7 与表 2-1 的比较，我们可以发现从职业来看，尽管剔除掉的非中产绝大多数是处于职业下层和中下层的居民，但其中仍然有部分职业下层和一半多职业中下层居民被分入中产。因此职业不应该再成为划分中产的单一标准，有很多在职业地位中处于下层和中下层的家庭在教育和收入方面处于较高层次，因而可以被

――――――――――

　　[①] 因为最终筛选出的1394 个中产阶层样本是本研究主体部分分析所使用的最终样本数据，故后文中的统计图表除特殊说明外均是由作者在该数据统计结果的基础上绘制而成，为避免重复将不再对文中图表一一备注资料来源，仅备注非本样本数据绘制的表格。

划入中产阶层类别。从受教育程度来看，中产阶层群体中，家庭最高受教育程度为初中及以下受教育程度的居民非常少，且大专及以上受教育程度的比例为78.98%，因此教育在中产阶层的划分中发挥着类似入场券的作用。从经济收入来看，在六分位的划分中，处于每个分位的居民均有人被剔除出中产类别，被剔除比例随收入增加而减少。

表2-7 中产阶层各维度地位分布 （N=1394）

单位：人，%

变量	频数	百分比	累计百分比
职业地位			
职业下层	97	6.96	6.96
职业中下层	337	24.18	31.14
职业中层	602	43.19	74.33
职业中上层	315	22.60	96.93
职业上层	43	3.08	100.00
受教育程度			
小学及以下	1	0.07	0.07
初中	33	2.37	2.44
高中	259	18.58	21.02
大专	377	27.04	48.06
本科及以上	724	51.94	100.00
经济收入			
第一分位（23200元及以下）	72	5.16	5.16
第二分位（23201~32000元）	139	9.97	15.13
第三分位（32001~40000元）	122	8.75	23.88
第四分位（40001~50000元）	201	14.42	38.30
第五分位（50001~80000元）	314	22.53	60.83
第六分位（80000元以上）	546	39.17	100.00

而单从被划入中产阶层类别的居民来看，职业下层和职业中下层的居民比例为31.14%，职业中层的比例为43.19%，职业中上层和职业上层的比例为25.68%，总体分布中呈现明显的"橄榄型"结构。在受教育程度分布上呈现明显的"倒金字塔型"，超过一半的中产家庭中有家人的受教育程度在本科及以上，约98%的家庭都接受过高中及以上

教育。在收入分布上也呈现明显的"倒金字塔型"，约62%的被访者家庭人均年收入为50001元及以上。

六 变量的测量、操作化与简单分布

（一）主观层级地位认同变量

本研究的因变量为主观阶层地位认同，主要从层级地位认同和中产阶层身份认同两个方面进行操作化测量。对于层级地位认同，本研究的测量方法如下："在我们的社会里，有些群体居于顶层，有些群体则在底层。这张卡片上有一个从上往下的梯子，最高的'10'分代表最顶层，最低的'1'分代表最底层。您认为您家目前在哪个等级上？"之前的研究中，有些采用的是五分的李克特量表，本研究在后文的具体分析中，有些部分为了方便与其他研究做对比，我们将十分的梯子量表转化为五级量表，具体过程如下：1~2分赋值为1，为下层；3~4分赋值为2，为中下层；5~6分赋值为3，为中层；7~8分赋值为4，为中上层；9~10分赋值为5，为上层。处理后的主观层级地位认同详见表2-8，呈现明显的"橄榄型"分布特征，中层认同比例超过一半。

表2-8 中产阶层五分的主观层级地位认同分布（N=1394）

单位：人，%

主观层级地位认同	频数	百分比	累计百分比
下层	130	9.32	9.32
中下层	321	23.03	32.35
中层	752	53.94	86.29
中上层	182	13.05	99.34
上层	9	0.65	100.00

对于中产阶层身份认同的测量则使用了最直观的问法："您认为您的家庭是中产阶级家庭吗？"选项包括"是"、"不是"和"不清楚"三类。其中选择"不清楚"的有 52 人（3.73%）。考虑到选择"不清楚"的被访者太少，单独归为一类无法展开模型的推论分析，而简单删除个案又会造成数据的缺失，因此对原始数据进行了简单的点估计插补处理。除了对家庭中产阶层身份的认同外，问卷中还问到了对个人中产阶层身份的认同，所以我们首先对家庭中产阶层身份认同中选择"不清楚"的被访者用个人中产阶层身份认同的选择替换，其中 2 人替换为"是"，26 人替换为"不是"；接下来对个人和家庭中产阶层身份认同均选择"不清楚"的 24 人，比较其个人年收入与其自填的判断中产阶层年收入的标准，将个人年收入大于等于所填收入标准的被访者家庭中产阶层身份认同替换为"是"，否则替换为"不是"。最后将所有中产阶层身份认同答案为"是"的被访者赋值为 1，将"不是"的赋值为 0，处理后的分布情况详见表 2 - 9，仅 37.88% 的人认同自己的中产阶层身份，比例远低于采用主观层级地位认同测量中认同中层及以上的比例，对于这一问题的讨论将在后文中详细展开。

表 2 - 9　中产阶层身份认同分布（N = 1394）

单位：人, %

中产阶层身份认同	频数	百分比	累计百分比
不认同	866	62.12	62.12
认同	528	37.88	100.00

（二）　制度环境变量

对于制度环境变量，本研究主要从单位性质、户籍状况和主观的社会评价三个方面进行测量。在原始数据中对单位性质的测量比较具体，我们进行了简单的合并，分为公有制和非公有制两类，具体合并规则如下：将选项"1. 党政机关、人民团体、军队"、"2. 国有企业及国有控股企业"、"3. 国有/集体事业单位"、"4. 集体所有或集体控股企业"、"7. 协会、行会、基金会等社会团体或社会组织"和"9. 社区居委会、村委会等自治组织"合并为公有制，赋值为1；将选项"5. 私有/民营或私有/民营控股企业"、"6. 三资企业"、"8. 民办非企业单位"和"10. 个体工商户"合并为非公有制，赋值为0。因为本研究是以家庭为分析单位，所以家庭成员中只要有人的单位性质为公有制，就赋值为1，否则赋值为0。根据表2-10的统计结果，上海市中产阶层群体中有66.43%的家庭至少有一人在公有制单位工作，虽然这一比例占到约2/3，但是相对于其他制度环境变量而言，这一比例是比较低的。如果同时考虑所有家庭成员的单位性质，那么所有家庭成员中在非公有制单位工作的比例肯定会高于这一统计结果，这在一定程度上确实反映了上海市的市场化程度已经比较高，有相当高比例在体制外工作的中产阶层。

户籍状况从两个方面进行测量，首先是户籍性质，本研究使用的主要是14岁时的户籍性质，分为非农业和农业两类，分别赋值为1和0；其次是户籍所在地，分为上海和非上海，分别赋值为1和0。对于户籍性质，没有使用当前的户籍性质主要有以下两个方面的原因：首先，在本研究的中产阶层样本中，仅98人当前的户籍性质为农业，很难体现出样本内部的差异性；其次，城乡二元对立的户籍制度对人们的影响是从早期教育资源配置的差异开始的，因而早期的户籍区隔更能带来深远的影响。另外，因为没有搜集所有家庭成员的户籍性质和户籍所在地，所以在本研究的模型中统一使用被访者个人的户籍状况。从两个户籍变量来看，其分布非常相似，农业户口和非上海户籍所占比例均在17%左右，这表明要想在上海跻身中产阶层行列，出生在非农业户口家庭和获得上海户籍都是非常重要的条件。

表 2 - 10　制度环境各变量的描述性统计结果 （N＝1394）

单位：人,%

变量	类别	频数	百分比	累计百分比
家庭单位性质	非公有制	468	33.57	33.57
	公有制	926	66.43	100.00
14 岁时户籍性质	农业	247	17.72	17.72
	非农业	1147	82.28	100.00
户籍所在地	非上海	231	16.57	16.57
	上海	1163	83.43	100.00
社会公平感	完全不公平	109	7.82	7.82
	比较不公平	409	29.34	37.16
	一般	566	40.60	77.76
	比较公平	303	21.74	99.50
	完全公平	7	0.50	100.00
获得更高社会地位最重要的因素	家庭背景	447	32.07	32.07
	受教育程度	385	27.62	59.69
	个人的天赋	121	8.68	68.37
	努力工作	170	12.20	80.57
	个人的社会关系	195	13.99	94.56
	国家的政策倾斜	46	3.30	97.86
	运气	30	2.15	100.00
社会流动机制	封闭型	644	46.20	46.20
	开放型	750	53.80	100.00
制度环境	一般	376	26.97	26.97
	较好	1018	73.03	100.00

　　主观的社会评价包括对当今社会公平程度和社会流动机制的评价，前者选项包括"完全不公平"、"比较不公平"、"一般"、"比较公平"和"完全公平"，分别赋值为 1~5，数值越大，社会公平感越高。从中产阶层对社会公平感的评价来看，并没有预想的那么高，40.60%的中产阶层给出了当今社会公平程度"一般"的评价，并且选择"比较公平"和"完全公平"的比例要比选择"完全不公平"和"比较不公平"的比例低 15 个百分点左右。这也就表明，上海市中产阶层对社会公平程度还有更高的期待。社会流动机制主要由"您觉得一个人要获

得更高的社会或经济地位，下列各项中最重要的三项是"这一问题来测量。本研究中使用的是第一重要的选择并对选项进行了重新归类。将"家庭背景"、"个人的天赋"、"国家的政策倾斜"和"运气"四类选择归为倾向于认为我国当前的社会流动机制是较为封闭的，较难通过个人的努力改变，对此赋值为0，命名为封闭型；将"受教育程度"、"努力工作"和"个人的社会关系"① 三类选择归为倾向于认为个人的努力在社会流动中发挥着更为重要的作用，赋值为1，命名为开放型。根据表2-10的统计结果，上海市中产阶层认为，要想获得更高的社会地位，最重要的是"家庭背景"，其次是"受教育程度"，再次是"个人的社会关系"和"努力工作"，以上选项占比均在10%以上。从归类后的结果来看，选择开放型的比例要高于选择封闭型的比例，这表明上海市中产阶层对我国当前社会的开放程度还是持一个相对乐观的态度，多数人都相信通过个人后天的努力可以获得更高的社会地位。

除了以上五个具体指标之外，我们还利用两个户籍变量合成了一个命名为制度环境的综合变量，具体处理过程如下：将那些14岁时为非农业户口且目前获得上海户籍的中产阶层制度环境变量赋值为1，表明他们所处的制度环境较好（共376位，占26.97%），将所有14岁时为农业户口和当前没有取得上海户籍的中产阶层赋值为0，表明他们所处的制度环境一般，具体结果也在表2-10中做了汇报。

（三）客观阶层地位变量

根据已有的研究，对客观阶层地位的测量主要从职业地位、受教育程度和经济收入三个方面展开，这也是前文界定中产阶层研究对象时使

---

① 之所以将"个人的社会关系"归为开放型类别，主要是考虑到"个人的社会关系"与"家庭背景"不同，它是需要个人积累和维护的，其中蕴含着个人努力的成分。

用的三个指标。根据前文的潜在类别分析结果，我们仅能将中产阶层分为两类具有内部异质性的群体，为了更为具体地分析职业地位、受教育程度和经济收入在中产阶层群体主观地位认同中的作用，我们在前两步模型中将这三个变量分别纳入模型检验，只有在最后的路径分析中，才将从三者中提取的客观地位因子得分作为客观阶层地位变量纳入模型。与前文潜在类别分析中对受教育程度的处理不同，模型中我们将受教育程度转换成受教育年限并将之作为连续变量纳入模型，具体转化过程如下："未上学"为0年，"小学/私塾"为6年，"初中"为9年，"技校"为11年，"中专、职业高中、普通高中"为12年，"大学专科"为15年，"大学本科"为16年，"研究生及以上"为19年。前文表2-7已经详细展示了中产阶层在职业地位、受教育程度和经济收入三方面的详细分布情况，这里我们将以上三个变量作为连续变量的分布情况在表2-11中汇报。

表2-11　客观阶层地位各变量的描述性统计结果 （$N=1394$）

变量名	平均值	标准差	最小值	最大值
最高职业地位	2.907	0.928	1	5
最高受教育年限（年）	15.07	2.104	6	19
家庭人均收入（万元）	11.15	18.97	0.6	500

对于综合的客观阶层地位变量，尽管前文是用潜在类别分析的方法，将上海居民的家庭客观阶层地位和个人地位都分成了三类，但是因为本来的研究对象是其中的中产阶层，所以客观地位只被分为两类。用这一结果作为客观地位变量对层级地位认同进行预测，可能会使层级地位认同的方差得不到足够的解释，从而导致我们错误地认为二者之间不存在因果关系。因此，我们需要寻找其他方法以得到一个反映中产阶层客观地位差异的指标。最终，借鉴许琪、熊略宏（2016）使用收入、教育和党员身份进行因子分析，获得综合社会地位指数的方法，本研究用家庭中最高的职业地位、

受教育年限、家庭人均收入对数进行主成分因子分析的方法获得一个反映家庭社会地位的综合新变量。表 2 - 12 列出了详细的主成分因子分析结果。KMO 值为 0.535，Bartlett 检验卡方值为 168.248，$p = 0.000$。尽管 KMO 值不是特别理想，但也符合因子分析的条件，且通过了 Bartlett 检验，所以我们可以对这三个变量展开因子分析。根据主成分因子分析结果，仅有一个因子特征值大于 1，我们将其命名为客观阶层地位因子。各变量的因子负荷值只有家庭最高职业地位为 0.445，也满足了大于 0.4 的最低要求，其他各变量因子负荷值均在 0.6 以上。最终我们获得了一个最小值为 -2.275、最大值为 3.513 的家庭客观阶层地位标准分数，数值越大表明客观阶层地位越高。

表 2 - 12　客观阶层地位的因子分析结果

变量名	因子负荷值	特征值	方差贡献率	KMO	Bartlett's 检验 χ^2
最高职业地位	0.445				
最高受教育年限	0.762	1.375	0.458	0.535	168.248 ***
家庭人均收入对数	0.773				

*** $p < 0.001$。
注：因子提取方法为主成分法。

（四）　生活经历变量

对于生活经历的测量主要从以下几个方面进行。首先是近期家庭压力，即询问被访者最近一年家庭在住房、教育、养老、医疗、就业等五个方面是否存在巨大压力，每一项中选择"是"赋值为 1，选择"否"赋值为 0，然后将五者相加，得到一个数值为 0～5 的连续变量，数值越高说明最近一年家庭面对的困难越多，近期家庭压力越大。其次是住房品质，包括所有自有产权住房的总市值和当前住房的人均住房面积。最后是生活品位，因为问卷的局限性，没有对生活品位进行直接的操作化测量，本研究用家庭在旅游度假/健身/娱乐文化等方面的支出（下文简化为"旅游等支出")作为对生活品位的替代测量，一般而言，这方面的支出越高说明对生活品位的追求越高。

为了简化，我们将生活经历各个指标（包括原始的家庭压力指标）的详细分布情况汇总在表 2-13 中。结果显示，上海市中产阶层家庭面临的最大压力是"住房条件差，买不起房"；其次是"医疗支出大，难以承受"；再次是"家人无业、失业或工作不稳定"；压力比较小的是"子女教育费用高，难以承受"和"赡养老人负担过重"。综合来看，67.14% 的中产阶层家庭在 2014 年没有遇到以上提及的任何一种困难，近期家庭压力均值为 0.576，这说明绝大多数上海市中产阶层家庭都享受到了良好的民生福祉。从住房市值来看，这确实体现了上海的高房价，上海市中产阶层家庭所拥有的住房平均市值为 402.9 万元，但是其差异性也非常大，有人家里没有任何自有产权的住房，有人家里的住房市值 4000 万元。上海市中产阶层家庭人均住房面积为 26.29 平方米，低于国务院新闻办公室 2016 年 12 月 1 日发布的《发展权：中国的理念、实践与贡献》白皮书中提到的全国城镇人均住宅建筑面积 33 平方米。[①] 从旅游支出来看，上海市中产阶层家庭这方面的支出还是比较高的，家庭年均旅游支出超 2 万元，最高者达 60 万元。

表 2-13　生活经历各变量的描述性统计结果（$N = 1394$）

变量名	平均值	标准差	最小值	最大值
面临压力				
住房条件差，买不起房	0.209	0.407	0	1
子女教育费用高，难以承受	0.078	0.269	0	1
赡养老人负担过重	0.062	0.241	0	1
医疗支出大，难以承受	0.133	0.340	0	1

---

① 《中国城镇人均住宅建筑面积 33m²》，https://www.sohu.com/a/120540126_124752，最后访问日期：2022 年 9 月 22 日。

续表

变量名	平均值	标准差	最小值	最大值
家人无业、失业或工作不稳定	0.094	0.292	0	1
近期家庭压力	0.576	1.027	0	5
住房市值（万元）	402.9	340.5	0	4000
人均住房面积（平方米）	26.29	19.80	2.7	235
旅游支出（万元）	2.035	3.691	0	60

对于生活经历变量，我们也采用了与客观阶层地位相同的方法，即生成一个新的综合变量用于中介效应的检验，不过我们在进行因子分析的时候仅选择了近期家庭压力、住房市值对数、旅游支出对数三个变量，删除了人均住房面积变量。这主要是因为根据后文的一些独立分析结果，人均住房面积对层级地位认同、中产阶层身份认同等的影响均不太显著。根据检验结果，生活经历变量的 KMO 值为 0.597，Bartlett 检验卡方值为 196.350，$p = 0.000$，符合因子分析的条件。根据表 2 - 14，共提取出一个因子特征值大于 1 的公因子，我们将其命名为生活经历因子，各变量的因子负荷值的绝对值也都在 0.68 及以上，因为近期家庭压力的方向与住房市值和旅游支出是相反的，所以因子负荷值为负，但不影响因子结果。最终我们提取的是一个最小值为 - 5.693、最大值为 2.506 的生活经历标准分数，数值越大表明生活经历越好。

表 2 - 14 生活经历的因子分析结果

变量名	因子负荷值	特征值	方差贡献率	KMO	Bartlett's 检验 χ^2
近期家庭压力	- 0.680				
住房市值对数	0.724	1.452	0.484	0.597	196.350***
旅游支出对数	0.683				

$p < 0.001$。

注：因子提取方法为主成分法。

（五）　相对剥夺感变量

对于相对剥夺感的测量，本研究采用李克特量表的形式，分别询问了被访者与不同人或不同时期比较时感受到的自身生活水平的变化情况，具体包括：与社会大多数人相比、与身边同事/朋友/邻居相比、与自己5年前比、未来5年的可能变化四个方面，分别简化为"与多数人比"、"与周围人比"、"与自己以前比"和"对自己将来变化的预期"。选项包括"上升很多"、"略有上升"、"没有变化"、"略有下降"和"下降很多"，分别被赋值为1~5，数值越大，被访者感受到的相对剥夺感越强。为了解释的方便，本研究在后文的模型中将这四个变量作为连续变量纳入统计模型。表2-15记录了四类相对剥夺感的详细分布情况。从均值来看，上海市中产阶层在与自己相比时其所获得的相对剥夺感小于与其他人相比时，虽然其标准差也存在一定差异，但根据两两配对 t 检验结果，其均值差异可以推广至总体。四类相对剥夺感中平均值最低的是"与自己以前比"，其次是"对自己将来变化的预期"，再次是"与多数人比"和"与周围人比"。

表2-15　相对剥夺感各变量的描述性统计结果（N=1394）

变量名	平均值	标准差	最小值	最大值
与多数人比	2.586	0.758	1	5
与周围人比	2.726	0.731	1	5
与自己以前比	2.368	0.859	1	5
对自己将来变化的预期	2.383	0.808	1	5

因为本研究对相对剥夺感的四个测量维度反映的是相对剥夺感的不同侧面，所以我们在获得反映相对剥夺感的综合指标时不能进行简单的累加求和处理。我们同样使用主成分因子分析的方法，将相对剥夺感的

四个维度进行综合。根据检验结果，KMO 值为 0.790，Bartlett 检验卡
方值为 2449.071，$p = 0.000$，这说明本研究选择的四个测量变量非常适
合进行因子分析。根据表 2 - 16 的主成分因子分析结果，提取出的所有
因子中，仅有一个因子特征值大于 1，我们将其命名为相对剥夺感因
子。四个变量在这一因子中的负荷值也都在 0.78 以上。这说明我们提
取的相对剥夺感因子解释了四个变量的绝大部分方差，也就意味着我们
提取的因子值是非常有效的。最终我们预测了每个被访者的相对剥夺感
因子分值，是一个最小值为 -2.332、最大值为 3.781 的标准分值，数
值越大，相对剥夺感越强。

表 2 - 16   相对剥夺感的因子分析结果

变量名	因子负荷值	特征值	方差贡献率	KMO	Bartlett's 检验 χ^2
与多数人比	0.869				
与周围人比	0.825	2.767	0.692	0.790	2449.071 ***
与自己以前比	0.849				
对自己将来变化的预期	0.781				

*** $p < 0.001$。

注：因子提取方法为主成分法。

（六） 评价标准变量

对于评价标准的测量，主要包括三个方面。第一，"您认为应该依
据什么标准来判断是否为中产阶级"。选项包括收入水平、职业种类、
受教育程度、消费水平、资产总量（包括房产、土地等）、品位与休闲
方式、自我认同（自己确定是否中产阶层）等。本研究对其进行了简
单的归类处理，首先将收入水平、消费水平和资产总量归为财产标准，
品位、休闲方式与自我认同归为生活标准，然后将职业标准、教育标
准、财产标准和生活标准组合成 15 类不同的选择。第二，"如果按收入
标准来划分中产阶层，您认为在本地个人年收入多少才能成为中产阶

层"。第三，"如果按家庭资产标准来划分中产阶层家庭，您认为在本地一个三口之家（父母和未成年子女）的家庭资产（包括房产、土地等）达到多少才能成为中产阶层家庭"。以上两种测量均由被访者自己填写，单位为万元。以上两个变量的原始数据中有少量缺失值，我们首先根据其所处的家庭收入十分位位置对应的收入标准均值对 12 个收入标准缺失的个案进行了插补，然后又根据其所处的收入标准十分位位置对应的资产标准均值对 19 个资产标准缺失的个案进行了插补。[①] 插补后两个变量的具体分布情况详见表 2 - 17。

表 2 - 17　中产阶层身份认同财产标准的描述性统计结果　（N = 1394）

变量名	平均值	标准差	最小值	最大值
个人收入标准（万元）	46.90	75.29	1	1000
家庭资产标准（万元）	620.14	2726.70	2	100030

（七）　控制变量

除了以上几类要重点检验的影响中产阶层主观地位认同的关键变量，本研究还加入了被访者自身的性别、年龄、婚姻状况，以及家庭成员的政治面貌作为控制变量。其中性别变量为虚拟变量，女性赋值为 0，男性赋值为 1。根据表 2 - 18 的统计结果，男性占比为 48.4%，男女比例基本相当。

年龄是一个连续变量，根据受访者的出生年份计算得出，即由主要调查年份 2015 年减去出生年份获得，并未考虑实际调查日期和出生日期。所以根据表 2 - 18 的统计结果，其最小值为 19 岁，最大值为 66 岁，与我们前文界定的调查对象的年龄范围出现了一点点差距，这主要

---

① 因为第三章将专门对中产阶层的评价标准问题展开讨论，故在此不再对其具体的分布情况展开简单介绍。

是因为计算方式不够精确造成的，但这并不会影响实际的分析结论。被访者的平均年龄为 43.18 岁，标准差为 12.98 岁。

婚姻状况在问卷中的原始分类为未婚、同居、初婚有配偶、再婚有配偶、离婚和丧偶，为了统计的方便，本研究将初婚有配偶和再婚有配偶归为已婚，赋值为 1，占比为 83.72%；将其余归为未婚，赋值为 0，占比为 16.28%。

政治面貌在问卷中的原始分类为中共党员、民主党派和群众，在模型中，将中共党员（党员）赋值为 1；将民主党派和群众合并，赋值为 0，表示非中共党员（非党员）。在以家庭为分析单位的模型中，使用的是所有家庭成员的情况，即家庭成员中只要有人为党员，就赋值为 1，否则赋值为 0。统计结果显示，家庭中至少有一人为中共党员的中产阶层占比为 32.1%，其实这一比例并不低，中共中央组织部发布的 2015 年中国共产党党内统计公报显示，截至 2015 年底，中国共产党党员总数为 8875.8 万名，[1] 而根据 2015 年国民经济和社会发展统计公报，年末全国总人口 137462 万人，其中 16～65 岁人口为 98910 万人，由此推算，全国 18～65 岁人口中，党员比例约为 8.97%。[2]

表 2-18　各控制变量的描述性统计结果 （N=1394）

变量名	平均值	标准差	最小值	最大值
性别（男性＝1）	0.484	0.500	0	1
年龄	43.184	12.981	19	66
婚姻状况（已婚＝1）	0.837	0.369	0	1
家庭政治面貌（中共党员＝1）	0.321	0.467	0	1

---

① 《2015 年中国共产党党内统计显示全国学生党员 203.4 万名》，http://education. cqnews. net/html/2016 - 07/02/content_ 37478558. htm，最后访问日期：2022 年 9 月 22 日。

② 《2015 年国民经济和社会发展统计公报》，http://www. gov. cn/xinwen/2016 - 02/29/content_ 5047274. htm，最后访问日期：2022 年 9 月 22 日。

七 分析方法

本研究主要采用定量研究的方法。除了前文在界定中产阶层时使用的潜在类别分析方法之外，在下文探讨各变量之间关系的过程中，根据研究的目的和因变量的不同特征，使用了多种不同的统计方法，主要包括以下几种。

（一） 因子分析

根据张文彤（2004：218～219）的介绍，因子分析是通过研究多个变量间相关系数矩阵（或协方差矩阵）的内部依赖关系，找出能综合所有变量的少数几个随机变量，这几个随机变量是不可测量的，通常被称为因子。然后根据相关性的大小把变量分组，使得同组内的变量之间相关性较高，但不同组的变量相关性较低。通过因子分析，可以将众多指标简化为少数几个因子，为厘清现象提供简明的工具。本研究对各类自变量采用的大多是多指标测量，所以在一些分析中我们需要对这些多指标测量的变量进行简化处理，其中采用的方法就是因子分析。在估计因子载荷时，有主因子法、主成分法、迭代主因子法、极大似然估计等多种具体方法，本研究主要通过主成分法估计因子载荷并提取公因子。该方法假设变量是各因子的线性组合，假设有 N 个样本，P 个指标，$X = (X_1, X_2, \cdots, X_p)^T$ 为随机向量，要寻找的公因子为 $F = (F_1, F_2, \cdots, F_m)^T$，则模型

$$X_1 = \alpha_{11} F_1 + \alpha_{12} F_2 + \cdots + \alpha_{1m} F_m + \varepsilon_1$$
$$X_2 = \alpha_{21} F_1 + \alpha_{22} F_2 + \cdots + \alpha_{2m} F_m + \varepsilon_2$$
$$\vdots$$
$$X_p = \alpha_{p1} F_1 + \alpha_{p2} F_2 + \cdots + \alpha_{pm} F_m + \varepsilon_p$$

称为因子模型。矩阵 $A = (\alpha_{ij})$ 为因子载荷矩阵，α_{ij} 为因子载荷，其实质就是公因子 F_i 和变量 X_j 的相关系数。ε 为特殊因子，代表公因子以外的影响因素，实际分析时忽略不计。对求得的公因子，需要观察它们在哪些变量上有较大的载荷，再据此说明该公因子的实际含义，之后，我们还可以用回归估计等方法求出因子得分的数学模型，将各公因子表示成变量的线性形式，并进一步计算出因子得分，然后用于进一步的统计计算。

（二）多元线性回归

根据张文彤（2004：91）的介绍，多元线性回归主要用于因变量与自变量组之间存在多重线性关系时，分析它们之间的关系。它要求因变量为连续变量，因此在本研究分析相对剥夺感和中产阶层评价标准等的影响因素时，主要采用这一模型。

$$y_i = \hat{y}_i + e_i = b_0 + b_1 x_{i1} + \cdots + b_p x_{ip} + e_i$$

实测值 y_i 由两部分组成，第一部分为其估计值，用 $\hat{y}$ 表示，即给定各自变量取值时，因变量 y 的估计值，表示能由自变量决定的部分。e_i 为残差，是因变量实测值 y 与其估计值 $\hat{y}$ 之间的差值，表示不由自变量决定的部分。b_0 为常数项，它表示当所有自变量取值均为 0 时因变量的估计值，b_p 为偏回归系数，表示当其他自变量取值固定时，自变量 x_i 每改变一个单位时，$\hat{y}$ 的变化量。以上公式中共有 $n+1$ 个参数，其中参数取值的最终确定，我们假设从数轴的最左端 $-\infty$ 开始，直至数轴最右端 $+\infty$ 结束。如果任意地决定这 $n+1$ 个参数，将得到无穷多个回归模型。分别应用这无穷多个回归模型，对每一条记录求其因变量实测值与估计值之差的平方和 $(y_i - \hat{y}_i)^2$，将其累加，在无穷多个可能的回归模型中累加值最小的那个回归模型就是我们所需要的。本研究中参数值的确定就是使用这种普通最小二乘法（Ordinary Least Square，OLS）。

（三）　二分类逻辑回归

当因变量是二分类时，如本研究中对中产阶层身份的认同（认同和不认同），利用 OLS 线性回归去分辨 y 出现两个值中一个的概率是很小的。因此，我们需要考虑用别的方法去描述 x 与 y 的关系并估计其参数，二分类逻辑回归就为我们提供了解决办法。它试图对时间的发生建模，并且估计自变量对这些比数的作用，一个事件的比数是简单地将事件发生的概率（称为"成功"）与事件未发生的概率（称为"失败"）相比得到的商（奥康奈尔，2012：21）。但是线性概率模型的比数结果的下界为 0，但没有上界，会得到 [0，1] 之外的不现实的概率预测。但如果我们对比数的自然对数建模，就可以避免这一问题。

$$ln \frac{p_i}{1 - p_i} = \alpha + \beta_1 x_{i1} + \beta_2 x_{i2} + \cdots + \beta_p x_{ip} + \varepsilon$$

其中，$ln \frac{p_i}{1 - p_i}$ 表示的是 y "成功"的比数的对数，即认同属于中产阶层个人/家庭的发生比；α 为截距，它表示当所有自变量取值均为 0 时 $ln \frac{p_i}{1 - p_i}$ 的变化量；β_p 为偏回归系数，表示当其他自变量取值固定时，自变量 x_i 每改变一个单位时，$ln \frac{p_i}{1 - p_i}$ 的平均变化量，然后对 β_p 取反对数，即 $exp^{(\beta_p)}$，可获得 y "成功"的发生比。

（四）　定序逻辑回归

除了二分类因变量，本研究中还用到很多根据量表测量所得的十分类或五分类定序变量，如家庭层级地位认同（下层、中下层、中层、中上层、上层）。根据以往的研究经验，可以近似地将这类定序变量看作连续变量，使用 OLS 多元线性回归计算回归系数，或将其看作多类别变量，使用多类别逻辑回归（Multinomial Logistic Regression）。但是前者会导致人为的信息膨胀，而后者会使统计结果因为遗漏掉排序信息而丧失统计效率。此时，采用定序逻辑回归才可以在科学范围内最大限度地利用数据。它是一种模拟二分化结果的方法，以相继的二分化形式形成数据的累积"分割"的分析（奥康奈尔，2012：47）。

$$ln_j\{p(y \leqslant j \mid x_i)/[1 - p(y > j \mid x_i)]\} = \alpha_j + \beta x_i$$

当 $\beta > 0$ 时，$\alpha_j + \beta x_i$ 表示：在固定数值 x_i 的条件下，低次序一端发生的累积概率函数随着 y 的增加而增加。反之亦然，即随着 x_i 的值升高，y 在较高次序 j 发生的概率密度函数在降低。由于这种反向关系，我们通常把以上函数写成下列函数：

$$ln_j\{p(y \leqslant j \mid x_i)/[1 - p(y > j \mid x_i)]\} = \alpha_j - \beta x_i$$

这种改变后的函数也是本研究中使用 Stata 软件运行该模型的参数计算方式。因此，在本研究的计算结果中，若 $\beta > 0$，则随着 x_i 数值的增大，y 在较高类别发生的概率也越大。然后，我们对 β 取反对数，转换成每单位 x_i 的变化对于 y 发生比的影响。

（五） 有调节的中介效应分析

中介效应分析（Moderated Mediation Analysis）是用来考察某项数据是否具有中介结构的一套统计方法。它指向这样一种特定形式的因果关系机制：某个自变量对某个因变量的影响可能并不是直接的，而是通过某种中介过程实现的，或者说，某个自变量是通过某个中介变量而间接影响某个因变量的，即自变量影响了中介变量（或自变量的变化导致了中介变量的变化），而中介变量又影响了因变量（亚科布齐，2012：2）。对中介效应的检验，以往研究普遍采用 Baron 和 Kenny（1986）提出的因果逐步回归的检验方法。温忠麟等（2004）对此进行了总结，提炼了中介效应的检验程序和具体的操作步骤：首先检验自变量对因变

量的回归系数 c 是否显著，对显著者进一步依次检验自变量对中介变量的回归系数 a，以及控制自变量时的中介变量对因变量的回归系数 b，然后判断中介效应的类型。但是，这种检验方法逐渐受到质疑，它只是一个概念化模型，并非直接检验中介效应（检验 $ab = 0$），而是检验控制了中介变量之后，主效应显著性的变化（检验 $c - c' = 0$）（Preacher & Hayes，2004）。而作为补充说明的 Sobel 检验也存在一些不便和弊端，如它假设 ab 服从正态分布，但现实并不一定如此（MacKinnon，Lockwood，& Williams，2004）。且后来的研究发现，自变量和因变量是否显著相关并不是是否存在中介效应的前提（MacKinnon，2008；Hayes，Preacher，& Myers，2011；温忠麟、刘红云、侯杰泰，2012）。对此，Zhao、Lynch 和 Chen（2010）总结提出了一套更为合理有效的中介效应检验程序（见图 2 - 2），并推荐按照 Preacher 和 Hayes（2004）提出的 Bootstrap 方法进行中介检验。

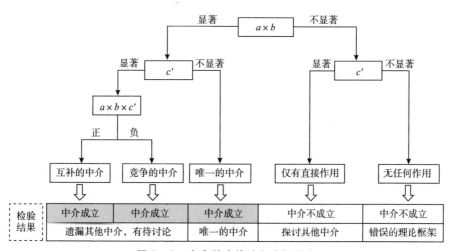

图 2 - 2 中介效应检验和分析程序

资料来源：Zhao et al.，2013：197 - 206。

本研究中的中介效应检验就是使用标准的 Bootstrap 法，它不需要分布假设，所以避免了系数乘积检验法可能违反分布假设的问题，而且该方法不依赖理论标准误，因而避免了不同标准误公式产生结果不一致的问题。在使用 Bootstrap 法检验时，使用的软件为 Mplus，在具体检验过程中，将五分的层级地位认同和二分的中产阶层身份认同作为有序类别变量。所以采用的参数估计方法为 WLSMV 加权最小二乘法估计使用对角加权矩阵伴均值 – 方差校正卡方检验，这是分析类别数据默认的估计方法。通过使用 Bootstrap 语句以及 "MODEL INDIRECT" 和 "CINTERVAL"，可以得到间接效应的 Bootstrap 标准误和偏差校正的 Bootstrap 置信区间，如果置信区间包括 0，则说明系数不显著，否则说明系数显著（王孟成，2014：43）。

除了中介效应，还存在另外一个第三变量的效应，即调节效应。根据温忠麟、侯杰泰和张雷（2005）的总结，如果变量 Y 与变量 X 的关系是变量 M 的函数，我们可以称 M 为调节变量，它影响因变量和自变量之间关系的方向和强弱。本研究使用的是有调节的中介效应，即中介效应在第三个变量上存在大小或方向上的差异。

第三章
中产阶层的主观评价标准

本书的研究主题为主观阶层地位认同，而主观阶层地位认同是一个抽象的主观测量，每个被访者对这一概念都会有自己的主观理解，他们在做出判断时也主要是根据自己的主观理解而非客观标准来回答。所以，我们在对这一问题进行分析的过程中，必须考虑被访者自身对主观阶层地位做出判断时所依据的评价标准。在问卷中，我们以中产阶层身份为例，了解了每位被访者自己心目中的评价标准。本章将主要对这一问题展开分析，即对前文提出的假设1（评价标准差异假设）进行验证。

一 研究假设

根据前文的梳理，直接关注居民主观阶层地位认同评价标准问题的研究非常少，根据吴琼（2014）的研究，评价标准的不同可能是因为不同人群采取了不同的参照群体。由此，我们试图通过简单梳理国内外学者关于影响人们参照群体选择因素的相关研究寻找可能影响居民主观阶层地位认同评价标准的因素。已有研究主要从社会阶层地位、社会环境、社会认知等因素出发展开分析。根据默顿（2006）的观点，社会结构的稳定性会直接影响到人们参照群体的选择，所以具有相同或相似职业（Gartrell，1982）和学历（Seaton，Marsh，& Craven，2010）等处于相同社会阶层结构中的人，更容易成为彼此的参照对象。此外，社会距离和可观察性等社会环境因素也会通过影响人们的信息可获得程度而影响人们对参照群体的选择。一般来说，对于发生在一般情境中的选择性行为服从"舍远就近"的原则（周晓虹，1991）。但是目前信息传播渠道的多元化、组织环境的开放程度、新闻媒体的使用情况等也会影响人们对参照对象的选择（Wang，2010）。后来的研究发现，外在的客观因素需要通过主观认知才能对人们的参照群体选择过程产生影响，包括自我效能、知觉到的组织气氛以及公平敏感性在内的主观因素都会影响到人们参照群体的选择（庄家炽，2016）。

由此可见，目前对于参照群体影响因素的探讨也是从客观阶层地位等客观社会环境和主观社会认知两个方面展开的。因此，我们可以从现有分析中产阶层主观地位认同的国家中心论、结构地位论和历史文化论三个方面出发尝试探讨影响中产阶层主观地位认同评价标准的因素，根据测量指标和变量选择，我们将假设1细化为如下四个没有方向的研究假设，且每个研究假设又包含多个子假设。

假设1-1：所处的制度环境不同，对中产阶层的评价标准也不同

假设1-1-1：单位性质不同，对中产阶层的评价标准也不同；

假设1-1-2：14岁时户籍性质不同，对中产阶层的评价标准也不同；

假设1-1-3：当前的户籍所在地不同，则中产阶层的评价标准也不同；

假设1－1－4：对当前社会公平程度的判断不同，对中产阶层群体的评价标准也不同；

假设1－1－5：对我国社会流动机制的判断不同，对中产阶层群体的评价标准也不同。

假设1－2：所处的客观阶层地位不同，对中产阶层群体的评价标准也不同

假设1－2－1：职业地位不同，对中产阶层群体的评价标准也不同；

假设1－2－2：受教育程度不同，对中产阶层群体的评价标准也不同；

假设1－2－3：家庭人均收入不同，对中产阶层群体的评价标准也不同。

假设1－3：生活经历不同，对中产阶层群体的评价标准也不同

假设1－3－1：最近面临的生活压力不同，对中产阶层群体的评价标准也不同；

假设1－3－2：家庭住房市值不同，对中产阶层群体的评价标准也不同；

假设1－3－3：当前住房面积不同，对中产阶层群体的评价标准也不同；

假设1－3－4：旅游支出不同，对中产阶层群体的评价标准也不同。

假设1－4：主观相对剥夺感不同，对中产阶层群体的评价标准也不同

假设1－4－1：与多数人比产生的相对剥夺感不同，对中产阶层群体的评价标准也不同；

假设1－4－2：与周围人比产生的相对剥夺感不同，对中产阶层群体的评价标准也不同；

假设1－4－3：与自己以前比产生的相对剥夺感不同，对中产阶层群体的评价标准也不同；

假设 1-4-4：对自己将来变化的预期产生的相对剥夺感不同，对中产阶层群体的评价标准也不同。

二　中产阶层身份认同的评价标准指标及分布

（一）　指标体系

为了了解民众心目中的中产阶层形象，问卷中我们对被访者对中产阶层群体的评价指标进行了调查。但是对这一问题的测量并非完全开放式的，而是先列举出了学术界常用的几种测量指标，包括收入水平、职业种类、受教育程度、消费水平、资产总量、品位与休闲方式、自我认同等，然后再加入一个开放式的其他选项让被访者随意选择。调查结果显示，仅有 15 位被访者选择了其他选项，而填写的其他选项的内容多为个人素质、社会地位、家庭背景等，我们进行了简单的二次处理，将个人素质重新归为受教育程度，将社会地位归为职业种类，将家庭背景归为资产总量。最后，我们将 7 个测量指标的选择情况汇总在图 3-1 中，结果显示，收入水平、资产总量是民众最为认可的两种判断依据，尤其是收入水平，有 85.22% 的中产阶层群体都选择了此项；此外就是受教育程度和消费水平，选择的比例均在 50% 左右，其实消费水平在一定程度上与收入和资产关联也比较大；学者们常用的职业种类标准在民众心中并不是那么重要，仅有 37.73% 的中产阶层群体选择了此项；而选择品位与休闲方式和自我认同的比例更低，均不足 30%。所以民众心目中划分中产阶层的标准与学者的划分标准还存在一定差异。

学术界对中产阶层的划分，最常用的指标是职业类型，因为中产阶层群体作为一个西方传入的概念，最初就是一个社会关系的概念，主要是那

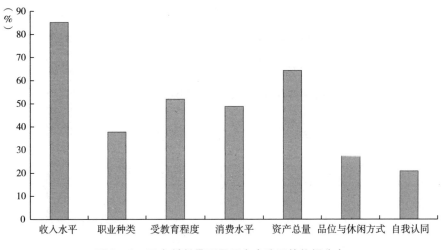

图 3 - 1　民众判断是否属于中产阶层的依据分布

些与传统的工人阶级相比，在雇佣关系上或资源占有上具有相对独立位置的被雇佣者。前文也对这一问题做了详细的梳理。而在民众心目中，收入、资产、消费等经济指标和教育指标却是重要的标准。所以国内学者在对中产阶层的划分中，发展出的职业、教育和收入等多重标准确实符合了民众的观点。只是各个指标的重要程度不太一致，学者更加关注作为社会关系的职业指标，而民众更加关注实际可得的经济指标。

因为我们在测量过程中，该题目采用的是多项选择的形式，所以单纯的各个选项的频率并不能完全体现民众心目中判断中产阶层的依据，对此我们对数据做进一步处理，把收入水平、消费水平和资产总量合并为财产指标，将品位和休闲方式与自我认同合并为生活指标。由职业、教育、财产、生活四类指标形成了一个包含 15 种组合的民众判断中产阶层指标的变量。根据表 3 - 1 的统计结果，选择最多的是财产指标，包括收入水平、资产总量和消费水平，占到 29.41%，这一比例在一个包含 15 类选项的分布中是非常高的。位居第二的是一个包含了全部四种指标的选择，占 14.92%，也只是单纯财产指标的一半左右。位居第三和第四的分别是教育、财产组合和职业、教育、财产组合，分别占

13.92% 和 12.77%，其他各组合的比例均在 10% 以下。占比居前几位的组合中，每个组合均有财产指标，所以，在民众心目中，财产才是划分中产阶层群体最重要的指标。这也提醒我们在之后的中产阶层研究中，必须重视收入和资产因素在其中的作用。

表 3-1 民众判断中产阶层的指标分布

单位：人,%

指标组合	频数	百分比
职业	6	0.43
教育	9	0.65
财产	410	29.41
生活	22	1.58
职业、教育	11	0.79
职业、财产	87	6.24
职业、生活	3	0.22
教育、财产	194	13.92
教育、生活	8	0.57
财产、生活	101	7.25
职业、教育、财产	178	12.77
职业、教育、生活	3	0.22
职业、财产、生活	41	2.94
教育、财产、生活	113	8.11
职业、教育、财产、生活	208	14.92
合计	1394	100.00

（二）个人收入标准

根据前文的分析，包括收入、资产和消费在内的财产标准是民众公认的划分中产阶层的重要指标，尤其是个人收入水平和家庭资产总量。为了全面了解人们的具体财产标准，我们从个人收入和家庭资产两个方面进行了具体的测量，其测量方式、处理过程和描述性统计结果前文有详细说明。根据前文表 2-17 的统计结果，民众心目中判断中产阶层的个人收入标准最小值为 1 万元，最大值为 1000 万元，均值为 46.90 万元，标准差为 75.29 万元，这就说明不同人群评价标准的差异性还是非常大的。

　　为了更准确地了解民众心目中判断中产阶层的个人收入标准分布，我们对个人年收入标准进行了十分级处理，处理时使用的是 Stata 官方的 xtile 命令，因为这一命令会按照先确定分位数、再分组的顺序处理，如果观测值相等就会被分到同一组，所以可能会存在每组数量不相等的情况，但这对本部分的分析并不产生影响，反而可以帮助我们更好地了解各个分位段的分布情况。根据表 3-2 的统计结果，只有约 20% 的民众认为判断中产阶层的个人年收入标准在 12 万元及以下，而大部分学者所定的中产阶层的收入标准均在此范围。由此可见，民众与学者在判断中产阶层的收入标准之间存在差距。进一步来看，有 54.16% 的民众都把判断中产阶层的个人收入标准限制在 24 万元及以上，甚至标准在 27 万元及以上的人的比例也已经超过 50%。这已经在一定程度上提醒我们每当学者发布中产阶层报告之后，民众为何会有巨大反响，认为自己"被中产"，因为在民众心目中，个人收入必须达到一个相当高的水平才能成为中产阶层。

表 3-2　民众判断中产阶层的个人收入标准分布

单位：人，%

个人收入标准	频数	百分比	累计百分比
第一分位（1 万~10 万元）	223	16.00	16.00
第二分位（12 万元）	59	4.23	20.23
第三分位（15 万~20 万元）	357	25.61	45.84
第五分位（24 万~25 万元）	59	4.23	50.07
第六分位（27 万~30 万元）	163	11.69	61.76
第七分位（32 万~50 万元）	268	19.23	80.99
第九分位（60 万~100 万元）	205	14.71	95.70
第十分位（105 万~1000 万元）	60	4.30	100.00
合计	1394	100.00	100.00

注：十分位划分的收入数值是非连续性的，因为很多数值没有人填写，下同。

（三）　家庭资产标准

　　根据前文表 2-17 的统计结果，民众心目中判断中产阶层的家庭资产标准最小值为 2 万元，最大值为 100030 万元，平均值为 620.14 万元，标准差为 2726.70 万元，其离散程度更为明显。与个人收入标准的处理一样，表 3-3 中我们对家庭资产标准的分布也做了十分级的处理。结果显示，只有 20.51% 的民众认为判断中产阶层的家庭资产标准在 100 万元及以下，有超过 55% 的民众认为这一标准应该在 420 万元及以上。这对在上海市的绝大多数人来说都是一笔巨大的资产。根据 2014 年上海市商品住宅成交均价为 27165 元/平方米，这笔钱可以买到 150 平方米以上的房子。而一家三口（父母和未成年子女）的实际住房需求，90 平方米已经完全可以满足，约合 240 万元，这也就意味着还可以有 180 万元左右的其他资产，如汽车等，这在当时的上海确实可以满足舒适生活的需求。

表 3-3 民众判断中产阶层的家庭资产标准分布

单位：人，%

家庭资产标准	频数	百分比	累计百分比
第一分位（2 万~50 万元）	158	11.33	11.33
第二分位（60 万~100 万元）	128	9.18	20.51
第三分位（115 万~250 万元）	144	10.33	30.84
第四分位（300 万~400 万元）	194	13.92	44.76
第五分位（420 万~500 万元）	353	25.32	70.08
第八分位（504 万~1000 万元）	344	24.68	94.76
第十分位（1200 万~100030 万元）	73	5.24	100.00
合计	1394	100.00	100.00

三 个人收入标准的影响因素探索

根据前文提出的研究假设，本部分和第四部分内容我们将分别从制度环境、客观阶层地位、生活经历和相对剥夺感四个方面分别对人们判断中产阶层的个人收入和家庭资产标准的影响因素展开探索研究。考虑到原始数据中不同被访者回答的绝对值相差太大，且其分布呈明显的偏态分布，直接用原始数据进行多元线性回归可能会带来系数拟合误差太大的问题，因此在具体的分析中，本研究按照学术惯例对其进行了自然对数处理，处理后其分布情况更倾向于正态分布，两变量处理前后的分布直方图和正态分布曲线详见图 3 - 2。因为这两个变量都是连续性变量，因此，我们使用的是稳健型的 OLS 多元线性回归分析。

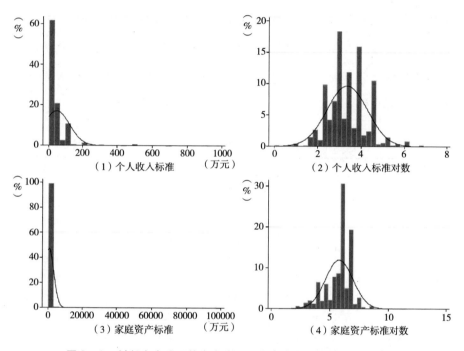

图 3 - 2　判断中产阶层的个人收入和家庭资产标准及其对数分布

（一）　嵌套模型结果

为了更好地分析制度环境、客观阶层地位、生活经历和相对剥夺感四个因素对中产阶层心目中判断中产阶层的个人收入标准所发挥的作用，我们构建了 5 个嵌套模型，其中，模型 1 是仅加入控制变量的基准模型；模型 2 在模型 1 的基础上加入了个人的制度环境变量；模型 3 在模型 2 的基础上加入了个人的客观阶层地位变量；模型 4 在模型 3 的基础上加入了生活经历变量；模型5在模型4的基础上加入了相对剥夺感变量，是一个包含本研究所有关注变量的全模型。表3-4详细记录了以上嵌套模型的统计结果。结果显示，在我们纳入的可能影响判断中产阶层的个人收入标准的各因素中，大多数因素都具有较为明显的影响。从影响系数来看，个人制度环境变量和生活经历变量中更多的指标具有统计上的显著性，且显著性更具稳定性。但从 R^2 的变化来看，生活经历变量和客观地位变量的影响更为明显，加入生活经历变量后 R^2 提高了3.9个百分点，加入客观阶层地位变量后 R^2 提高了2.2个百分点，而制度环境变量的加入，只提高了1.2个百分点。下面将对各个变量的具体影响展开介绍。

表3-4 判断中产阶层的个人收入标准影响因素分析（个人阶层地位）

变量	(1) 个人收入标准对数	(2) 个人收入标准对数	(3) 个人收入标准对数	(4) 个人收入标准对数	(5) 个人收入标准对数
性别（男性=1）	0.0801	0.0796	0.0276	0.0417	0.0435
	(0.0492)	(0.0507)	(0.0502)	(0.0498)	(0.0499)
年龄	-0.00801***	-0.00713***	-0.00248	-0.00112	-0.000424
	(0.00197)	(0.00211)	(0.00235)	(0.00235)	(0.00238)
婚姻状况（已婚=1）	0.123*	0.152**	0.137*	0.0954	0.0908
	(0.0707)	(0.0713)	(0.0704)	(0.0716)	(0.0723)
本人政治面貌	-0.110*	-0.0733	-0.143**	-0.129**	-0.121**
（党员=1）	(0.0585)	(0.0596)	(0.0604)	(0.0600)	(0.0599)
个人单位性质		-0.0750	-0.0733	-0.0493	-0.0495
（公有制=1）		(0.0533)	(0.0528)	(0.0523)	(0.0524)
14岁时户籍性质		0.143**	0.0906	0.0447	0.0471
（非农业=1）		(0.0685)	(0.0685)	(0.0686)	(0.0695)
户籍所在地		-0.0899	-0.138*	-0.256***	-0.247***
（上海=1）		(0.0789)	(0.0816)	(0.0861)	(0.0861)
社会公平评价		-0.0690**	-0.0791***	-0.0951***	-0.0976***
		(0.0282)	(0.0280)	(0.0277)	(0.0275)
社会流动机制评价		-0.0758	-0.0916*	-0.108**	-0.110**
（开放型=1）		(0.0499)	(0.0494)	(0.0484)	(0.0482)

续表

变量	（1） 个人收入 标准对数	（2） 个人收入 标准对数	（3） 个人收入 标准对数	（4） 个人收入 标准对数	（5） 个人收入 标准对数
本人职业地位			0.0369	0.0311	0.0341
			(0.0260)	(0.0255)	(0.0257)
本人受教育年限			0.0378 ***	0.0240 **	0.0231 *
			(0.0125)	(0.0121)	(0.0122)
个人收入对数			0.0345 **	0.0182	0.0164
			(0.0138)	(0.0137)	(0.0137)
近期家庭压力				−0.0435 *	−0.0352
				(0.0250)	(0.0254)
住房市值对数				0.0435 **	0.0445 **
				(0.0173)	(0.0173)
当前人均住房面积				0.000545	0.000433
				(0.00146)	(0.00147)
旅游支出对数				0.0372 ***	0.0348 ***
				(0.00594)	(0.00594)
与多数人比					0.00197
					(0.0460)
与周围人比					−0.100 **
					(0.0462)
与自己以前比					0.0398
					(0.0371)
对自己将来变化的预期					−0.0354
					(0.0387)
常数项	3.585 ***	3.744 ***	2.701 ***	2.740 ***	3.004 ***
	(0.101)	(0.144)	(0.247)	(0.264)	(0.286)
N	1394	1394	1394	1394	1394
R^2	0.019	0.031	0.053	0.092	0.098

*** $p < 0.01$，** $p < 0.05$，* $p < 0.1$。

注：系数为非标准回归系数，括号内为稳健标准误。

首先，从控制变量来看，在仅纳入主要人口学变量的控制变量时，除了性别之外，其他各变量对个人收入标准的影响均在一定程度上显著。随着年龄的增加，人们心目中判断个人中产阶层的个人收入标准会有所下降，且显著的置信水平更高，但在加入个人客观阶层地位变量时，年龄影响的显著性消失。与未婚者相比，已婚的人判断中产阶层的个人收入标准会提高 13.09% ($e^{0.123} - 1 = 0.1309$)，该系数在 90% 的置信水平上显著，且显著性在纳入生活经历变量后才开始消失。本人的政治面貌变量对判断中产阶层的个人收入标准具有显著的负向作用，该系数在仅纳入控制变量①和制度环境变量时不显著，随着纳入的变量增加，它开始稳定地在 95% 的置信水平上具有显著性。在控制所有其他变量的情况下，党员判断中产阶层的个人收入标准是非党员的 88.6% ($e^{-0.121} = 0.8860$)。

其次，对于制度环境变量的影响，在仅纳入控制变量时，只有 14 岁时户籍性质和社会公平评价具有显著性的影响，但是随着客观阶层地位变量的加入，几个制度环境变量的影响都发生了变化。只有社会公平评价对判断中产阶层的个人收入标准具有稳定的显著影响，在控制所有其他变量的情况下，社会公平评价程度每提高 1 分，个人收入标准会降低 9.3% ($1 - e^{-0.0976} = 0.0930$)。个人单位性质对个人收入标准始终没有显著性的影响。14 岁时户籍性质的影响在加入客观阶层地位变量后，显著性就消失了，假设 1 - 1 - 2 并未完全被证实。但户籍所在地、社会流动机制评价变量的影响却在加入客观阶层地位变量后开始具有显著的负向作用，且随着控制的变量的增多，影响程度越来越高，假设 1 - 1 - 3 至 1 - 1 - 5 都在很大程度上得到了证实。具体而言，在控制其他变量的情况下，目前取得上海户籍的中产阶层群体判断中产阶层的个人收入标准是没有取得上海户籍的中产阶层群体的 78.11% ($e^{-0.247} = 0.7811$)。对社会流动机制做出开放型评价的人判断中产阶层的个人收入标准是做出封闭型评价的人的 89.58% ($e^{-0.110} = 0.8958$)。根据以上系数变化规律，我们基本可以得出如下结论：在控制客观阶层地位变量之前，制度环境对判断中产阶层的个人收入标准的影响并不明朗，有些变量呈现显著正向影响，

---

① 纳入控制变量时，仅在 90% 的置信区间显著，相比其他不显著。

有些变量呈现显著负向影响。但是在控制客观阶层地位变量和生活经历变量后，正向的影响基本都失去了统计上的显著性，而几个具有负向影响的变量却具有了统计上的显著性。这也就意味着，在控制了其他变量的情况下，上海市中产阶层群体面临的制度环境越好，心目中判断中产阶层的个人收入标准越低。但是在以上制度环境变量中，单位性质的影响无论是否加入其他控制变量或加入多少控制变量，其负向影响都不具有统计上的显著性，我们的假设1－1－1完全没有得到证实。也就是说，所处的单位性质对人们评价中产阶层的个人收入标准并没有任何影响。

再次，从个人客观阶层地位来看，在仅加入人口学变量和制度环境变量时，个人的受教育年限和年收入对评价中产阶层的个人收入标准均具有显著的正向作用。个人受教育年限每增加1年，个人收入标准会增加3.85%（$e^{0.0378} - 1 = 0.0385$）；个人年收入每增加1%，个人收入标准会增加3.45%。但是在加入生活经历变量后，个人收入影响的显著性消失了。假设1－2－2得到了完全证实，1－2－3得到了部分证实，而假设1－2－1并未得到证实，因为个人职业地位对判断中产阶层的个人收入标准一直没有显著影响。但是三个指标对判断中产阶层的个人收入标准的影响系数均为正数，也就意味着个人客观阶层地位越高，心目中判断中产阶层的个人收入标准也越高。这一研究结论也充分表明本研究从评价标准的角度研究主观阶层地位认同的必要性。因为根据之前的研究成果，人们的客观阶层地位对主观阶层地位的影响是不稳定的，那么在控制了评价标准变量之后，二者之间的关系是否可以更加稳定？这一问题将在后文的分析中展开讨论。

又次，从生活经历变量来看，在加入相对剥夺变量之前，只有当前人均住房面积的影响不具有统计上的显著性。但是加入相对剥夺感变量之后，近期家庭压力影响的显著性消失，只有住房市值和旅游支出的影响具有统计上的显著性，假设1－3－1在一定程度上被证实，假设1－

3-2 和假设 1-3-4 基本被证实，而假设 1-3-3 完全没有被证实。从影响系数来看，在控制其他所有变量的情况下，家庭住房市值每增加 1%，判断中产阶层的个人收入标准会增加 4.45%。旅游支出每增加 1%，判断中产阶层的个人收入标准会增加 3.48%。而近期家庭压力和当前人均住房面积的影响系数虽然不具有统计上的显著性，但影响的方向也依然表现为生活经历情况越好，判断中产阶层的个人收入标准会越高。这一基本结论与客观阶层地位的影响是一致的。

最后，从相对剥夺感来看，四个反映相对剥夺感的变量中，仅有与周围人比产生的相对剥夺感对人们心目中判断中产阶层的个人收入标准具有统计上的显著性，这类相对剥夺感每提高 1 个层次，个人收入标准会下降 9.52%（$1 - e^{-0.100} = 0.0952$）。而与多数人比和与自己以前比的影响系数虽然不显著，但方向是正向的，这一结果和与周围人比的结果有很大不同，这可能与四个维度的多重共线性有一定的关系。为了避免这一问题，将反映相对剥夺感的四个维度分别纳入统计模型，最终的结果显示，四个变量对判断中产阶层个人收入标准的影响都是负向的，即相对剥夺感越强，评价标准越低。但是只有与周围人比和对自己将来变化的预期产生的相对剥夺感的影响系数具有统计上的显著性，本研究的假设 1-4-2 和假设 1-4-4 得到了证实，而假设 1-4-1 和假设 1-4-3 并没有得到证实。

为了与下文中家庭资产标准模型放入的家庭客观阶层地位对比，我们也做了相同变量对个人收入标准的影响模型，与表 3-4 模型的区别在于，将一些个体层次的制度环境变量和客观阶层地位变量等，换成了家庭层次的变量，包括政治面貌、单位性质、职业、教育和收入，具体结果在表 3-5 中。对比表 3-4 的结果，制度环境变量的显著性水平基本没有发生变化，客观阶层地位变量中，总模型中家庭受教育年限变量不再显著，而家庭人均收入变量则变得非常显著；生活经历变量中，住房市值不再显著，只有旅游支出依然显著；相对剥夺感变量变得都不再具有显著性，无论是一起纳入模型还是分开纳入模型。而从 R^2 的变化来看，加入家庭客观阶层地位变量后，R^2 从 3.6% 增加到 12.0%，提高了 8.4 个百分点，而在加入家庭客观阶层地位变量的基础上再加入生活经历变量和相对剥夺感变量后 R^2 的提高均不明显。这说明家庭客观阶层地位要比个人客观阶层地位对个人收入标准产生更大的影响。

表 3 - 5　判断中产阶层的个人收入标准对数影响因素分析（家庭客观阶层地位）

变量	(1) 个人收入标准对数	(2) 个人收入标准对数	(3) 个人收入标准对数	(4) 个人收入标准对数	(5) 个人收入标准对数
性别（男性 = 1）	0.0663	0.0677	0.0337	0.0379	0.0382
	(0.0492)	(0.0505)	(0.0483)	(0.0483)	(0.0487)
年龄	- 0.00734 ***	- 0.00624 ***	0.000340	0.000954	0.00107
	(0.00199)	(0.00213)	(0.00233)	(0.00233)	(0.00236)
婚姻状况（已婚 = 1）	0.119 *	0.141 **	0.0754	0.0477	0.0456
	(0.0706)	(0.0710)	(0.0695)	(0.0716)	(0.0721)
家庭政治面貌	- 0.161 ***	- 0.121 **	- 0.123 **	- 0.117 **	- 0.115 **
（党员 = 1）	(0.0519)	(0.0536)	(0.0519)	(0.0519)	(0.0521)
家庭单位性质		- 0.112 **	- 0.0129	- 0.0184	- 0.0221
（公有制 = 1）		(0.0571)	(0.0554)	(0.0552)	(0.0552)
14 岁时户籍性质		0.144 **	0.0307	0.0112	0.0110
（非农业 = 1）		(0.0679)	(0.0658)	(0.0662)	(0.0670)
户籍所在地		- 0.0851	- 0.137 *	- 0.209 **	- 0.207 **
（上海 = 1）		(0.0792)	(0.0779)	(0.0840)	(0.0842)
社会公平评价		- 0.0687 **	- 0.0916 ***	- 0.0942 ***	- 0.0941 ***
		(0.0281)	(0.0267)	(0.0268)	(0.0267)
社会流动机制评价		- 0.0765	- 0.101 **	- 0.107 **	- 0.107 **
（开放型 = 1）		(0.0498)	(0.0475)	(0.0475)	(0.0474)
家庭职业地位			- 0.00515	- 0.00900	- 0.00686
			(0.0274)	(0.0271)	(0.0273)
家庭受教育年限			0.0259 *	0.0190	0.0190
			(0.0142)	(0.0141)	(0.0141)
家庭人均收入对数			0.319 ***	0.264 ***	0.257 ***
			(0.0337)	(0.0380)	(0.0387)

续表

变量	（1）个人收入标准对数	（2）个人收入标准对数	（3）个人收入标准对数	（4）个人收入标准对数	（5）个人收入标准对数
近期家庭压力				−0.00957	−0.00840
				(0.0247)	(0.0248)
住房市值对数				0.0262	0.0266
				(0.0172)	(0.0172)
当前人均住房面积				−0.000391	−0.000436
				(0.00148)	(0.00149)
旅游支出对数				0.0236 ***	0.0230 ***
				(0.00607)	(0.00608)
与多数人比					0.0114
					(0.0442)
与周围人比					−0.0690
					(0.0453)
与自己以前比					0.0429
					(0.0365)
对自己将来变化的预期					−0.0211
					(0.0383)
常数项	3.596 ***	3.775 ***	−0.238	0.275	0.465
	(0.101)	(0.144)	(0.406)	(0.445)	(0.471)
N	1394	1394	1394	1394	1394
R^2	0.023	0.036	0.120	0.131	0.134

*** $p < 0.01$, ** $p < 0.05$, * $p < 0.1$。

注：系数为非标准回归系数，括号内为稳健标准误。

根据吴琼（2014）的研究，男性和城市居民对主观社会地位的评价标准较高，宋庆宇和乔天宇（2017）在考虑到主观社会地位测量存在"人际不可比性"的研究中也注意到中国民众主观社会地位存在的地区差异。而在前文的嵌套模型结果中，不同性别和不同户籍性质的中产阶层居民在评价标准上并未显示出显著的统计差异，不同户籍性质的中产阶层群体在评价标准上则具有显著的差异，为了进一步弄清楚不同性别和不同户籍性质的居民中产阶层地位评价标准的影响因素是否存在显著差异，我们尝试进一步进行分组回归并利用费舍尔组合检验（Fisher's Permutation test）的思想进一步检验组间系数的差异。[①]

（二）各影响因素的性别差异检验

根据表 3-6 分性别样本下各个变量对个人收入标准对数的 OLS 多元线性回归结果，各因素在男性和女性中产阶层群体中确实发挥着不同的作用，并且从模型的解释力来看，子模型的解释力要比不分性别的总模型更强，四类因素对女性中产阶层群体心目中判断中产阶层的个人收入标准的解释力强于男性。具体来说，对于女性中产阶层群体来说，个人单位性质、户籍所在地、社会公平评价、本人受教育年限、住房市值、旅游支出等对其评价中产阶层的个人收入标准有着更为显著的影响；而对于男性中产阶层群体来说，婚姻状况、本人政治面貌、个人收入、旅游支出、与周围人比和对自己将来变化的预期产生的相对剥夺感的影响更为显著。在一定程度上可以说，女性判断中产阶层的个人收入标准更容易受到制度环境和个人生活经历的影响，而男性更容易受到自己的收入水平及相对剥夺感的影响。从二者的回归系数差异来看，婚姻状况、本人政治面貌、个人单位性质、14 岁时户籍性质、个人收入、住房市值、旅游支出等因素在不同性别的中产阶层中对其个人收入标准所产生的作用具有显著差异。对于男性来说，个人收入水平的影响更为明显，而对于女性来说家庭层面的住房市值和旅游支出的影响则更为明显，这在一定程度上也表明与男性相比女性的收入并不具有优势，但他们依然可以通过家庭生活水平来调整自己心目中判断中产阶层的个人收入标准。

---

① 操作的详细过程参考了连玉君和廖俊平（2017）的相关文章。

表 3-6　各因素对个人收入标准影响的性别差异检验

变量	女性 个人收入标准对数	男性 个人收入标准对数	不同性别回归系数 差异检验 p 值
年龄	0.001	-0.001	0.281
	(0.003)	(0.003)	
婚姻状况（已婚=1）	-0.024	0.181 *	0.08 *
	(0.098)	(0.109)	
本人政治面貌（党员=1）	-0.043	-0.228 **	0.051 *
	(0.089)	(0.092)	
个人单位性质（公有制=1）	-0.129 *	0.027	0.056 *
	(0.078)	(0.074)	
14 岁时户籍性质（非农业=1）	0.154	-0.048	0.07 *
	(0.097)	(0.095)	
户籍所在地（上海=1）	-0.256 ***	-0.187	0.365
	(0.099)	(0.119)	
社会公平评价	-0.127 ***	-0.063	0.121
	(0.038)	(0.040)	
社会流动机制评价（开放型=1）	-0.109	-0.095	0.429
	(0.066)	(0.071)	
本人职业地位	0.056	0.026	0.287
	(0.040)	(0.036)	
本人受教育年限	0.027 *	0.013	0.308
	(0.015)	(0.017)	
个人收入对数	-0.011	0.091 ***	0.000 ***
	(0.013)	(0.024)	
近期家庭压力	-0.027	-0.043	0.396
	(0.033)	(0.040)	
住房市值对数	0.084 ***	-0.015	0.002 ***
	(0.021)	(0.026)	
当前人均住房面积	-0.000	0.001	0.372
	(0.002)	(0.002)	
旅游支出对数	0.042 ***	0.023 **	0.051 *
	(0.009)	(0.010)	
与多数人比	-0.013	0.025	0.34
	(0.072)	(0.067)	
与周围人比	-0.068	-0.105 *	0.357
	(0.068)	(0.064)	

变量	女性 个人收入标准对数	男性 个人收入标准对数	不同性别回归系数 差异检验 p 值
与自己以前比	0.014	0.077	0.205
	(0.056)	(0.059)	
对自己将来变化的预期	-0.005	-0.102*	0.124
	(0.052)	(0.061)	
常数项	2.924***	2.646***	0.299
	(0.359)	(0.454)	
N	719	675	
R^2	0.131	0.111	

*** $p < 0.01$, ** $p < 0.05$, * $p < 0.1$。

注：系数为非标准回归系数，括号内为标准误。

（三） 各影响因素的户籍性质差异检验

表 3 – 7 汇报的是 14 岁时不同户籍性质的中产阶层群体个人收入标准影响因素的差异检验结果，整体来看，各因素对 14 岁时是非农业户口的中产阶层群体判断中产阶层的个人收入标准的影响更为显著。虽然从 R^2 来看，农业户口的解释力更强，但是其调整的 R^2 却只有 7.5%，低于非农业户口中产阶层群体的 8.8%。具体来说，对于 14 岁时是农业户口的中产阶层群体，只有性别、户籍所在地、社会公平评价、本人受教育年限的影响具有统计学上的显著性；而对于 14 岁时是非农业户口的中产阶层群体，户籍所在地、社会公平评价、社会流动机制评价、本人职业地位、住房市值、旅游支出及与周围人比产生的相对剥夺感都具有显著的影响。但是从系数差异检验结果来看，只有性别、年龄、个人单位性质和本人职业地位的影响存在显著的统计上的差异。对于非农业户口的中产阶层群体来说，个人职业地位越高，其判断中产阶层的个人收入标准也会越高，而对于农业户口的中产阶层群体来说并非如此，本人职业地位的高低并不影响他们心目中判断中产阶层的个人收入标准的高低。

表 3-7 各因素对个人收入标准影响的户籍性质差异检验

变量	农业户口 个人收入标准对数	非农业户口 个人收入标准对数	不同户籍性质回归 系数差异检验 p 值
性别（男性=1）	0.293 **	-0.003	0.004 ***
	(0.127)	(0.054)	
年龄	0.007	-0.002	0.075 *
	(0.007)	(0.003)	
婚姻状况（已婚=1）	-0.094	0.098	0.188
	(0.215)	(0.078)	
本人政治面貌（党员=1）	-0.194	-0.114	0.319
	(0.155)	(0.071)	
个人单位性质（公有制=1）	-0.228	-0.025	0.091 *
	(0.148)	(0.057)	
户籍所在地（上海=1）	-0.339 **	-0.189 **	0.246
	(0.151)	(0.090)	
社会公平评价	-0.125 *	-0.089 ***	0.308
	(0.067)	(0.030)	
社会流动机制评价（开放型=1）	0.037	-0.133 **	0.102
	(0.117)	(0.053)	
本人职业地位	-0.051	0.058 **	0.064 *
	(0.065)	(0.030)	
本人受教育年限	0.050 **	0.013	0.111
	(0.023)	(0.013)	
个人收入对数	0.020	0.012	0.458
	(0.021)	(0.014)	
近期家庭压力	-0.035	-0.041	0.477
	(0.051)	(0.029)	
住房市值对数	0.040	0.045 **	0.44
	(0.037)	(0.019)	
当前人均住房面积	-0.001	0.001	0.337
	(0.002)	(0.002)	
旅游支出对数	0.020	0.037 ***	0.133
	(0.015)	(0.007)	
与多数人比	0.036	-0.003	0.388
	(0.119)	(0.054)	
与周围人比	-0.013	-0.130 **	0.186
	(0.108)	(0.052)	

续表

变量	农业户口 个人收入标准对数	非农业户口 个人收入标准对数	不同户籍性质回归 系数差异检验 p 值
与自己以前比	0.087	0.035	0.29
	(0.099)	(0.044)	
对自己将来变化的预期	−0.037	−0.035	0.49
	(0.098)	(0.043)	
常数项	2.377 ***	3.260 ***	0.151
	(0.600)	(0.320)	
N	247	1147	
R^2	0.147	0.103	

*** $p < 0.01$，** $p < 0.05$，* $p < 0.1$。

注：系数为非标准回归系数，括号内为标准误。

（四）　各影响因素的户籍所在地差异检验

根据表 3-8 分户籍所在地样本下各个变量对个人收入标准对数的 OLS 多元线性回归结果，各因素在不同户籍所在地中产阶层群体个人收入标准中的作用差异要比不同户籍性质之间的差异更为明显，性别、本人政治面貌、住房市值及与多数人比和与自己以前比产生的相对剥夺感等因素均存在显著的差异。对于上海户籍的中产阶层群体来说，各因素对其判断中产阶层的个人收入标准的影响更为显著，解释力也更强，调整后的 R^2 也在 10% 以上。但是对于非上海户籍的中产阶层群体而言，只有社会公平评价、旅游支出和与多数人比所产生的相对剥夺感具有显著的影响，并且也多是在 90% 的水平上显著，所以虽然其模型的 R^2 有 8.5%，但调整后的 R^2 只有 0.2%，这也就意味着制度环境、客观阶层地位、生活经历、相对剥夺感这四类变量以及性别、年龄、婚姻状况和本人政治面貌等控制变量对非上海户籍中产阶层群体判断中产阶层的个人收入标准的解释力是非常低的，在未来研究中还需要进一步探索影响其判断标准的主要因素。对于上海户籍的中产阶层群体来说，本人政治面貌、社会公平评价、本人受教育年限和个人收入以及住房市值和旅游支出等变量对其判断中产阶层的个人收入标准均有较为显著的影响，并且基本呈现个人所处的客观阶层地位越高和客观生活状况越好，其标准也就越高的特征。与此同时，其社会公平评价越乐观，其评价标准就会越低。

表 3-8　各因素对个人收入标准影响的户籍所在地差异检验

变量	非上海户籍 个人收入标准对数	上海户籍 个人收入标准对数	不同户籍地回归系 数差异检验 p 值
性别（男性 =1）	0.218	0.015	0.059 *
	(0.140)	(0.053)	
年龄	-0.006	0.001	0.136
	(0.007)	(0.003)	
婚姻状况（已婚 =1）	0.251	0.044	0.166
	(0.186)	(0.080)	
本人政治面貌（党员 =1）	0.236	-0.176 **	0.008 ***
	(0.182)	(0.069)	
个人单位性质（公有制 =1）	-0.037	-0.036	0.497
	(0.170)	(0.056)	
14 岁时户籍性质（非农业 =1）	0.006	0.073	0.326
	(0.138)	(0.080)	
社会公平评价	-0.146 *	-0.096 ***	0.251
	(0.077)	(0.030)	
社会流动机制评价（开放型 =1）	-0.105	-0.121 **	0.451
	(0.129)	(0.052)	
本人职业地位	0.013	0.034	0.37
	(0.075)	(0.029)	
本人受教育年限	-0.004	0.031 **	0.16
	(0.028)	(0.012)	
个人收入对数	-0.004	0.030 *	0.18
	(0.020)	(0.015)	
近期家庭压力	-0.049	-0.030	0.417
	(0.057)	(0.029)	
住房市值对数	-0.009	0.072 ***	0.034 **
	(0.029)	(0.021)	

续表

变量	非上海户籍 个人收入标准对数	上海户籍 个人收入标准对数	不同户籍地回归系 数差异检验 p 值
当前人均住房面积	0.000	0.000	0.463
	(0.002)	(0.002)	
旅游支出对数	0.035**	0.033***	0.457
	(0.017)	(0.007)	
与多数人比	0.232*	−0.036	0.019**
	(0.127)	(0.053)	
与周围人比	−0.055	−0.102**	0.34
	(0.111)	(0.052)	
与自己以前比	−0.131	0.070	0.033**
	(0.102)	(0.044)	
对自己将来变化的预期	−0.049	−0.033	0.447
	(0.098)	(0.043)	
常数项	3.701***	2.337***	0.05*
	(0.653)	(0.324)	
N	231	1163	
R^2	0.085	0.119	

*** $p < 0.01$，** $p < 0.05$，* $p < 0.1$。

注：系数为非标准回归系数，括号内为标准误。

四　家庭资产标准的影响因素探索

与前文对个人收入标准影响因素的分析类似，本部分也将首先通过嵌套模型的形式分析制度环境、客观阶层地位、生活经历和相对剥夺感四类因素对中产阶层群体判断中产阶层的家庭资产标准所发挥的作用进行检验，然后再分别对不同性别、不同户籍性质和户籍所在地的中产阶层群体影响因素的差异进行检验。与前文对个人收入标准的分析同时采用个体层次的变量和家庭层次的变量不同，这部分对制度环境和客观阶层地位指标的变量仅选择了家庭层次的变量，即使用的都是家庭成员中最高者的数据。

（一） 嵌套模型结果

表 3 - 9 展示的是以上各类因素对判断中产阶层的家庭资产标准的影响。从 R^2 的变化来看，几个控制变量对家庭资产标准的影响是微乎其微的，四类自变量对家庭资产标准的解释力也不如对个人收入标准的解释力强。结果显示，以上四类因素只解释了家庭资产标准 5.4% 的变化，而它们对个人收入标准的解释却有 9.8% 。与对个人收入标准的影响类似，在各类变量中，R^2 变化最为明显的依然是家庭客观阶层地位变量。从各个变量的影响系数和显著性来看，与对个人收入标准的影响相比仍有一定的差异，下文将展开具体的分析。

表 3 - 9　判断中产阶层的家庭资产标准对数影响因素分析

变量	(1) 家庭资产标准对数	(2) 家庭资产标准对数	(3) 家庭资产标准对数	(4) 家庭资产标准对数	(5) 家庭资产标准对数
性别（男性 =1）	- 0.0234	- 0.0301	- 0.0435	- 0.0499	- 0.0532
	(0.0624)	(0.0629)	(0.0625)	(0.0624)	(0.0621)
年龄	0.000832	- 0.00175	0.00503 *	0.00432	0.00289
	(0.00250)	(0.00274)	(0.00305)	(0.00306)	(0.00312)
婚姻状况（已婚 =1）	0.0589	0.0692	0.0278	0.0275	0.0300
	(0.0871)	(0.0871)	(0.0856)	(0.0929)	(0.0918)
家庭政治面貌 （党员 =1）	0.123 *	0.0961	0.0591	0.0587	0.0510
	(0.0682)	(0.0690)	(0.0718)	(0.0720)	(0.0717)
家庭单位性质 （公有制 =1）		0.171 **	0.237 ***	0.223 ***	0.226 ***
		(0.0737)	(0.0754)	(0.0760)	(0.0756)
14 岁时户籍性质 （非农业 =1）		- 0.124	- 0.193 **	- 0.198 **	- 0.211 **
		(0.0827)	(0.0830)	(0.0842)	(0.0844)
户籍所在地 （上海 =1）		0.142	0.123	0.0228	0.0109
		(0.0916)	(0.0913)	(0.0996)	(0.0988)
社会公平评价		- 0.106 ***	- 0.116 ***	- 0.131 ***	- 0.119 ***
		(0.0356)	(0.0349)	(0.0355)	(0.0353)

续表

变量	（1）家庭资产标准对数	（2）家庭资产标准对数	（3）家庭资产标准对数	（4）家庭资产标准对数	（5）家庭资产标准对数
社会流动机制评价（开放型＝1）		−0.0113	−0.0278	−0.0417	−0.0390
		(0.0637)	(0.0628)	(0.0625)	(0.0623)
家庭职业地位			−0.0421	−0.0410	−0.0439
			(0.0356)	(0.0356)	(0.0356)
家庭受教育年限			0.0654 ***	0.0562 ***	0.0532 ***
			(0.0168)	(0.0168)	(0.0168)
家庭人均收入对数			0.118 ***	0.0718 *	0.0938 **
			(0.0401)	(0.0429)	(0.0444)
近期家庭压力				−0.0543	−0.0688 **
				(0.0351)	(0.0351)
住房市值对数				0.0540 **	0.0496 **
				(0.0221)	(0.0221)
当前人均住房面积				0.00144	0.00151
				(0.00182)	(0.00181)
旅游支出对数				0.000618	0.00351
				(0.00845)	(0.00848)
与多数人比					0.148 **
					(0.0633)
与周围人比					−0.0428
					(0.0622)
与自己以前比					0.0448
					(0.0515)
对自己将来变化的预期					−0.0126
					(0.0546)
常数项	5.693 ***	5.978 ***	3.617 ***	4.153 ***	3.675 ***
	(0.122)	(0.171)	(0.526)	(0.550)	(0.594)
N	1394	1394	1394	1394	1394
R^2	0.003	0.017	0.037	0.045	0.054

*** $p < 0.01$，** $p < 0.05$，* $p < 0.1$。

注：系数为非标准回归系数，括号内为稳健标准误。

首先，从控制变量来看，只有在控制制度环境和客观阶层地位变量时，年龄对家庭资产标准在90%的置信水平上有显著影响。而仅在只控制性别、年龄、婚姻状况等人口学变量时家庭政治面貌对家庭资产标准在 90% 的置信水平上有显著影响。总体而言,各个控制变量对中产阶层群体判断中产阶层的家庭资产标准并没有显著影响。

其次,就制度环境而言,其影响相对比较显著。家庭单位性质、14 岁时户籍性质、社会公平评价三个变量基本具有比较稳定的显著影响。就家庭单位性质而言,在控制其他变量的情况下,家人中有在公有制单位工作的中产阶层群体判断中产阶层的家庭资产标准比家人中没有人在公有制单位工作的中产阶层群体高 25.36% ($e^{0.226} - 1 = 0.2536$),假设 1-1-1 在家庭资产标准上得到验证,但是影响方向与其他制度环境变量相反。从全模型来看,14 岁时为非农业户口的中产阶层群体判断中产阶层的家庭资产标准是农业户口群体的 80.98% ($e^{-0.211} = 0.8098$),但是在加入客观阶层地位变量之前,这一系数并不显著。所以 14 岁时户籍性质对评价标准的影响受到了客观阶层地位变量的影响。而户籍所在地变量的影响在整个嵌套模型中都没有统计上的显著性,假设 1-1-2 在家庭资产标准上得到验证,而假设 1-1-3 没有得到验证。社会公平评价每提高 1 分,家庭资产标准会下降 11.22% ($1 - e^{-0.119} = 0.1122$),假设 1-1-4 在家庭资产标准上得到验证。而社会流动机制的评价变量对家庭资产标准并没有统计上的显著影响,假设 1-1-5 在家庭资产标准上未得到验证。

再次,从家庭客观阶层地位来看,与对个人收入标准的影响类似,无论是否加入其他控制变量,家庭职业地位变量的影响均不具有统计上的显著性,假设 1-2-1 在家庭资产标准上也没有得到证实。家庭人均收入的影响,无论是否加入控制变量或加入多少其他变量,均具有显著的正向作用,假设 1-2-3 在家庭资产标准上也得到了证实。而家庭最高受教育年限的影响在家庭资产标准中也均具有显著的正向作用,且显著性水平都在 99% 以上。就具体影响系数而言,在控制其他各变量的情况下，家庭最高受教育年限每增加 1 年，家庭资产标准会增加 5.46%（$e^{0.0532} - 1 = 0.0546$）；家庭人均收入每增加 1%，家庭资产标准会增加 9.38% 。

又次，就生活经历变量而言，在加入相对剥夺感变量之前，只有住房市值的影响具有统计上的显著性。在加入相对剥夺感变量之后，近期家庭压力开始变得具有统计上的显著性。假设 1 – 3 – 1 在家庭资产标准中部分被证实，假设 1 – 3 – 2 在家庭资产标准中得到证实，假设 1 – 3 – 3 和假设 1 – 3 – 4 都没有被证实。生活经历变量的不同指标在个人收入标准和家庭资产标准中发挥着不同的作用，在控制家庭客观阶层地位变量的情况下，近期家庭压力和住房市值在家庭资产标准中有显著影响，而旅游支出在个人收入标准中具有显著影响，当前人均住房面积对二者的影响均不显著。

最后，四个反映相对剥夺感的变量中，在控制家庭客观阶层地位的情况下也不再是都没有显著影响，在将四个指标共同纳入模型时，与多数人比产生的相对剥夺感在 95% 的水平上显著，影响的方向同样为正。这类相对剥夺感每提高 1 个层次，家庭资产标准会提高 15.95%（$e^{0.148} - 1 = 0.1595$）。而如果我们将四个指标分别纳入模型，除了与多数人比产生的相对剥夺感具有显著影响外，与自己以前比产生的相对剥夺感同样具有显著的正向影响。假设 1 – 4 – 1 在家庭资产标准中得到证实，假设 1 – 4 – 3 得到部分证实，假设 1 – 4 – 2 和假设 1 – 4 – 4 并未得到证实。

（二） 各影响因素的性别差异检验

根据表 3 – 10 的统计结果，各影响因素对女性家庭资产标准的解释力要高于男性。一方面，女性样本的 R^2 值比男性高 2.6 个百分点；另一方面，女性样本中具有统计显著性的变量数也比男性多，尤其是家庭客观阶层地位和生活经历方面的变量比男性多。具体而言，对女性中产阶层群体来说，社会公平评价、家庭职业地位、近期家庭压力、住房市值及对自己将来变化的预期产生的相对剥夺感等因素对其判断中产阶层的家庭资产标准都具有显著的影响。而对于男性中产阶层群体来说，则更多的是制度坏境变量和相对剥夺感变量在发挥作用，包括家庭单位性质、14 岁时户籍性质、社会公平评价，及与多数人比和对自己将来变化的预期产生的相对剥夺感。从二者的回归系数差异来看，家庭单位性质、14 岁时户籍性质、住房市值，及与多数人比和对自己将来变化的预期产生的相对剥夺感等因素在不同性别的中产阶层中对其家庭资产标准所产生的作用均具有显著差异，男性更容易受相对剥夺感的影响，而女性更容易受住房市值的影响。

表 3 – 10 　各因素对家庭资产标准影响的性别差异检验

变量	女性 家庭资产标准对数	男性 家庭资产标准对数	不同性别回归系数 差异检验 p 值
年龄	0.001	0.001	0.481
	(0.005)	(0.004)	
婚姻状况（已婚 = 1）	0.052	0.039	0.456
	(0.131)	(0.138)	
家庭政治面貌（党员 = 1）	0.103	0.174	0.333
	(0.119)	(0.116)	
家庭单位性质（公有制 = 1）	− 0.115	0.220**	0.001***
	(0.104)	(0.094)	
14 岁时户籍性质（非农业 = 1）	− 0.042	− 0.280**	0.081*
	(0.130)	(0.120)	
户籍所在地（上海 = 1）	0.034	− 0.050	0.324
	(0.132)	(0.150)	
社会公平评价	− 0.104**	− 0.132***	0.363
	(0.051)	(0.051)	
社会流动机制评价（开放型 = 1）	0.008	− 0.082	0.236
	(0.089)	(0.089)	
家庭职业地位	0.102*	0.019	0.133
	(0.053)	(0.046)	

续表

变量	女性 家庭资产标准对数	男性 家庭资产标准对数	不同性别回归系数 差异检验 p 值
家庭受教育年限	0.027	0.010	0.291
	(0.021)	(0.022)	
家庭人均收入对数	0.006	0.019	0.335
	(0.018)	(0.031)	
近期家庭压力	−0.096**	−0.072	0.35
	(0.044)	(0.050)	
住房市值对数	0.094***	0.028	0.057*
	(0.028)	(0.032)	
当前人均住房面积	0.000	0.003	0.238
	(0.003)	(0.002)	
旅游支出对数	0.014	−0.001	0.191
	(0.011)	(0.012)	
与多数人比	0.053	0.215**	0.099*
	(0.097)	(0.084)	
与周围人比	−0.004	−0.073	0.281
	(0.091)	(0.080)	
与自己以前比	0.099	−0.000	0.174
	(0.074)	(0.074)	
对自己将来变化的预期	0.118*	−0.177**	0.006***
	(0.070)	(0.077)	
常数项	4.218***	5.697***	0.018**
	(0.480)	(0.574)	
N	719	675	
R^2	0.087	0.061	

*** $p<0.01$，** $p<0.05$，* $p<0.1$。

注：系数为非标准回归系数，括号内为标准误。

（三）各影响因素的户籍性质差异检验

根据表 3-11 的统计结果，各影响因素对 14 岁时为农业户口的中产阶层认为的家庭资产标准的解释力要高于非农业户口的中产阶层群体，但是具有显著影响的数量却少于非农业户口的中产阶层群体。在农业户口样本中，R^2 为 18.7%，但是只有户籍所在地、社会公平评价和社会流动机制评价三个制度环境变量，以及近期家庭压力和对自己未来变化的预期产生的相对剥夺感具有显著的影响。这就表明，对于非农业户口的中产阶层群体来说，其判断中产阶层的家庭资产标准会更多受到制度环境的影响，这与前文对个人收入标准的影响因素具有相似性。但是有所不同的是，社会流动机制评价对不同户籍性质中产阶层群体的影响方向是完全相反的。在农业户口样本中，认为社会流动机制是开放的中产阶层群体认为的家庭资产标准更高，而在非农业户口样本中，这部分人心中的家庭资产标准却更低。这可能与不同户籍中产阶层群体获得中产阶层身份的方式有一定关系。对于农业户口出身的中产阶层群体而言，他们的成功很大程度上取决于教育，他们是开放的社会流动机制的受益者，他们的受益程度越高，越容易对社会流动机制做出开放性评价。与此同时，他们的受益程度越高也意味着他们的客观阶层地位越高。这也可以在一定程度上解释为什么客观阶层地位变量在全样本分析中具有显著影响，而在这部分的分样本中影响都不显著。从回归系数差异性来看，性别、户籍所在地、社会流动机制评价、住房市值在与多数人比和对自己将来变化的预期产生的相对剥夺感等因素在不同户籍性质的中产阶层中对其家庭资产标准所产生的作用均具有显著差异。

表 3－11　各因素对家庭资产标准影响的户籍性质差异检验

变量	农业户口 家庭资产标准对数	非农业户口 家庭资产标准对数	不同户籍性质回归 系数差异检验 p 值
性别（男性 = 1）	0.246	− 0.130 *	0.012 **
	(0.150)	(0.071)	
年龄	− 0.008	0.002	0.105
	(0.008)	(0.003)	
婚姻状况（已婚 = 1）	− 0.127	0.036	0.272
	(0.253)	(0.102)	
家庭政治面貌（党员 = 1）	0.086	0.110	0.372
	(0.183)	(0.093)	

续表

变量	农业户口家庭资产标准对数	非农业户口家庭资产标准对数	不同户籍性质回归系数差异检验 p 值
家庭单位性质（公有制＝1）	0.034	0.082	0.389
	(0.174)	(0.076)	
户籍所在地（上海＝1）	0.382 **	-0.158	0.016 **
	(0.178)	(0.119)	
社会公平评价	-0.167 **	-0.108 ***	0.278
	(0.079)	(0.040)	
社会流动机制评价（开放型＝1）	0.361 ***	-0.126 *	0.004 ***
	(0.138)	(0.070)	
家庭职业地位	0.064	0.055	0.476
	(0.077)	(0.039)	
家庭受教育年限	0.031	0.019	0.4
	(0.027)	(0.018)	
家庭人均收入对数	0.009	-0.003	0.362
	(0.025)	(0.018)	
近期家庭压力	-0.115 *	-0.069 *	0.295
	(0.060)	(0.039)	
住房市值对数	0.002	0.078 ***	0.098 *
	(0.043)	(0.025)	
当前人均住房面积	0.001	0.001	0.494
	(0.003)	(0.002)	
旅游支出对数	-0.011	0.011	0.159
	(0.018)	(0.009)	
与多数人比	-0.023	0.193 ***	0.099 *
	(0.140)	(0.071)	
与周围人比	-0.091	-0.058	0.442
	(0.128)	(0.069)	
与自己以前比	0.064	0.025	0.394
	(0.116)	(0.059)	
对自己将来变化的预期	0.283 **	-0.073	0.009 ***
	(0.116)	(0.057)	
常数项	5.145 ***	5.050 ***	0.468
	(0.708)	(0.421)	
N	247	1147	
R^2	0.187	0.049	

*** $p < 0.01$，** $p < 0.05$，* $p < 0.1$。

注：系数为非标准回归系数，括号内为标准误。

（四） 各影响因素的户籍所在地差异检验

根据表 3 - 12 的统计结果，各影响因素对非上海户籍中产阶层的家庭资产标准的解释力远高于上海户籍的中产阶层群体，非上海户籍样本的 R^2 值比上海户籍样本高 10.4 个百分点。但是从具有显著性影响的变量数来看，上海户籍样本要多于非上海户籍样本，其差异性也并不明显。对非上海市户籍样本来说，仅有年龄、家庭政治面貌、社会公平评价、住房市值四个方面的影响具有显著的差异。具体来说，家庭政治面貌控制变量对非上海户籍中产阶层群体的影响更为明显。而 14 岁时户籍性质对上海户籍中产阶层的影响更为明显，但是对已经取得上海户籍的中产阶层群体来说，14 岁时为农业户口的比非农业户口的人判断中产阶层群体的家庭资产标准更高，这与前面全样本的结果一致，是比较难以解释的，期待后续更多的研究探索做出合理解释。

表 3 - 12   各因素对家庭资产标准影响的户籍所在地差异检验

变量	非上海户籍 家庭资产标准对数	上海户籍 家庭资产标准对数	不同户籍地回归系 数差异检验 p 值
性别（男性 = 1）	0.099	- 0.129 *	0.101
	(0.161)	(0.070)	
年龄	- 0.016 *	0.004	0.013 **
	(0.008)	(0.003)	
婚姻状况（已婚 = 1）	0.216	0.025	0.208
	(0.214)	(0.107)	
家庭政治面貌（党员 = 1）	0.676 ***	0.060	0.005 ***
	(0.210)	(0.091)	
家庭单位性质（公有制 = 1）	0.000	0.083	0.32
	(0.196)	(0.075)	
14 岁时户籍性质（非农 = 1）	0.145	- 0.324 ***	0.02 **
	(0.159)	(0.106)	
社会公平评价	- 0.148 *	- 0.137 ***	0.414
	(0.089)	(0.039)	

续表

变量	非上海户籍 家庭资产标准对数	上海户籍 家庭资产标准对数	不同户籍地回归系 数差异检验 p 值
社会流动机制评价（开放型 = 1）	0.108	− 0.085	0.119
	(0.149)	(0.069)	
家庭职业地位	0.122	0.040	0.194
	(0.086)	(0.038)	
家庭受教育年限	0.009	0.031 *	0.303
	(0.033)	(0.017)	
家庭人均收入对数	0.021	− 0.012	0.262
	(0.023)	(0.020)	
近期家庭压力	− 0.035	− 0.090 **	0.257
	(0.066)	(0.038)	
住房市值对数	0.060 *	0.071 **	0.455
	(0.034)	(0.028)	
当前人均住房面积	0.002	0.001	0.389
	(0.003)	(0.002)	
旅游支出对数	− 0.006	0.011	0.243
	(0.019)	(0.009)	
与多数人比	0.149	0.147 **	0.482
	(0.147)	(0.071)	
与周围人比	− 0.072	− 0.043	0.441
	(0.128)	(0.069)	
与自己以前比	− 0.005	0.033	0.409
	(0.118)	(0.059)	
对自己将来变化的预期	0.131	− 0.047	0.122
	(0.113)	(0.058)	
常数项	4.930 ***	5.223 ***	0.396
	(0.753)	(0.431)	
N	231	1163	
R^2	0.153	0.049	

*** $p < 0.01$，** $p < 0.05$，* $p < 0.1$。

注：系数为非标准回归系数，括号内为标准误。

五　小结

根据本章的分析，在民众自己看来，判断中产阶层最重要的还应该是财产标准，包括收入、资产和支出等，其次是教育标准，包括职业类型在内的其他变量都显得不是那么重要。而从财产标准来看，无论是从个人收入标准还是从家庭资产标准来看，民众对中产阶层的评价标准确实都处于一个非常高的水平，这与学者们的界定有非常大的差距。所以如何缩小二者之间的差距是我们以后的研究中需要特别注意的问题。

那么究竟是哪些因素影响人们判断中产阶层的财产标准？本研究从制度环境、客观阶层地位、生活经历和相对剥夺感四个方面展开了讨论，其中客观阶层地位又从个人和家庭两个方面展开。结果表明，家庭客观阶层地位的影响要远远大于个人客观阶层地位，无论是对个人收入标准还是对家庭资产标准来说都是如此，并且它也会影响其他变量的影响系数，甚至方向。当我们选择个人客观阶层地位指标时，侧重于家庭的生活经历变量就会显示出更明显的影响，而当我们选择家庭客观阶层地位指标时，因为生活经历变量中的部分内容已经能够从家庭客观阶层地位指标中得到反映，所以它的显著性就会减弱。但无论如何，当我们将四类变量同时纳入模型时，家庭客观阶层地位的模型的解释力要高于个人客观阶层地位的模型的解释力。

从各个指标对个人收入标准和家庭资产标准的影响来看，也存在一定的差异。当我们都选择家庭客观阶层地位时，在控制所有其他变量的情况下，单位性质、当前人均住房面积及与周围人比、与自己以前比和对自己将来变化的预期产生的相对剥夺感指标对两种评价标准的影响均不显著。从全模型来看，单位性质、14 岁时户籍性质、家庭受教育年限，近期家庭压力、住房市值和与多数人比产生的相对剥夺感指标对个人收入标准的影响不显著，而对家庭资产标准的影响显著。户籍所在地、社会流动机制评价和旅游支出指标对个人收入标准的影响显著，而对家庭资产标准的影响不显著。只有社会公平评价和家庭人均收入两个指标对两种评价标准的影响显著。

此外，不同性别、不同户籍性质和不同户籍所在地的中产阶层群体判断中产阶层的个人收入标准和家庭资产标准的影响因素也存在一定差异。整体来说，各因素对个人收入标准的影响在女性、农业户口、上海户籍样本中的解释力更强；就各个变量在不同人群样本中的影响系数来说，对于男性样本，个人收入水平的影响更为明显，而对于女性来说家庭层面的住房市值和旅游支出的影响则更为明显；对于非农业户口样本来说，生活经历变量的影响更具显著性，但是系数差异不明显；对于拥有上海户籍的中产阶层群体来说，主观的制度环境评价，反映客观阶层地位的本人受教育年限、个人收入、住房市值和旅游支出等变量对其判断中产阶层的个人收入标准均有较为显著的影响，但对于非上海户籍中产阶层群体的影响非常小。从各因素对家庭资产标准的影响差异来看，也是呈现女性的模型解释力强于男性、指标上呈现男性更容易受相对剥夺感影响而女性更容易受客观的住房市值影响的特征；户籍方面则是各因素对农业户口和非上海户籍的中产阶层群体的解释力更强，制度环境带来的影响在不同户籍背景中产阶层群体中的影响差异明显，其中非农业户口和上海户籍的中产阶层群体会更多受到制度环境的影响。

第四章
层级地位认同

本章主要对根据十分梯子量表测得的层级地位认同展开分析，对前文提到的假设 2 至假设 7 在其中的适用性进行验证。尽管人们在对自己的层级地位做出评价时，每个人的评判标准或参照对象是不同的，但是我们不太容易像中产阶层身份认同那样，问出一个具体的评价标准。所以，对这一部分的分析本研究并不会对假设 8 即评价标准调节假设在层级地位认同中的适用性进行验证。

一　研究假设

根据前文对各类自变量的操作化测量，我们可以进一步将以上几个总假设细化为多个子假设。

对于制度环境假设，在此我们可以将其表述为中产阶层群体所处的制度环境对其主观层级地位认同具有显著的作用，主要包括以下子假设：

假设2-1-1：家庭成员中有人在公有制单位工作的人对自家的层级地位认同更高；

假设2-1-2：14岁时为非农业户口的人比农业户口的人对自家的层级地位认同更高；

假设2-1-3：当前已经获得上海户籍的人比还没有获得上海户籍的人对自家的层级地位认同更高；

假设2-1-4：对当前社会公平程度的评价越高，对自家的层级地位认同越高；

假设2-1-5：对我国社会流动机制做出开放型评价的人比做出封闭型评价的人对自家的层级地位认同更高。

对于客观阶层地位假设，在此我们可以将其表述为中产阶层的客观阶层地位越高，对自家阶层地位的认同也越高，主要包括以下子假设：

假设3-1-1：职业地位越高，对自家的层级地位认同越高；

假设3-1-2：受教育程度越高，对自家的层级地位认同越高；

假设3-1-3：家庭人均收入越高，对自家的层级地位认同越高。

对于生活经历假设，在此我们可以将其表述为中产阶层群体的生活经历越好，对自家阶层地位的认同也越高，主要包括以下子假设：

假设4-1-1：最近面临的生活压力越小，对自家的层级地位认同越高；

假设4-1-2：家庭住房市值越高，对自家的层级地位认同越高；

假设4-1-3：当前住房面积越大，对自家的层级地位认同越高；

假设4-1-4：在旅游方面支出越高，对自家的层级地位认同越高。

对于相对剥夺感假设，在此我们可以将其表述为中产阶层群体的相对剥夺感越强，对自家阶层地位的认同也越低，主要包括以下子假设：

假设5-1-1：与多数人比产生的相对剥夺感越强，对自家的层级地位认同越低；

假设 5 - 1 - 2：与周围人比产生的相对剥夺感越强，对自家的层级地位认同越低；

假设 5 - 1 - 3：与自己以前比产生的相对剥夺感越强，对自家的层级地位认同越低；

假设 5 - 1 - 4：对自己将来变化的预期产生的相对剥夺感越强，对自家的层级地位认同越低。

对于中介路径假设，即各个自变量对主观层级地位认同的影响不是并列的，生活经历和相对剥夺感可以是客观阶层地位影响主观层级地位认同的中介变量。我们可以将这一研究假设细化为如下子假设：

假设 6 - 1 - 1：较高的家庭客观阶层地位可以直接提高人们对自家层级地位认同的评价；

假设 6 - 1 - 2：较高的家庭客观阶层地位可以通过优化人们的生活经历来提高人们对自家层级地位认同的评价；

假设 6 - 1 - 3：较高的家庭客观阶层地位和较好的生活经历可以通过降低人们的相对剥夺感来提高人们对自家层级地位认同的评价。

对于制度环境调节假设，在此我们可以将其表述为不同制度环境下客观阶层地位因素在影响人们对自家层级地位做出评价时的路径存在一定差异。根据参照群体理论，人们通常主观地从自己身边选择参照个体，从而做出自己对社会结构的判断。一般而言，处于较差制度环境的人的整体阶层地位和生活经历都相对较差，他们感受到的相对剥夺感也较低，更容易对自己的阶层地位做出乐观的判断。所以在这部分人群中，客观阶层地位在人们的主观阶层地位认同中的直接作用和通过生活经历变量的中介作用可能要弱于处于更好制度环境的人。而通过相对剥夺感变量发挥的作用可能更强。由此，我们将这一假设细化为如下子假设：

假设 7 - 1 - 1：与处于较好制度环境的中产阶层相比，处于较差制

度环境的中产阶层群体通过客观阶层地位直接在人们主观层级地位认同
中发挥的作用更小；

假设 7 - 1 - 2：与处于较好制度环境的中产阶层相比，处于较差制
度环境的中产阶层群体的客观阶层地位通过生活经历变量在人们主观层
级地位认同中发挥的作用更小；

假设 7 - 1 - 3：与处于较好制度环境的中产阶层相比，处于较差制
度环境的中产阶层群体的客观阶层地位通过相对剥夺感变量在人们主观
层级地位认同中发挥的作用更大。

二　层级地位认同现状

根据前文的变量说明，对主观地位认同的测量最初采用的是十分梯
子量表，图 4 - 1 为各个分值的分布情况，基本呈现正态分布。认为自
己的家庭层级为 5 分的比例最高，约占 34%，其次为 6 分，约占 20%，
二者累计占比 53.94%，如果再加上选择 4 分和 7 分的比例，则达到了
76.97%，这就表明上海市中产阶层群体对自己家庭所处的层级地位认
同具有明显的"趋中"倾向，不过这也与其家庭所处的实际客观阶层
地位具有一致性。

根据我们前文对这一原始数据两两合并处理成五分的统计结果，有
53.94% 的人认为自家的层级地位处于中层，而认为层级地位认同处于
下层和中下层的比重（32.36%）要明显高于认为层级地位处于上层和
中上层的比重（13.71%），其详细统计结果在表 4 - 1 的合计栏中有所
体现，所以我们可以进一步将家庭层级地位认同的"趋中"倾向总结
为"低调趋中"。

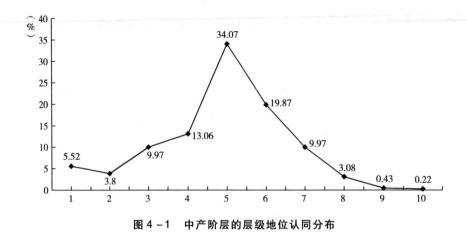

图 4 - 1　中产阶层的层级地位认同分布

此外，表 4 - 1 中计算了层级地位认同在前文潜在类别分析中划分的不同客观阶层类别中的差异，根据卡方检验的结果，二者之间存在明显的相关关系，且这一结论可以推广至整个上海市中产阶层群体。根据列联表的统计结果，客观上处于中上层的居民认同中层及以上层级地位的比重明显高于客观阶层地位处于中层的居民。也就是说，尽管就整个中产阶层群体而言，他们的层级地位认同呈现明显的"低调趋中"倾向，但依然与客观的阶层地位有着密不可分的关系，客观阶层地位更高者将倾向于对自家的层级地位做出更高的评价。

表 4 - 1　层级地位认同与客观阶层地位的相关分析

单位：%

层级地位认同	客观阶层地位		合计	χ^2
	中层	中上层		
下层	14.34	5.91	9.32	80.28 ***
中下层	30.97	17.61	23.03	
中层	46.02	59.35	53.94	
中上层	8.32	16.28	13.05	
上层	0.35	0.84	0.65	
合计	100.00 （565）	100.00 （829）	100.00 （1394）	

*** $p < 0.01$，** $p < 0.05$，* $p < 0.1$。

三 层级地位认同的影响因素分析

根据前文中产阶层群体的主观层级地位认同分布表，如果采用原始数据中十分的梯了量表作为因变量进行分析，会面临一个问题，即一些层级中的样本数太小，如分值在 1 分、3 分、8 分、9 分和 10 分的层级中，人数都比较少，会对研究结果造成一定的误差。另外，如果我们把10 层次的定序变量直接作为连续变量进行分析，也会带来一定的误差，而如果直接用定序 logistic 模型，又会因类别过多而烦琐。基于以上考虑，在本部分的分析中，本研究使用的是转化后的五分量表做定序logistic 回归模型。表 4-2 展示了整个模型的统计结果。

在模型 1 中，我们仅放入了控制变量，结果显示，性别和家庭政治面貌对人们的家庭层级地位认同并没有产生显著性影响。年龄每增加 1岁，家庭层级地位认同向上提高一个等级的可能性会降低 0.8%，该系数也仅在 90% 的水平上具有显著性。就婚姻状况而言，与未婚者相比，已婚的人在对家庭层级做出评价时向上提高一个等级的可能性会增加31.9%，这一系数也只是在 90% 的水平上显著。但是在陆续加入制度环境变量、家庭客观阶层地位变量、生活经历变量和相对剥夺感变量之后，这四个控制变量的显著性水平都消失了。

表 4-2 家庭层级地位认同的定序 logistic 回归模型分析

变量	(1) 家庭层级	(2) 家庭层级	(3) 家庭层级	(4) 家庭层级	(5) 家庭层级
性别（男性 =1）	0.936	0.905	0.834 *	0.820 *	0.837
	(0.0970)	(0.0952)	(0.0888)	(0.0878)	(0.0911)
年龄	0.992 *	0.988 ***	1.003	1.002	1.009
	(0.00426)	(0.00468)	(0.00535)	(0.00553)	(0.00567)

续表

变量	（1）家庭层级	（2）家庭层级	（3）家庭层级	（4）家庭层级	（5）家庭层级
婚姻状况（已婚＝1）	1.319 *	1.259	1.044	1.092	1.078
	(0.203)	(0.201)	(0.171)	(0.201)	(0.196)
家庭政治面貌	0.852	0.875	0.836	0.833	0.861
（党员＝1）	(0.0973)	(0.106)	(0.107)	(0.109)	(0.114)
家庭单位性质		0.869	1.054	1.039	1.003
（公有制＝1）		(0.110)	(0.134)	(0.132)	(0.128)
14 岁时户籍性质		1.749 ***	1.357 **	1.319 *	1.448 **
（非农业＝1）		(0.262)	(0.210)	(0.204)	(0.228)
户籍所在地		1.872 ***	1.733 ***	1.294	1.347 *
（上海＝1）		(0.295)	(0.275)	(0.227)	(0.232)
社会公平评价		1.518 ***	1.462 ***	1.368 ***	1.331 ***
		(0.0947)	(0.0914)	(0.0876)	(0.0864)
社会流动机制评价		1.435 ***	1.415 ***	1.352 ***	1.338 ***
（开放型＝1）		(0.153)	(0.152)	(0.148)	(0.148)
家庭职业地位			1.091	1.089	1.127 *
			(0.0656)	(0.0670)	(0.0704)
家庭受教育年限			1.066 **	1.034	1.051 *
			(0.0305)	(0.0308)	(0.0316)
家庭人均收入对数			2.171 ***	1.670 ***	1.484 ***
			(0.160)	(0.134)	(0.121)
近期家庭压力				0.678 ***	0.709 ***
				(0.0375)	(0.0399)
住房市值对数				1.065	1.087 **
				(0.0409)	(0.0417)
当前人均住房面积				1.003	1.003
				(0.00337)	(0.00325)
旅游支出对数				1.071 ***	1.056 ***
				(0.0162)	(0.0163)
与多数人比					0.746 **
					(0.0886)
与周围人比					0.736 ***
					(0.0803)
与自己以前比					0.013
					(0.0878)

续表

变量	(1) 家庭层级	(2) 家庭层级	(3) 家庭层级	(4) 家庭层级	(5) 家庭层级
对自己将来变化的预期					0.944
					(0.0908)
常数项1	0.0839 ***	0.556 *	11,259 ***	406.2 ***	27.38 ***
	(0.0185)	(0.171)	(10,269)	(400.7)	(28.42)
常数项2	0.393 ***	2.826 ***	63,452 ***	2,582 ***	186.6 ***
	(0.0819)	(0.854)	(58,448)	(2,561)	(194.1)
常数项3	5.237 ***	43.14 ***	1.236e+06 ***	54,818 ***	4,396 ***
	(1.117)	(13.93)	(1.183e+06)	(55,850)	(4,659)
常数项4	128.2 ***	1,079 ***	3.341e+07 ***	1.473e+06 ***	121,774 ***
	(48.10)	(476.5)	(3.483e+07)	(1.615e+06)	(138,145)
N	1394	1394	1394	1394	1394

*** $p < 0.01$，** $p < 0.05$，* $p < 0.1$。

注：（1）系数为发生比，括号内为稳健标准误；（2）表中的"家庭层级"指家庭层级地位认同。

（一）　制度环境与家庭层级地位认同

模型2记录了加入人口学变量后的制度环境变量在家庭层级地位认同中的作用。其中，家庭成员中是否有人在公有制单位工作，对家庭层级地位认同并没有显著性的影响，假设2-1-1没有得到证实。模型中也曾尝试用被访者本人的单位性质代替家庭成员的单位性质，但依然不具有统计上的显著性，这说明在改革开放的影响下，随着我国所有制结构的变化，单位制度对人们生活的影响已逐步被消解。

而户籍制度的影响依然显著，在控制其他变量的情况下，与14岁时为农业户口的人相比，非农业户口的人对家庭层级做出评价时向上提高一个等级的可能性会增加74.9%，该系数在99%的置信水平上显著。与当前户籍不在上海的人相比，取得上海户籍的人对家庭层级做出评价时向上提高一个等级的可能性会增加87.2%，假设2-1-2和假设2-

1-3得到证实。由于地区间经济发展不平衡，大量劳动力流向就业机会更多的上海，尽管对人口的流入上海市并未采取明确的限制措施，但是对流入人口申请上海户籍上海市设置了严格的限制条件。根据上海落户积分办法，只有那些受教育程度高、职业技能强的外来人口才有望获得上海户籍，所以拥有上海户籍的人更容易认同更高的家庭客观阶层地位就很容易理解了。

除了中产阶层实际所处的客观制度环境之外，人们对我国制度环境的主观感受对家庭层级地位认同也有非常显著的影响。在控制其他变量的情况下，被访者的社会公平评价每提高一个层次，家庭层级地位认同向上提高一个等级的可能性会增加51.8%，假设2-1-4得到证实。相较于对我国社会流动机制做出封闭型评价的人来说，做出开放型评价的人对家庭层级做出评价时向上提高一个等级的可能性会增加43.5%。以上系数均在99%的置信水平上显著，假设2-1-5得到证实。

总体而言，制度环境变量对家庭层级地位认同的影响具有非常稳定的作用，因为整个模型中，无论是否加入其他变量、加入多少变量，除单位性质变量外，其他各个变量的显著性一直存在。单位性质变量的影响不但不显著，而且影响系数的方向也与我们的假设是相反的，家庭成员中有人在公有制单位工作的人对家庭层级地位的认同反而会更低。这也意味着单位作为中国社会中的一项重要制度分割在上海已经失去了作用，这与以往全国性的研究结论不同，这说明上海市的市场化水平已经达到一个较高的层次。与此同时，户籍这一制度分割在上海也表现得更加明显，这一点在上海市的户口政策中也有明显的体现。根据上海市人社局2015年印发的《关于服务具有全球影响力的科技创新中心建设实施更加开放的国内人才引进政策的实施办法》，五类人员可以直接拿到上海户口，创业人才、创新创业中介服务人才、风险投资管理运营人才、企业高级管理和科技技能人才、企业家。以上每类人才落户都有严格的条件，以第四类为例，直接落户的条件就是最近 4 年累计 36 个月在本市缴纳职工社保的基数等于本市上年度职工社会平均工资的 3 倍，且缴纳个人所得税累计达到 100 万元。[①] 这也就注定了外来人口要取得上海市户口必须足够优秀，当然一旦获得上海市户籍也将享受更多更好的福利资源，如子女教育资源、医疗资源等。其实从上海市的人才引进办法中我们也可以明显看出，上海市的人才引进更重视市场化的评价，只要能够创造出足够的价值，就能胜出，体制内人员不再具有优势。

（二） 家庭客观阶层地位与家庭层级地位认同

模型 3 记录了在控制人口学变量和制度环境变量后家庭客观阶层地位的影响。结果显示，家庭职业地位变量对人们家庭层级地位认同的影响并不显著，假设 3 - 1 - 1 并未得到证实。而家庭受教育年限和家庭人均收入的影响都非常显著，且具有一定的稳定性。在控制人口学特征和制度环境的情况下，家庭中最高受教育程度者受教育年限每加一年，家庭层级地位认同向上提高一个等级的可能性会增加 6.6%，假设 3 - 1 - 2 得到证实。中产阶层群体的家庭人均收入每增加 1%，他们的家庭层级地位认同向上提高一个等级的可能性会增加 1.171 倍，假设 3 - 1 - 3 得到证实。随着生活经历变量和相对剥夺感变量的加入，家庭人均收入的影响系数尽管有所下降，但其显著性水平并未发生任何变化，一直在 99% 的水平上显著。而家庭受教育年限的影响在控制人口学变量、制度环境变量和生活经历变量后，显著性消失，但是再进一步控制相对剥夺感变量时，又重新在 90% 的水平上显著。

---

① 《关于印发〈关于服务具有全球影响力的科技创新中心建设实施更加开放的国内人才引进政策的实施办法〉的通知》（沪人社力发〔2015〕41 号），https：//kcb. sh. gov. cn/html/1/169/181/184/252/785. html，最后访问日期：2022 年 9 月 18 日。

（三） 生活经历与家庭层级地位认同

模型 4 记录的是生活经历变量对中产阶层群体家庭层级地位认同的影响。结果显示，在控制人口学变量、制度环境变量和家庭客观阶层地位变量的情况下，生活经历变量中仅有近期家庭压力和旅游支出的影响具有统计上的显著性。而在加入相对剥夺感的全模型中，住房市值也开始具有了显著性的影响。这也进一步说明这些自变量之间彼此存在一定程度的相互作用，这种相互作用本身会对他们在家庭层级地位认同中的作用产生一定的影响。

根据前文的变量操作化，近期家庭压力主要是指目前家庭在生活各方面面临的压力程度，数值越高，压力越大。这一变量可以反映家庭很多方面的信息，除了与当前家庭所处的客观阶层地位有关之外，还可以折射出被访者原生家庭的状况，即可以在一定程度上反映代际流动。一般而言，父代阶层地位比较高的家庭，可以在很大程度上为子代积累大量可用于购买房产的资金甚至已经为其购买了住房，为其解决了最大的问题。另外，因为我们的被访者年龄在 65 周岁以下，所以目前可能面临的养老和医疗压力也主要来自父代，在这方面面临更大压力的家庭也主要是那些父代阶层地位比较低的家庭。统计结果显示，被访者当前面临的家庭压力状况每提高 1 分，在做出家庭层级地位认同时选择更高一个等级的可能性是选择较低等级的 67.8%，也即压力越大，家庭层级地位认同越低，假设 4 - 1 - 1 得到证实。

1998 年 7 月，国务院下发的《关于进一步深化城镇住房制度改革加快住房建设的通知》明确指出，要停止住房实物分配制度，中国的住房制度改革开启了住房分配市场化的进程。从此，住房成为一种商品，具有可继承性，而上海作为一线城市，房价经历了一轮又一轮的暴涨，这就造成了房产分配中的一些问题。对于早期拥有住房的家庭和具有长远眼光早期开始"炒房"的家庭，其家庭资产实现了急剧增长，另外，对于早期房产积累集中在房价没有暴涨的中小城市的家庭和较晚进入住房市场的家庭，其实现住房自有和更高市值住房就变得难上加难。所以住房问题也是一个复杂的、多因素作用的结果，并不是单纯地由家庭客观阶层地位决定的。如果我们在模型中仅纳入人口学变量和生活经历变量，我们会发现，家庭住房市值和当前人均住房面积对家庭层级地位认同均具有显著的正向作用，但是在同时纳入制度环境和家庭客观阶层地位变量时，显著性消失。这也就意味着制度环境和家庭客观阶层地位可以解释掉一部分住房的影响，使得系数下降，显著性不稳定。而住房市值的影响又会在加入相对剥夺感变量后重新显著。假设4-1-2和假设4-1-3并未完全得到证实。

根据布迪厄的观点，"社会阶级并非单单通过人们在生产关系中所处的位置来界定，而是通过阶级惯习来界定的"（Bourdieu，1984）。由于经济条件的不同，社会上产生了两种基本的阶级品位，即追求奢侈、自由的品位和追求必需品的品位。前者是具有良好经济状况的阶级的阶级惯习的体现，后者则是大众阶级惯习的体现。旅游作为一种休闲放松、回归自然、陶冶于山水之间的文化消费在很大程度上就是一种具有良好经济状况的阶级的阶级惯习。尽管现在旅游在国内中产阶层中逐步成为刚性需求，但是内部依然存在较大的差异性，这种差异性就体现在旅游的频率、旅游景点与旅游方式上，而这一切均可以用旅游支出来衡量。根据我们的统计结果，在控制人口学、制度环境、客观阶层地位变量的情况下，旅游支出每增加1%，家庭层级地位认同向上提高一个等级的可能性会增加7.1%，这一系数在99%的置信水平上显著，假设4-1-4得到证实。

（四）　相对剥夺感与家庭层级地位认同

模型5记录的是相对剥夺感对家庭层级地位认同的影响结果。结果显示，测量相对剥夺感的四个维度中，仅有与多数人比和与周围人比两个变量具有统计上的显著性。即横向对比产生的相对剥夺感对家庭层级地位认同具有显著的影响，而纵向对比产生的相对剥夺感产生的影响并不具有统计上的显著性，假设 5-1-1 和假设 5-1-2 得到证实，但假设 5-1-3 和假设 5-1-4 没有得到证实。具体而言，在控制其他变量的情况下，与多数人比产生的相对剥夺感程度每提高 1 分，在做出家庭层级地位认同时选择更高一个等级的可能性是选择较低等级的 74.6%。与周围人比产生的相对剥夺程度每提高 1 分，在做出家庭层级地位认同时选择更高一个等级的可能性是选择较低等级的 73.6%。即横向对比产生的相对剥夺感程度越高，对家庭层级地位认同的评价越低。另外，对比表 4-2 中的各个模型我们可以发现，在纳入相对剥夺感变量之后，一些原本不太显著的变量也开始变得显著，这说明相对剥夺感对家庭层级地位认同的影响是非常重要的，它可以解释家庭层级地位认同中的一部分方差。另外，这也说明相对剥夺感与这些变量之间存在一定的关系，这种关系会影响他们对家庭层级的认同。在后文中将会对这一问题展开详细讨论。

四　层级地位认同的影响路径分析

本部分将通过具有调节效应的中介路径分析对假设 6 和假设 7 展开进一步的验证，我们先对家庭客观阶层地位、生活经历和相对剥夺感变量对层级地位认同的影响路径进行简单中介模型分析，如果简单中介模型显著，我们再进一步加入制度环境变量作为调节变量，分析个人面临的制度环境变量在以上路径中的调节作用。

（一） 简单中介模型

根据图 4-2 的简单中介效应结果，家庭客观阶层地位到主观家庭层级地位认同的多条路径均具有统计上的显著性，图 4-2 列出了路径中的各个回归系数结果。结果显示，在不考虑其他变量的情况下，家庭客观阶层地位对主观家庭层级地位认同具有显著的直接效应，假设 6-1-1 得到了证实。另外，家庭客观阶层地位对生活经历有显著的正向作用，而对相对剥夺感有显著的负向作用。与此同时，生活经历对主观家庭层级地位认同有显著的正向作用，而相对剥夺感对其有显著的负向作用。所以，生活经历和相对剥夺感两个中介变量在中产阶层群体的家庭客观阶层地位与主观家庭层级地位认同中发挥着一致的推动作用，假设 6-1-2 和假设 6-1-3 都得到了证实。表 4-3 列出了中介效应中各个路径的效应大小，由此可以计算出从家庭客观阶层地位到主观家庭层级地位认同的总效应为 0.344。其中间接效应在总效应中所占的比例为（0.143 + 0.042 + 0.013）/0.344 = 0.5756，这表明家庭客观阶层地位作用于主观家庭层级地位认同的效应有 57.56% 是通过生活经历和相对剥夺感起的作用。另外，生活经历和相对剥夺感两条单步中介效应的差异性检验结果显示，家庭客观阶层地位通过生活经历影响家庭层级地位认同的路径系数比通过相对剥夺感的路径系数大 0.101，且这一差异具有统计上的显著性。

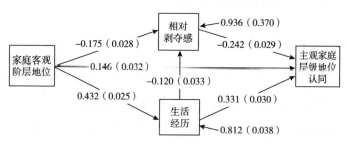

图 4-2　家庭客观阶层地位影响主观家庭层级地位认同的中介效应路径

说明：显著性水平 $\alpha = 0.05$，在该水平上显著的路径用实线标示，不显著的路径用虚线标示，本图中均为显著。

表 4-3　家庭客观阶层地位影响主观家庭层级地位认同的中介效应 Bootstrap 检验结果

模型类型	影响路径	调节变量	系数	标准误	95% 置信区间下限	95% 置信区间上限
简单中介效应	X—Y		0.146 ***	0.032	0.096	0.203
	X—M1—Y		0.143 ***	0.016	0.116	0.170
	X—M2—Y		0.042 ***	0.008	0.030	0.058
	X—M1—M2—Y		0.013 ***	0.004	0.007	0.019
	M1 与 M2 差异		0.101 ***	0.019	0.066	0.130
有调节的中介效应	X—Y	W = 0	0.112 **	0.056	0.018	0.205
		W = 1	0.171 ***	0.037	0.111	0.230
		W1—W0	0.059	0.063	− 0.043	0.164
	X—M1—Y	W = 0	0.034 ***	0.013	0.014	0.057
		W = 1	0.044 ***	0.010	0.030	0.062
		W1—W0	0.010	0.015	− 0.013	0.035
	X—M2—Y	W = 0	0.11 ***	0.020	0.081	0.148
		W = 1	0.14 ***	0.017	0.112	0.169
		W1—W0	0.031 *	0.018	0.001	0.059
	X—M1—M2—Y	W = 0	0.014 ***	0.004	0.009	0.023
		W = 1	0.018 ***	0.005	0.011	0.027
		W1—W0	0.004	0.003	0.000	0.009

*** $p < 0.01$，** $p < 0.05$，* $p < 0.1$。

注：X：家庭客观阶层地位；Y：主观家庭层级地位认同；M1：生活经历；M2：相对剥夺感；W：制度环境（14 岁时为非农业户口且目前为上海户籍）。

（二）　有调节的中介效应

因为简单中介效应的各个中介路径非常显著，因此我们可以进一步加入调节变量，分析个人面临的制度环境变量在以上路径中的调节作用。在模型中我们重点分析制度环境变量对直接效应和中介效应的第一阶段的调节效应。根据图 4-3 的结果，我们发现制度环境变量在生活经历、相对剥夺感和主观家庭层级地位认同中的主效应都具有统计上的显著性。但是它与家庭客观阶层地位的交互项在以上三个变量中的影响

系数都没有达到 α = 0.05 的显著性水平，只有对生活经历变量的影响系数在90%的置信水平上具有显著性。这一结果也可以在表4-3调节变量在各个路径中的差异性检验结果中得到体现。这说明家庭客观阶层地位通过生活经历变量影响主观家庭层级地位认同的路径在不同制度环境中是有一定差异的，具体表现为在较好制度环境下作用更强，假设7-1-2在较低水平上被证实。而通过家庭客观阶层地位的直接作用和通过相对剥夺感对主观家庭层级地位认同的影响并不存在显著制度环境差异。也即，这意味着制度环境变量对家庭客观阶层地位通过生活经历变量影响主观家庭层级地位认同的路径具有调节效应，而对相对剥夺感路径和直接路径不具有调节效应，假设7-1-1和假设7-1-3都没有得到证实。

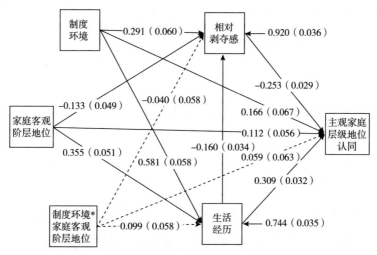

图4-3 家庭客观阶层地位影响主观家庭层级地位认同的有调节的中介效应路径
说明：显著性水平 α = 0.05，在该水平上显著的路径用实线标示，不显著的路径用虚线标示。

制度环境对生活经历的主效应为0.581，表明在控制了其他变量之后，在家庭客观阶层地位处于平均水平的中产阶层群体中，处于较好制度环境的中产阶层群体的生活经历比处于较差制度环境的中产阶层群体的生活经历好0.581个单位。这表明家庭客观阶层地位较高的中产阶层的生活经历是存在明显的制度环境差异的。家庭客观阶层地位变量的主效应为 0.355，表明家庭客观阶层地位对处于较差制度环境的中产阶层群体的生活经历具有正面的作用，其他变量保持不变，家庭客观阶层地位每增加 1 个单位，处于较差制度环境的中产阶层群体的生活经历会提高 0.355 个单位。而制度环境与家庭客观阶层地位交互项的回归系数是 0.099（$p < 0.1$），表明家庭客观阶层地位对生活经历的影响是存在制度环境差异的，对处于较好制度环境的中产阶层群体的主观家庭层级地位认同的作用更大，比对处于较差制度环境的作用大 0.099 个单位。这也表明在其他因素保持不变的情况下，家庭客观阶层地位每增加 1 个单位，处于较好制度环境的中产阶层的生活经历会变好 0.355 + 0.099 = 0.454 个单位。总之，生活经历对家庭客观阶层地位与主观家庭层级地位认同的推动作用，在那些 14 岁时为非农业户口且目前为上海户籍的中产阶层群体中大于其他群体。

五 小结

根据本章的分析，上海市中产阶层群体对自家的层级地位的评价呈现明显的"低调趋中"倾向，一半以上的人都认同自己处于社会的中间层，只有不到 15% 的人认为自己处于中上层或上层。对于客观阶层地位处于中上层的居民而言，依然呈现这一特征。

制度环境、家庭客观阶层地位、生活经历和相对剥夺感都对主观家庭层级地位认同产生一定的影响。首先，从制度环境来看，只有家庭单位性质的影响不显著，其他变量都呈现明显的正向作用，即所处的制度环境越好，越有可能认为自家处于较高的层级地位。其次，从家庭客观阶层地位来看，无论是家庭职业地位、家庭受教育年限还是家庭人均收入都对主观家庭层级地位认同具有显著的正向作用。但是家庭职业地位和家庭受教育年限的影响并不十分稳定，容易受到一些其他因素的影响。再次，从生活经历来看，近期家庭压力、住房市值和旅游支出具有显著的影响，并基本表现出生活水平越高对自家阶层地位的认同越高的特征。最后，从相对剥夺感来看，与多数人比和与周围人比产生的横向剥夺感比与自己以前比和对自己将来变化的预期产生的纵向剥夺感更能影响人们的主观家庭层级地位认同。

同时，我们也必须注意到，以上四类自变量之间也存在内部的互相联系，而这种内部联系又会影响其他变量对主观家庭层级地位认同的结果。根据我们的中介路径结果，家庭客观阶层地位对主观家庭层级地位认同的影响既可以直接发挥作用，又可以通过提高生活水平或降低相对剥夺感而间接发挥作用。但是制度环境对整个路径的调节效应并不十分明显，只有在家庭客观阶层地位通过生活经历变量影响主观家庭层级地位认同的路径中不同制度环境的中产阶层群体之间在 90% 的水平上具有显著的差异。而在其他路径中并没有显著的差异。

第五章
中产阶层身份认同

本章主要对二分的中产阶层身份认同展开分析，对前文提到的假设2至假设8在其中的适用性进行验证。这一部分的分析将考虑到每位被访者主观认同的中产阶层的评价标准变量对整个研究结果的影响。

一　研究假设

根据前文对各类自变量的操作化测量，我们可以进一步将以上几个总假设细化为多个子假设。

对于制度环境假设，在此我们可以将其表述为中产阶层群体所处的制度环境对其是否认同中产阶层身份具有显著的作用，主要包括以下子假设：

假设2-2-1：家庭成员中有人在公有制单位工作的人更认同自家属于中产阶层；

假设2-2-2：14岁时为非农业户口的人比农业户口的人更认同自家属于中产阶层；

假设2-2-3：当前已经获得上海户籍的人比还没有获得上海户籍的人更认同自家属于中产阶层；

假设2-2-4：对当前社会公平程度的评价越高，越倾向于认同自家属于中产阶层；

假设2-2-5：对我国社会流动机制做出开放型评价的人比做出封闭型评价的人更认同自家属于中产阶层。

对于客观阶层地位假设，在此我们可以将其表述为中产阶层的客观社会经济地位越高，越倾向于认同自家的中产阶层身份，主要包括以下子假设：

假设3-2-1：职业地位越高，越倾向于认同自家属于中产阶层；

假设3-2-2：受教育程度越高，越倾向于认同自家属于中产阶层；

假设3-2-3：家庭人均收入越高，越倾向于认同自家属于中产阶层。

对于生活经历假设，在此我们可以将其表述为中产阶层群体的生活经历越好，越倾向于认同自家的中产阶层身份，主要包括以下子假设：

假设4-2-1：最近面临的生活压力越小，越倾向于认同自家属于中产阶层；

假设4-2-2：家庭住房市值越高，越倾向于认同自家属于中产阶层；

假设4-2-3：当前人均住房面积越大，越倾向于认同自家属于中产阶层；

假设4-2-4：旅游支出越高，越倾向于认同自家属于中产阶层。

对于相对剥夺感假设，在此可以将其表述为中产阶层群体的相对剥夺感越强，越倾向于不认同自家的中产阶层身份，主要包括以下子假设：

假设5-2-1：与多数人比产生的相对剥夺感越强，越不认同自家属于中产阶层；

假设5-2-2：与周围人比产生的相对剥夺感越强，越不认同自家属于中产阶层；

假设5-2-3：与自己以前比产生的相对剥夺感越强，越不认同自家属于中产阶层；

假设5-2-4：对自己将来变化的预期产生的相对剥夺感越强，越不认同自家属于中产阶层。

对于中介路径假设，即各个自变量对主观阶层地位认同的影响不是并列的，生活经历和相对剥夺感可以是客观阶层地位影响中产阶层身份认同的中介变量。我们可以将这一研究假设细化为如下子假设：

假设6-2-1：较高的家庭客观阶层地位对人们的中产阶层身份认同具有直接效应；

假设6-2-2：较高的家庭客观阶层地位可以通过优化人们的生活经历来提高人们对中产阶层身份的认同；

假设6-2-3：较高的家庭客观阶层地位和较好的生活经历可以通过降低人们的相对剥夺感来提高人们对中产阶层身份的认同。

对于制度环境调节假设，在此我们可以将其表述为不同制度环境下客观阶层地位因素在影响人们对自家中产阶层身份认同的路径方面存在一定差异，我们将这一假设细化为如下子假设：

假设7-2-1：与处于较好制度环境的中产阶层相比，处于较差制度环境的中产阶层通过客观阶层地位直接在人们中产阶层身份认同中发挥的作用更小；

假设7-2-2：与处于较好制度环境的中产阶层相比，处于较差制度环境的中产阶层的客观阶层地位通过生活经历变量在人们中产阶层身份认同中的作用更小；

假设7-2-3：与处于较好制度环境的中产阶层相比，处于较差制度环境的中产阶层的客观阶层地位通过相对剥夺感变量在人们中产阶层身份认同中的作用更大。

对于评价标准调节假设，即对用不同标准划分中产阶层的人来说，客观阶层地位因素在影响人们对自家中产阶层身份认同的路径方面存在一定差异。因为根据前文的分析，我们假定评价标准主要对其中的直接效应和间接效应的第二阶段的生活经历到主观阶层认同之间的影响系数进行调节，由此我们将这一假设细化为如下子假设：

假设 8 - 1 - 1：与评价标准较低的中产阶层相比，评价标准较高的中产阶层的客观阶层地位对中产阶层身份认同的直接影响更小；

假设 8 - 1 - 2：与评价标准较低的中产阶层相比，评价标准较高的中产阶层的客观阶层地位通过生活经历变量影响中产阶层身份认同的作用更大。

二　中产阶层身份认同现状

根据表 5 - 1 的统计结果，客观阶层地位为中产阶层的家庭，其中产阶层身份认同的比例为 37.88%，即使我们将客观中产阶层人群缩小为前文潜在类别分析结果中处于中上层位置的居民，也只有 49.46% 的人认同自己的中产阶层身份。显然这一结果与层级地位认同明显不同，在层级地位认同中，分值在 5 分及以上的比例占到 67.64%，相较于这一结果，上海市中产阶层居民对中产阶层身份认同的比例明显偏低。根据表 5 - 2 的统计结果，如果我们将 10 分的层级地位认同转换成 5 分，层级地位认同为中层的人中只有 44.15% 认同自己的中产阶层身份，层级地位认同为中上层的人中这一比例也只有 72.53%，层级地位认同为上层的人中的这一比例又降低到 55.56%，当然这与层级地位认同中选择上层的人太少有很大的关系。在所有层级地位认同为中层及以上的人中，也有 50.27% 的人认为自家不是中产阶层（见表 5 - 2），因此在中产阶层的身份认同中呈现明显的"中产阶层认同缺失"特征。

表 5 - 1　家庭中产阶层身份认同与客观阶层地位的相关分析

单位：%

中产阶层身份认同	客观阶层地位		合计	χ^2
	中层	中上层		
否	79.12	50.54	62.12	116.57***
是	20.88	49.46	37.88	
合计	100.00（565）	100.00（829）	100.00（1394）	

*** $p < 0.01$。

表 5 - 2　层级地位认同与中产阶层身份认同的相关分析

单位：%

层级地位认同	中产阶层身份认同		合计	χ^2
	否	是		
下层	97.69	2.31	100.00（130）	233.48***
中下层	82.55	17.45	100.00（321）	
中层	55.85	44.15	100.00（752）	
中上层	27.47	72.53	100.00（182）	
上层	44.44	55.56	100.00（9）	
合计	62.12	37.88	100.00（1394）	

*** $p < 0.01$。

　　尽管通过两种不同方式测得的主观地位认同中层及以上的比例和认同中产阶层身份的比例有很大的差异，但我们不能否认二者之间存在的相关性，具体而言，给出的层级地位评价越高，认同自家属于中产阶层的可能性也越大。且这一相关具有统计上的显著性，在上海市所有中产阶层中均有适用性。如果不考虑中国传统"中庸"思想文化造成的人们在主观层级地位评价中呈现的"趋中"倾向，仅 17.6% 的中产阶层在层级地位认同和中产阶层身份认同中表现出不一致，即那些在层级地位认同中选择"下层"或"中下层"而在中产阶层身份认同中选择"是"，或者在层级地位认同中选择"上层"或"中上层"而在中产阶层身份认同中选择"否"的人。

而绝大多数认同分歧主要出现在层级地位认同中做出"中层"判断的人，这部分人群中有 55.85% 的人并不认同自身的中产阶层身份。这确实是一个比较有意思的问题，这也就意味着如果我们对中产阶层群体主观阶层地位的操作化测量方式不同，则可能会出现完全不同的研究结论。因此，在本研究对中产阶层群体主观阶层地位认同的分析中从层级地位认同和中产阶层身份认同两个角度展开讨论是很有必要的。

为了进一步分析那些在层级地位认同中选择"中层"及以上而不认同自己中产阶层身份的被访者这样做的原因，我们专门询问了被访者认为自家在哪些方面没有达到中产阶层标准，该题目在问卷中设置为多选题，符合条件的 474 位被访者中有 473 位对这一问题做了回答，每个选项的统计结果详见图 5-1。结果显示，80% 以上的人认为自家的收入水平未达到中产阶层标准，其次是资产总量（54.33%）和消费水平（38.90%）。与前文人们关于中产阶层身份认同标准的选择稍有不同的地方就在于受教育程度所占的比例。从判断标准来看，受教育程度占比是高于消费水平占比的，但是从认为没有达到中产阶层标准的原因来看，只有 20.93% 的人认为自己是受教育程度没有达到标准。这一方面

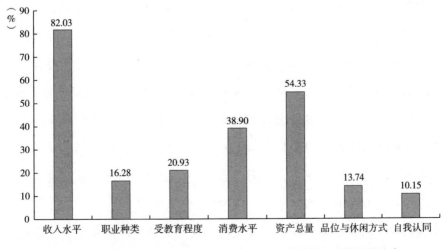

图 5-1 层级地位认同在中层以上但不认同中产阶层身份的原因分布

反映出上海市中产阶层的受教育程度已经达到较高水平，另一方面反映出人们心目中判断中产阶层的受教育程度标准是低于财产（含收入水平、资产总量、消费水平等）标准的。至于职业种类、品位与休闲方式和自我认同标准，选择的人数占比均低于 17.0%。

三 中产阶层身份认同的影响因素分析

本部分主要从制度环境、客观阶层地位、生活经历、相对剥夺感和评价标准五个方面对中产阶层群体的中产阶层身份认同展开讨论。因为这一部分我们的因变量为二分变量，所以我们采用的是二分类 logistic 回归模型。同样采用简单回归分析的方式对各个假设展开验证，统计结果详见表 5-3。

模型 1 中，我们仅放入了控制变量，结果显示，我们加入的性别、年龄、婚姻状况等人口学变量和政治面貌都具有显著的影响，这与人口学变量在层级地位认同中的影响有很大差异。具体而言，在仅有控制变量的情况下，男性要比女性更有可能认同家庭的中产阶层身份。而年龄对中产阶层身份认同的影响则是负向的，年龄越大的人越不认同自家属于中产阶层，这与年龄在层级地位认同中的影响是一致的。已婚者要比未婚者更有可能认同自家的中产阶层身份，并且这一系数是非常高的，与未婚者相比，已婚者认为自家是中产阶层的可能性是认为自家不是中产阶层的 1.812 倍。但是政治面貌的影响有点让人觉得不可思议，在家庭中有人是党员的情况下，认为自家是中产阶层的可能性只有认为自家不是中产阶层的 68.9%，且这一系数在 99% 的置信水平上显著。而无论我们加入多少变量，影响方向始终为负，且依然保持显著性。造成这一结果的原因，大概只能与我们前文分析单位性质在人们层级地位认同中的影响的解释一样，即上海作为一个市场化程度比较高的城市，政治资本远不如经济资本和文化资本的作用明显。另外，拥有党员身份的人又多是在体制内工作的人，在单位性质优势缺失的情况下，政治资本优势缺失也就可以理解了。

表 5 - 3 中产阶层身份认同的 logistic 回归模型分析

变量	(1)家庭中产	(2)家庭中产	(3)家庭中产	(4)家庭中产	(5)家庭中产	(6)家庭中产
性别（男性＝1）	1.278 **	1.248 *	1.140	1.121	1.096	1.082
	(0.145)	(0.148)	(0.146)	(0.145)	(0.146)	(0.149)
年龄	0.969 ***	0.966 ***	0.982 ***	0.982 ***	0.986 **	0.987 *
	(0.00461)	(0.00516)	(0.00595)	(0.00604)	(0.00643)	(0.00670)
婚姻状况	1.812 ***	1.714 ***	1.402 *	1.445 *	1.388 *	1.464 *
（已婚＝1）	(0.301)	(0.287)	(0.246)	(0.278)	(0.272)	(0.295)
家庭政治面貌	0.689 ***	0.748 **	0.709 **	0.710 **	0.740 *	0.740 *
（党员＝1）	(0.0888)	(0.103)	(0.108)	(0.109)	(0.117)	(0.119)
家庭单位性质		0.679 ***	0.882	0.849	0.813	0.910
（公有制＝1）		(0.0916)	(0.132)	(0.128)	(0.126)	(0.148)
14 岁时户籍性质		2.091 ***	1.579 **	1.540 **	1.599 **	1.488 *
（非农业＝1）		(0.371)	(0.303)	(0.299)	(0.321)	(0.308)
户籍所在地		1.788 ***	1.541 **	1.297	1.366	1.358
（上海＝1）		(0.331)	(0.302)	(0.281)	(0.300)	(0.299)
社会公平评价		1.529 ***	1.516 ***	1.433 ***	1.428 ***	1.393 ***
		(0.104)	(0.112)	(0.108)	(0.111)	(0.115)
社会流动机制评价		1.274 **	1.217	1.176	1.175	1.144
（开放型＝1）		(0.152)	(0.158)	(0.155)	(0.158)	(0.158)
家庭职业地位			1.081	1.071	1.093	1.078
			(0.0756)	(0.0751)	(0.0780)	(0.0788)
家庭受教育年限			1.079 **	1.063	1.077 **	1.102 **
			(0.0392)	(0.0396)	(0.0406)	(0.0422)
家庭人均收入对数			2.763 ***	2.330 ***	2.131 ***	2.265 ***
			(0.272)	(0.246)	(0.231)	(0.255)
近期家庭压力				0.665 ***	0.700 ***	0.675 ***
				(0.0650)	(0.0681)	(0.0646)
住房市值对数				1.031	1.053	1.090
				(0.0531)	(0.0563)	(0.0579)

续表

变量	(1) 家庭中产	(2) 家庭中产	(3) 家庭中产	(4) 家庭中产	(5) 家庭中产	(6) 家庭中产
当前人均住房面积				1.002	1.001	1.003
				(0.00343)	(0.00351)	(0.00373)
旅游支出对数				1.037 *	1.023	1.025
				(0.0196)	(0.0195)	(0.0200)
与多数人比					0.598 ***	0.625 ***
					(0.0840)	(0.0913)
与周围人比					0.677 ***	0.658 ***
					(0.0885)	(0.0901)
与自己以前比					1.318 **	1.346 **
					(0.153)	(0.163)
对自己将来变化的预期					0.912	0.901
					(0.101)	(0.105)
家庭资产标准对数						0.624 ***
						(0.0405)
常数项	1.409	0.189 ***	3.98e−07 ***	3.60e−06 ***	4.13e−05 ***	0.00018 ***
	(0.320)	(0.0629)	(4.99e−07)	(4.71e−06)	(5.65e−05)	(0.00025)
N	1394	1394	1394	1394	1394	1394

*** $p < 0.01$, ** $p < 0.05$, * $p < 0.1$。

注：（1）系数为发生比，括号内为稳健标准误；（2）表中"家庭中产"即认为自家是中产阶层。

（一） 制度环境与家庭中产阶层身份认同

表 5 - 3 的模型 2 记录的是在控制人口学变量和家庭政治面貌的情况下，制度环境对人们是否认同自家是中产阶层家庭的影响。首先，从单位性质来看，家庭中有人在公有制单位工作的人更可能做出自家不是中产阶层家庭的判断。在方向上，与对家庭层级地位认同的影响一致，不同的是这里的影响系数在仅控制人口学变量的情况下在 99% 的置信水平上显著。这也足以说明，在上海，传统计划经济时代遗留的"单位制"的影响已基本消失。它既不能提高人们对现有家庭层级地位的判断，也不能提高对中产阶层家庭身份的判断。假设 2 - 2 - 1 并没有得到证实。

　　从户籍制度来看，与 14 岁时是农业户口的客观中产阶层相比，拥有非农业户口的中产阶层认为自家属于中产阶层家庭的可能性是认为自家不是中产阶层家庭的 2.091 倍。而与目前还未取得上海户籍的客观中产阶层相比，已经拥有上海户籍的中产阶层认为自家属于中产阶层家庭的可能性是认为自家不是中产阶层家庭的 1.788 倍。在仅加入人口学变量的情况下，两个系数均在 99% 的水平上显著，但是随着客观阶层地位、生活经历、相对剥夺感等变量的加入，户籍所在地影响的显著性逐渐消失，而只有 14 岁时户籍性质变量最后在 90% 的水平上显著。假设 2-2-2 得到证实，而假设 2-2-3 只在一定程度上被证实。

　　而在制度环境变量的主观评价指标中，在控制其他变量的情况下，被访者对当前社会公平程度的评价每提高一个层次，认同自家属于中产阶层的可能性会提高 52.9%，这一系数具有非常稳定的显著性，无论是否加入其他变量，都保持在 99% 的水平上显著，假设 2-2-4 得到证实。相较于对我国社会流动机制做出封闭型评价的人，做出开放型评价的人认同自家属于中产阶层的可能性会提高 27.4%。不过这一系数仅在 95% 的水平上显著，且随着其他变量的加入，其显著性消失，假设 2-2-5 只在一定程度上被证实。

　　综合而言，制度环境变量对人们的中产阶层身份认同具有比较显著的正向影响，尤其是在不考虑其他变量的情况下，基本上所有变量都显著。而在控制了其他变量的情况下，被访者所处的户籍环境越好，对我国当前制度环境的评价越乐观，认同自家属于中产阶层的可能性会在很大程度上增加。

（二）　家庭客观阶层地位与家庭中产阶层身份认同

　　表 5-3 的模型 3 记录了仅加入人口学变量和政治面貌变量与进一步加入制度环境变量时，客观阶层地位在中产阶层身份认同中的影响。

结果显示，家庭成员中最高的职业地位对是否认同中产阶层家庭并没有显著影响，这与职业地位在家庭层级地位认同中的作用有所不同，假设3-2-1并未得到证实。家庭成员中最高受教育年限和人均家庭收入在中产阶层家庭身份认同中发挥显著的正向影响。具体而言，在控制人口学变量和制度环境变量的情况下，家庭最高受教育年限每增加1年，认同自家属于中产阶层家庭的发生比是认同自家不属于中产阶层家庭的1.079倍，假设3-2-2得到证实。家庭人均收入每增加1%，与选择不是中产阶层家庭的相比，选择属于中产阶层家庭的发生比会增加1.763倍，假设3-2-3得到证实。为了进一步了解家庭职业地位在中产阶层身份认同中的作用，我们尝试对模型3进行简单修改，在其他变量不变的情况下，依次纳入家庭职业地位、家庭受教育年限和家庭人均收入。结果显示，在纳入家庭人均收入之前，家庭职业地位和家庭受教育年限的影响均在99%的置信水平上显著，且两个模型中家庭职业地位的发生比系数均在1.21以上，家庭受教育年限的发生比系数为1.183。所以，在反映家庭客观阶层地位的三个指标中，家庭人均收入发挥着更为重要的作用，它可以在很大程度上减弱家庭职业地位和家庭受教育年限的作用。这也就意味着，职业和教育，尤其是职业地位在人们中产阶层身份认同中的作用前提是这些身份和能力所带来的经济收益，毕竟职业地位和受教育程度对经济收益获得有重要影响。如果它们不能带来足够的经济收益，它们对中产阶层身份认同的影响将会消失。

对比表5-3中的模型2和模型3，我们可以发现，在加入家庭客观阶层地位变量之后，家庭单位性质和社会流动机制评价对家庭中产阶层身份认同影响的显著性消失了，14岁时户籍性质和户籍所在地的影响有所减弱，而在家庭层级地位认同中并没有出现类似的结果。这说明制度环境对家庭层级地位认同的影响在一定程度上会通过影响家庭成员的客观阶层地位来发挥作用，而在家庭层级地位认同中可能更多的是通过影响生活经历在发挥作用。因为在前文家庭层级地位认同的各个模型分析中，制度环境影响显著性减弱主要发生在纳入生活经历变量的模型中。

（三）　生活经历与家庭中产阶层身份认同

根据表 5-3 中的模型 4，在同时加入人口学变量、制度环境和客观阶层地位变量时，反映生活经历的四个变量中住房市值和人均住房面积均不具有统计上的显著性，假设 4-2-2 和假设 4-2-3 并未得到证实。在控制以上变量的情况下，家庭最近面临的压力程度每提升 1 个水平，认同自家属于中产阶层家庭的发生比是认同自家不属于中产阶层家庭的66.5%，该系数在 99% 的水平上显著，且具有持续的稳定性，假设 4-2-1 得到证实。家庭中旅游支出每增加 1%，与不认同自家属于中产阶层家庭的相比，认同自家属于中产阶层家庭的发生比会提高 3.7%。但是这一系数仅在 90% 的水平上显著，且随着相对剥夺感变量和评价标准变量的加入，显著性消失，假设 4-2-4 仅在部分程度上被证实。

（四）　相对剥夺感与家庭中产阶层身份认同

根据表 5-3 中模型 5 的统计结果，四个测量相对剥夺感的变量中，对自己将来变化的预期对家庭中产阶层身份的判断没有显著影响，其他三个变量均有显著的影响。这一点与相对剥夺感在家庭层级地位认同中的影响不同，在家庭层级地位认同中只有横向比较产生的相对剥夺感具有显著影响。从影响系数来看，在控制其他各变量的情况下，与大多数人比产生的相对剥夺感程度每提高 1 个层次，在家庭中产阶层身份认同过程中选择"是"的发生比是选择"否"的 59.8%，假设 5-2-1 得到证实。与周围人比产生的相对剥夺感程度每提高 1 个层次，与选择自家不属于中产阶层家庭的相比，选择自家属于中产阶层家庭的可能性会降低 32.3%，假设 5-2-2 得到证实。

但是与自己以前比产生的相对剥夺感程度对家庭中产阶层身份认同的影响却是正向的，该相对剥夺感程度每提高 1 个层次，与选择自家不属于中产阶层家庭的相比，选择自家属于中产阶层家庭的可能性会提高31.8%。针对这一异常结果，从理论上我们无法找到合适的解释，因此我们决定从模型出发，查看可能的原因。首先，我们把用五分量表测得的与自己以前比产生的相对剥夺感程度作为类别变量，从最简单的卡方检验开始。根据表5－4的卡方检验结果，与自己以前比产生的相对剥夺感程度与家庭中产阶层身份认同之间存在显著的负相关，随着这类相对剥夺感程度的提高，认同自家属于中产阶层家庭的比例逐渐下降，这与表5－3中的结果是完全相反的。接着，我们把该类型相对剥夺感作为连续变量，使用二分类 logistic 简单回归分析，在仅纳入与自己以前比产生的相对剥夺感程度时，统计结果与卡方检验结果一致。在仅加入控制变量时，统计结果仍与卡方检验一致。在进一步加入与多数人比产生的相对剥夺感程度时，与自己以前比产生的相对剥夺感程度的系数开始大于1，但不具有统计上的显著性。再进一步加入与周围人比产生的相对剥夺感程度，该系数更高，且具有了统计上的显著性。由此说明，使与自己以前比产生的相对剥夺感出现异常结果的是横向比较中产生的相对剥夺程度。我们计算了与多数人比和与周围人比产生的相对剥夺感程度和与自己以前比产生的相对剥夺感程度之间的相关系数，分别是0.653和0.560，这一系数相对比较高。同时将它们纳入同一模型，在一定程度上可能会导致多重共线性的问题。因为横向比较产生的相对剥夺感在家庭中产阶层身份认同中的影响程度高于纵向比较产生的相对剥夺感，所以在它们同时被纳入模型时，与自己以前比产生的相对剥夺感部分在家庭中产阶层身份认同中的影响已经被横向比较产生的相对剥夺感程度解释掉了。之所以最终会呈现显著的正向影响主要是因为被访者回答的与 5 年前相比当前生活的变化情况，与他们 5 年前的生活水平有很大的关系，所以回答"略有下降"和"下降很多"的被访者在5年前的生活水平一般不会太低，就算现在略有下降也依然处于不低的水平，在其中的相对剥夺感部分被其他变量解释之后，这一变量可以继续以实际客观地位的部分对家庭中产阶层身份认同发挥正向的作用。

表5－4　与自己5年前相比变化情况与家庭中产阶层身份认同的相关分析

单位：%

与自己5年前相比	家庭中产阶层身份认同		合计	χ^2
	否	是		
上升很多	47.65	52.35	100.00	45.64 ***
略有上升	59.03	40.97	100.00	
没有变化	67.02	32.98	100.00	
略有下降	80.33	19.67	100.00	
下降很多	90.00	10.00	100.00	
合计	62.12（866）	37.88（528）	100.00（1394）	

*** $p < 0.01$。

（五）　评价标准与家庭中产阶层身份认同

根据表5－3的统计结果，被访者自己心目中评价中产阶层家庭的家庭资产标准在家庭中产阶层身份认同中发挥着非常显著的负向作用，内心的评价标准越高，认同自家属于中产阶层家庭的可能性越低。具体而言，在控制其他变量的前提下，被访者心目中评价中产阶层家庭的家庭资产标准每增加1%，认同自家属于中产阶层家庭的发生比是不认同的62.4%，该系数在99%的水平上显著。

对比表5－3中的模型5和模型6，在加入评价标准变量后，其他各变量的影响系数的显著性基本没有大的变动，只有14岁时户籍性质变量的显著性水平从95%降至90%。但仔细看，各个系数的大小发生了一些变化，这表明本研究新纳入的评价标准变量对其他各变量的作用造成了一定影响。首先，从制度环境变量来看，依然显著的14岁时户籍性质变量和社会公平评价变量的影响系数均有所降低，这说明在加入评价标准变量后，制度环境变量对人们中产阶层身份认同的影响减弱。其次，从客观阶层地位变量来看，具有显著性影响的家庭受教育年限、家庭人均收入变量的影响系数有所提高，这说明在加入评价标准变量后，家庭客观阶层地位变量对人们中产阶层身份认同的影响增强。再次，从生活经历变量来看，只有近期家庭压力变量的影响具有显著性，这一影响系数也有所增大（发生比距离 100% 的距离更大）。加入评价标准作为控制变量后，最近面临较大压力的家庭认同自家属于中产阶层的发生比是不认同的 67.5%，比不加入评价标准变量的 70.0% 降低了 2.5 个百分点。最后，从相对剥夺感来看，与多数人比产生的相对剥夺感的影响系数有所上升，与周围人比产生的相对剥夺感的影响系数有所下降，但是与自己以前比的影响系数上升，结合前文指出的相对剥夺感各个指标之间共线性对模型结果的影响，我们无法很好地解释评价标准变量对相对剥夺感变量在中产阶层身份认同中影响的变化情况。

针对以上问题，我们用前文根据因子分析方法生成的反映制度环境、家庭客观阶层地位、生活经历和相对剥夺感的综合指标展开进一步的讨论。首先我们在模型中加入除评价标准变量之外的其他所有变量，观察各个变量的系数，然后我们在这一模型的基础上加入评价标准变量，观察各个变量系数的变化。表 5 - 5 记录了详细的统计结果。

表 5 - 5　评价标准对家庭中产阶层身份认同影响因素的调节作用分析

变量	(1) 家庭中产阶层身份认同	(2) 家庭中产阶层身份认同
性别（男性 = 1）	1.196	1.180
	(0.152)	(0.155)
年龄	0.994	0.995
	(0.00569)	(0.00594)
婚姻状况（已婚 = 1）	1.313	1.016
	(0.233)	(0.235)

续表

变量	（1） 家庭中产阶层身份认同	（2） 家庭中产阶层身份认同
家庭政治面貌（党员 =1）	0.620 ***	0.626 ***
	（0.0915）	（0.0944）
制度环境（较好 =1）	1.329 *	1.255
	（0.209）	（0.203）
家庭客观阶层地位	1.872 ***	1.985 ***
	（0.146）	（0.158）
生活经历	1.618 ***	1.751 ***
	（0.146）	（0.157）
相对剥夺感	0.610 ***	0.616 ***
	（0.0439）	（0.0464）
评价标准		0.626 ***
		（0.0387）
常数项	0.468 ***	6.648 ***
	（0.136）	（3.006）
N	1394	1394

*** $p < 0.01$，** $p < 0.05$，* $p < 0.1$。

注：系数为发生比，括号内为稳健标准误。

根据表 5-5 的统计结果，我们可以更方便地了解到评价标准变量的加入对其他变量的影响。在加入评价标准变量之前，制度环境对人们中产阶层身份认同的影响在 90% 的水平上显著，而在加入评价标准变量之后，影响的显著性消失了，且影响系数也有所下降。所以评价标准变量确实减弱了制度环境变量对人们中产阶层身份认同的影响。而家庭客观阶层地位和生活经历影响的变化是一致的，加入评价标准变量之后，二者的影响系数均有明显提升。最后，从相对剥夺感来看，无论是否加入评价标准变量，它对人们中产阶层身份认同确实具有显著的负向作用，人们的相对剥夺感每提高 1 分，认同自家属于中产阶层家庭的发生比是认同自家不属于中产阶层家庭的 61.0%，且这一系数在 99% 的水平上显著。但是在加入评价标准变量后，相对剥夺感对人们中产阶层身份认同的影响并没有增强，反而减弱。

四　各因素对中产阶层身份认同影响的
评价标准差异检验

因为评价标准视角是本研究新增的研究视角，因此我们需要更为详细地分析具有不同评价标准的中产阶层群体中产阶层身份认同影响因素的差异，虽然在后文的影响路径分析中还会展开对评价标准对影响路径的调节效应的分析，但是无法分析各因素对中产阶层身份认同影响在不同评价标准人群中的差异。对此，本部分将从各个具体变量和综合指标两方面检验制度环境、家庭客观阶层地位、生活经历和相对剥夺感等各类因素对中产阶层身份认同影响的评价标准差异。① 因为本书对评价标准的测量采用的是连续变量的形式，而分组检验适合类别变量，所以我们按照评价中产阶层的家庭资产标准的均值将其分成两类，将低于均值620.14万元的归为低评价标准，赋值为 0，将其余归为高评价标准，赋值为 1，统计结果显示，低于评价标准均值的样本占比为 74.32%。

根据表 5-6 的统计结果，对于低评价标准的中产阶层来说，其是否认同家庭的中产阶层身份更多的是制度环境和相对剥夺感在发挥作用，当然家庭客观阶层地位和生活经历中的部分变量也发挥着一定作用，而对于高评价标准的中产阶层来说，更多的是家庭客观阶层地位和生活经历变量发挥作用，所有的制度环境变量和相对剥夺感变量的影响都不具有统计上的显著性。根据回归系数差异检验结果，婚姻状况、户籍所在地、家庭受教育年限、近期家庭压力、住房市值、与多数人比产生的相对剥夺感等变量对家庭中产阶层身份认同的影响存在显著的评价标准差异。

---

① 具体检验过程同前文对评价标准影响因素的差异性检验，使用的都是费舍尔组合检验方法。

从婚姻状况来看，该变量在低评价标准的中产阶层群体中发挥着显著的正向作用，而在高评价标准的中产阶层群体中的影响不具有统计上的显著性。具体来说，与未婚者相比，已婚者认为自家属于中产阶层家庭的可能性是不属于中产阶层家庭的 1.668 倍，且该系数在 95% 的水平上显著。

从户籍所在地的影响来看，该变量依然在低评价标准的中产阶层群体中发挥着重要的正向作用，而在高评价标准的中产阶层群体中的作用不显著。具体来说，在低评价标准的中产阶层群体中与不具有上海户籍的中产阶层群体相比，具有上海户籍者认为自家属于中产阶层家庭的可能性是认为自家不属于中产阶层家庭的 1.581 倍。其他的制度环境变量中，14 岁时户籍性质和社会公平评价两个变量在低评价标准的中产阶层群体中也具有显著的正向作用，且在高评价标准的中产阶层群体中影响不显著，但是两个群体的这两个变量的回归系数的差异并不具有统计上的显著性，我们无法认为这种差异在总体中依然存在。

在家庭客观阶层地位的三个变量中，家庭人均收入变量的影响在两类中产阶层中均具有显著的正向影响，家庭人均收入每提高 1%，两类群体认为自家属于中产阶层家庭的可能性都会增加一倍多。但是家庭最高受教育年限的影响只在高评价标准的中产阶层群体中具有显著影响，家庭成员中最高受教育年限每增加 1 年，他们认同自家属于中产阶层家庭的可能性是不认同的 1.211 倍。

从生活经历变量来看，近期家庭压力对两类中产阶层群体的影响都具有显著的负向作用，但是其影响系数依然具有显著的差异，其在高评价标准的中产阶层群体中的作用更为明显。对这部分群体来说，近期家庭压力每增加 1 项，认为自家属于中产阶层家庭的可能性要比认为自家不属于中产阶层家庭可能性低 49.9%；而对低评价标准的中产阶层群体来说，这一可能性只低 27.1%。而住房市值的影响却只在高评价标准的中产阶层群体中显著，住房市值每提高 1%，认为自家属于中产阶层家庭的可能性要增加 34.9%。

从相对剥夺感的四个变量来看，与多数人比、与周围人比、与自己以前比产生的相对剥夺感对低评价标准的中产阶层群体的影响都具有显著性，但在高评价标准的中产阶层群体中都没有显著影响，不过与自己以前比产生的相对剥夺感影响的方向依然与另外两个相反，前文全样本的相关分析可以做出一定解释。就系数的差异性来看，只有与多数人比产生的相对剥夺感在两个群体中的影响存在显著差异。

表 5-6　各因素对中产阶层身份认同影响的评价标准差异检验（具体变量）

变量	低评价标准家庭中产	高评价标准家庭中产	不同评价标准回归系数差异检验 p 值
性别（男性 = 1）	1.010	1.173	0.31
	(0.158)	(0.348)	
年龄	0.988	0.988	0.455
	(0.008)	(0.016)	
婚姻状况（已婚 = 1）	1.668 **	0.754	0.056 *
	(0.390)	(0.354)	
家庭政治面貌（党员 = 1）	0.781	0.584	0.27
	(0.142)	(0.207)	
家庭单位性质（公有制 = 1）	0.772	1.091	0.209
	(0.140)	(0.400)	
14 岁时户籍性质（非农业 = 1）	1.845 ***	1.184	0.16
	(0.403)	(0.536)	
户籍所在地（上海 = 1）	1.581 *	0.666	0.044 **
	(0.385)	(0.321)	
社会公平评价	1.477 ***	1.206	0.131
	(0.138)	(0.199)	
社会流动机制评价（开放型 = 1）	1.166	1.060	0.364
	(0.182)	(0.316)	
家庭职业地位	1.137	0.991	0.224
	(0.101)	(0.155)	
家庭受教育年限	1.063	1.211 **	0.095 *
	(0.048)	(0.099)	
家庭人均收入对数	2.110 ***	2.433 ***	0.323
	(0.254)	(0.536)	

续表

变量	低评价标准 家庭中产	高评价标准 家庭中产	不同评价标准回归 系数差异检验 p 值
近期家庭压力	0.729 ***	0.501 ***	0.097 *
	(0.071)	(0.125)	
住房市值对数	1.061	1.349 *	0.06 *
	(0.058)	(0.220)	
当前人均住房面积	1.003	1.004	0.497
	(0.004)	(0.009)	
旅游支出对数	1.018	1.068	0.168
	(0.022)	(0.051)	
与多数人比	0.529 ***	1.088	0.017 **
	(0.087)	(0.364)	
与周围人比	0.686 **	0.640	0.432
	(0.106)	(0.190)	
与自己以前比	1.313 **	1.241	0.386
	(0.180)	(0.289)	
对自己将来变化的预期	0.866	1.001	0.279
	(0.121)	(0.239)	
常数项	0.0000541 ***	1.53e − 07 ***	0.074 *
	(0.0000817)	(4.55e − 07)	
N	1036	358	

$^{***}p < 0.01$，$^{**}p < 0.05$，$^{*}p < 0.1$。

注：（1）系数为发生比，括号内为标准误；（2）表中"家庭中产"是指认为自家是中产阶层家庭。

从表 5 - 7 综合指标的差异检验结果我们可以更清晰地看到四类因素在不同评价标准的中产阶层群体中的影响差异。除了家庭客观阶层地位变量的影响不具有统计上的显著性外，其他各变量的影响都具有统计上的显著性。具体来说，制度环境和相对剥夺感的影响在低评价标准的中产阶层群体中具有更为显著的影响，而在高评价标准的中产阶层群体中没有影响，家庭客观阶层地位和生活经历在两类人群中均具有显著的影响，但是生活经历的影响对高评价标准的中产阶层群体的影响更为强烈。所以提高人们的客观阶层地位一定程度上可以提升人们对中产阶层身份的认同。与此同时，我们还可以通过各种民生保障措施、减轻大家的生活压力、让高评价标准的中产阶层群体也能更容易认同自家的中产阶层身份；可以通过乡村振兴、缩小城乡差距、全面优化制度环境、降低相对剥夺感来全面提升低评价标准的中产阶层群体的中产阶层身份认同。

表 5 - 7　各因素对中产阶层身份认同影响的评价标准差异检验（综合指标）

变量	低评价标准家庭中产	高评价标准家庭中产	不同评价标准回归系数差异检验 p 值
性别（男性 =1）	1. 099	1. 269	0. 325
	(0. 163)	(0. 357)	
年龄	0. 994	0. 997	0. 397
	(0. 00676)	(0. 0132)	
婚姻状况（已婚 =1）	1. 577 **	0. 647	0. 021 **
	(0. 333)	(0. 247)	
家庭政治面貌（党员 =1）	0. 665 **	0. 510 **	0. 252
	(0. 112)	(0. 158)	
制度环境（较好 =1）	1. 595 ***	0. 875	0. 048 **
	(0. 284)	(0. 303)	
家庭客观阶层地位	1. 914 ***	2. 141 ***	0. 301
	(0. 178)	(0. 346)	
生活经历	1. 549 ***	3. 027 ***	0. 002 ***
	(0. 144)	(0. 795)	
相对剥夺感	0. 555 ***	0. 875	0. 001 ***
	(0. 0494)	(0. 128)	
常数项	0. 448 **	0. 374	0. 410
	(0. 143)	(0. 255)	
N	1036	358	

*** $p < 0.01$，** $p < 0.05$，* $p < 0.1$。

注：（1）系数为发生比，括号内为标准误；（2）表中"家庭中产"是指认为自家是中产阶层家庭。

五　中产阶层身份认同的影响路径分析

（一）　简单中介模型

根据图 5 - 2 的简单中介效应结果，家庭客观阶层地位到家庭中产

阶层身份认同的多条路径也都具有统计上的显著性，假设 6 - 2 的三个
假设在简单中介模型中都得到了验证。各个路径系数的方向与它们在主
观家庭层级地位认同的路径方向也完全一致。因为三条中介效应的第一
阶段系数都是一样的，故不再解释，在此主要分析直接效应和中介效应
的第二阶段。单纯从路径系数来看，家庭客观阶层地位对家庭中产阶层
身份认同的直接影响要高于对主观家庭层级地位认同的直接影响。而经
由相对剥夺感影响家庭中产阶层身份认同的路径系数有所提高，经由生
活经历影响的路径系数有所下降。根据表 5 - 8 的结果，我们可以计算，
从家庭客观阶层地位到家庭中产阶层身份认同的总效应为 0.481，远大
于从家庭客观阶层地位到主观家庭层级地位认同的总效应。其中，中介
效应在总效应中所占的比例为 40.75%，远低于主观家庭层级地位认同
模型中的比例。这说明在我们现有的分析框架中，个人客观阶层地位可
以解释的家庭中产阶层身份认同比例要高于主观家庭层级地位认同，且
个人客观阶层地位的直接效应也更为明显。另外，生活经历和相对剥夺
感两条单步中介效应的差异性检验结果显示，家庭客观阶层地位通过生
活经历影响家庭中产阶层身份认同的路径系数比通过相对剥夺感的路径
系数大 0.081，且这一差异具有统计上的显著性。

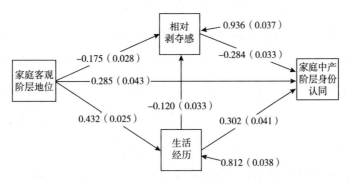

图 5 - 2　家庭客观阶层地位影响家庭中产阶层身份认同的简单中介效应影响路径

说明：显著性水平 α = 0.05，在该水平上显著的路径用实线标示，不显著的路径用虚线标示。

表 5-8　家庭客观阶层地位影响家庭中产阶层身份认同的简单中介效应 Bootstrap 检验结果

影响路径	系数	标准误	95% 置信区间下限	95% 置信区间上限
X—Y	0.285 ***	0.043	0.213	0.355
X—M1—Y	0.131 ***	0.019	0.099	0.163
X—M2—Y	0.050 ***	0.010	0.035	0.067
X—M1—M2—Y	0.015 ***	0.004	0.008	0.023
M1 与 M2 差异	0.081 ***	0.023	0.042	0.117

*** $p < 0.01$，** $p < 0.05$，* $p < 0.1$。

注：X：家庭客观阶层地位；Y：家庭中产阶层身份认同；M1：生活经历；M2：相对剥夺感。

（二）　有制度环境调节的中介模型

根据图 5-3 的统计结果，在加入制度环境作为调节变量之后，家庭客观阶层地位影响家庭中产阶层身份认同的各个路径依然显著。从调节效应来看，制度环境变量在家庭中产阶层身份认同中的主效应没有达到 $\alpha = 0.05$ 的显著性水平，但是制度环境与家庭客观阶层地位交互项的影响中，又只有对家庭中产阶层身份认同的影响系数具有统计上的显著性。这表明，在我们的模型框架中，当其他因素保持不变时，家庭客观阶层地位处于平均水平的中产阶层对自家是否为中产阶层家庭的评价没有显著的制度环境差异。家庭客观阶层地位对家庭中产阶层身份认同的主效应为 0.154，表明家庭客观阶层地位对处于较差制度环境中的中产阶层群体的家庭中产阶层身份认同的影响是比较明显的。在其他因素不变的情况下，家庭客观阶层地位每增加 1 个单位，处于较差制度环境的中产阶层认同自家属于中产阶层家庭的可能性会提高 15.4%。家庭客观阶层地位每增加 1 个单位，处于较好制度环境的中产阶层认同自家属于中产阶层家庭的可能性会提高 34.9%。总之，制度环境对家庭客观阶层地位在家庭中产阶层身份认同的直接效应中具有显著的调节作用，假设 7-2-1 得到验证。但是它对生活经历和相对剥夺感的间接路径却不具有显著的调节作用，结果显示，制度环境和家庭客观阶层地位对生活经历和相对剥夺感都具有显著的影响，但是二者交互项的影响并不显著，这表明家庭客观阶层地位对生活经历和相对剥夺感的影响并不存在制度环境上的差异，假设7-2-2和假设7-2-3都没有得到证实。这从表5-9的差异性检验中也可以明显看出，三条间接效应路径在不同的制度环境下都具有很高的显著性，但差异性却不显著。

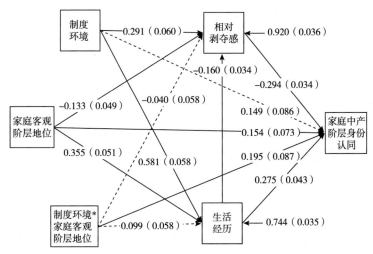

图5-3 有制度环境调节的家庭客观阶层地位影响家庭中产阶层身份
认同的中介效应影响路径

说明：显著性水平 α = 0.05，在该水平上显著的路径用实线标示，不显著的路径用虚线标示。

表5-9 有制度环境调节的家庭客观阶层地位影响家庭中产阶层身份
认同的中介效应 Bootstrap 检验结果

影响路径	调节变量	系数	标准误	95%置信区间下限	95%置信区间上限
X—Y	W = 0	0.154 **	0.073	0.037	0.278
	W = 1	0.349 ***	0.053	0.257	0.430
	W1—W0	0.195 **	0.087	0.044	0.333
X—M1—Y	W = 0	0.097 ***	0.021	0.067	0.138
	W = 1	0.125 ***	0.021	0.091	0.159
	W1—W0	0.027	0.017	0.001	0.053
X—M2—Y	W = 0	0.039 ***	0.015	0.016	0.064
	W = 1	0.051 ***	0.011	0.033	0.070
	W1—W0	0.012	0.017	- 0.015	0.041

影响路径	调节变量	系数	标准误	95%置信区间下限	95%置信区间上限
	W = 0	0.017 ***	0.005	0.01	0.027
X—M1—M2—Y	W = 1	0.021 ***	0.005	0.013	0.031
	W1—W0	0.005	0.003	0.000	0.010

*** $p < 0.01$，** $p < 0.05$，* $p < 0.1$。

注：X：家庭客观阶层地位；Y：家庭中产阶层身份认同；M1：生活经历；M2：相对剥夺感；
　　W：制度环境（14 岁时为非农业户口且目前为上海户籍）。

（三） 有资产标准调节的中介模型

与前文主观层级地位认同模型不同，在中产阶层身份认同的模型中，除了制度环境的调节之外，我们还加入了评价标准作为调节变量。不过在模型中，我们仅把评价标准的调节效应放置在直接效应和仅通过生活经历的中介效应的第二阶段。根据图 5 - 4 的统计结果，在加入资产标准这一调节变量之后，家庭客观阶层地位通过影响生活经历，进而影响相对剥夺程度而对家庭中产阶层身份认同产生影响的这条间接路径不再具有统计上的显著性。资产标准和家庭客观阶层地位对家庭中产阶层身份认同的主效应都达到了 $\alpha = 0.05$ 的显著性水平，但是资产标准和家庭客观阶层地位的交互项对家庭中产阶层身份认同并没有显著影响。这表明家庭客观阶层地位对中产阶层家庭的直接影响仅受制度环境变量的调节，而不受资产标准高低的调节，假设 8 - 1 - 1 没有得到证实。根据表 5 - 10 的统计结果，不管是对评价标准低还是对评价标准高的中产阶层而言，家庭客观阶层地位对家庭中产阶层身份认同都具有非常显著的正向影响，且二者的影响系数并没有统计上的显著差异。但是生活经历对家庭中产阶层身份认同的影响受到资产标准的调节。首先，从资产标准的主效应来看，当其他因素保持不变时，对于那些生活经历处于平均水平的中产阶层群体身份，如果他们心目中判断中产阶层家庭的资产标准高于平均水平，那么他们认同自家是中产阶层家庭的可能

性会比低于平均水平的人低 58.2%。其次，生活经历变量的主效应为
0.267，表明生活经历对资产标准低于平均水平的中产阶层的家庭中产
阶层身份认同有正向的作用。在其他变量保持不变的情况下，生活经历
每提高 1 个单位，认同自家属于中产阶层家庭的可能性会提高 26.7%。
资产标准和生活经历变量交互项的效应是 0.549，表明生活经历对家庭中
产阶层身份认同的影响是存在资产标准差异的。对资产标准高于平均水
平的中产阶层群体的作用更大，比对评价标准低于平均水平的中产阶层
群体高 54.9%，假设 8 - 1 - 2 得到证实。

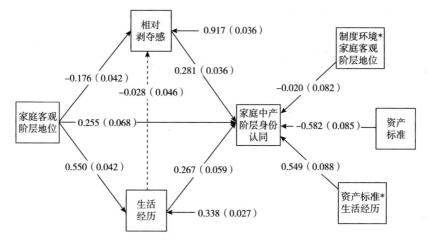

图 5 - 4　有资产标准调节的家庭客观阶层地位影响家庭中产阶层身份
认同的中介效应影响路径

说明：显著性水平 α = 0.05，在该水平上显著的路径用实线标示，不显著的路径用虚线标示。

表 5 - 10　有资产标准调节的家庭客观阶层地位影响家庭中产阶层身份
认同的中介效应 Bootstrap 检验结果

影响路径	调节变量	系数	标准误	95% 置信区间下限	95% 置信区间上限
X—Y	V = 0	0.255***	0.068	0.155	0.376
	V = 1	0.235***	0.069	0.122	0.345
	V1—V0	- 0.02	0.082	- 0.142	0.126
X—M1—Y	V = 0	0.147***	0.035	0.094	0.206
	V = 1	0.449***	0.068	0.338	0.555
	V1—V0	0.302***	0.053	0.22	0.393

影响路径	调节变量	系数	标准误	95%置信区间下限	95%置信区间上限
X—M2—Y		0.05***	0.013	0.031	0.077
X—M1—M2—Y		0.004	0.007	-0.007	0.017

*** $p < 0.01$，** $p < 0.05$，* $p < 0.1$。

注：X：家庭客观阶层地位；Y：家庭中产阶层身份认同；M1：生活经历；M2：相对剥夺感；V：判断家庭中产阶层的资产标准（高=1）。

（四） 双重调节的中介模型

根据图 5 - 5 和表 5 - 11 的统计结果，如果将制度环境和资产标准同时作为调节变量纳入模型，原本一直具有较高显著性的直接效应没有达到 $\alpha = 0.05$ 的显著性水平，只在 90% 的置信水平上具有显著性，在同时控制制度环境和资产标准变量的情况下，假设 6 - 2 - 1 只在部分程度上被证实。对比图 5 - 5 和图 5 - 4 的统计结果，在仅加入资产标准调节时不显著的三步中介效应重新具有了显著性，假设 6 - 2 - 2 和假设 6 - 2 - 3 在同时控制制度环境和资产标准变量的情况下被证实。而两个变量对各条路径的调节效应也只有资产标准对生活经历这条路径的调节具有统计上的显著性。首先，从资产标准的主效应来看，影响效应从不加入制度环境作为控制变量的 - 0.582，提高到 - 0.569，说明在其他因素保持不变时，对于生活经历处于平均水平的中产阶层群体，资产标准的负向作用有所下降。其次，生活经历变量的主效应也下降为 0.246，交互效应下降为 0.511。这说明在加入制度环境作为控制变量后，生活经历变量在家庭客观阶层地位影响家庭中产阶层身份认同的中介效应在不同资产标准下均有所下降，但依然存在明显差别。

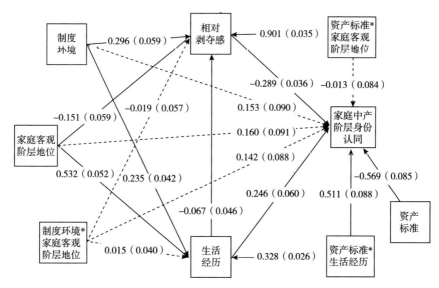

图 5-5　双重调节的家庭客观阶层地位影响家庭中产阶层身份
认同的有调节的中介效应影响路径

说明：显著性水平 α = 0.05，在该水平上显著的路径用实线标示，不显著的路径用虚线标示。

表 5-11　双重调节的家庭客观阶层地位影响家庭中产阶层身份
认同的中介效应 Bootstrap 检验结果

影响路径	调节变量	系数	标准误	95% 置信区间下限	95% 置信区间上限
X—Y	V = 0 & W = 0	0.160 *	0.091	0.019	0.32
	V = 1 & W = 0	0.147	0.093	−0.003	0.306
	V = 0 & W = 1	0.302 ***	0.074	0.179	0.421
	V = 1 & W = 1	0.289 ***	0.076	0.159	0.414
	V1W1 − V0W0	0.129	0.121	−0.081	0.322
X—M1—Y	V = 0 & W = 0	0.131 ***	0.035	0.082	0.191
	V = 1 & W = 0	0.403 ***	0.068	0.305	0.52
	V = 0 & W = 1	0.135 ***	0.036	0.078	0.195
	V = 1 & W = 1	0.414 ***	0.067	0.311	0.529
	V1W1 − V0W0	0.283 ***	0.054	0.200	0.376
X—M2—Y	W = 0	0.044 **	0.018	0.019	0.077
	W = 1	0.049 ***	0.015	0.028	0.077
	W1 − W0	0.005	0.016	−0.021	0.032

续表

影响路径	调节变量	系数	标准误	95%置信区间下限	95%置信区间上限
X—M1—M2—Y	W = 0	0.010	0.007	0.000	0.024
	W = 1	0.011	0.008	−0.001	0.024
	W1−W0	0.000	0.001	−0.001	0.003

$^{***}p < 0.01$，$^{**}p < 0.05$，$^{*}p < 0.1$。

注：X：家庭客观阶层地位；Y：家庭中产阶层身份认同；M1：生活经历；M2：相对剥夺感；V：判断家庭中产阶层的资产标准（高 = 1）；W：制度环境（14 岁时为非农业户口且目前为上海户籍）。

六　小结

与层级地位认同不同，中产阶层群体对自家的中产阶层身份认同呈现"认同缺失"的特征。只有 37.88% 的客观中产阶层认同自家的中产阶层身份，就算我们将研究对象限制在客观阶层地位处于中上层的人群，这一比例也不到 50%，是一个非常低的比例。

不仅中产阶层身份认同的现状与层级地位认同不同，各因素对中产阶层身份认同的影响也有很大差异。首先，从制度环境来看，同样呈现正向的影响，即制度环境越好，被访者越有可能认同自己的中产阶层身份。但是，具有显著性的变量缺少了很多，在层级地位认同中，只有单位性质变量不显著，其他制度环境变量均有显著影响，而在中产阶层身份认同中，单位性质、户籍所在地、社会流动机制评价都不具有显著影响，只有 14 岁时户籍性质和社会公平评价的影响显著。并且在加入评价标准变量后，14 岁时户籍性质的显著性水平也只有 90%。而如果我们用综合的户籍制度变量，它的显著性在加入评价标准变量后，显著性完全消失。

其次，从家庭客观阶层地位来看，家庭人均收入的影响在两种测量方式上都非常显著，这点并没有差别。家庭受教育年限的影响不太稳定，在仅控制人口学变量、制度环境变量和生活经历变量时，显著性都会消失，而在加入相对剥夺感变量后显著性又会恢复。这一点应该与家庭客观阶层地位与相对剥夺感之间的内部关系有一定的联系，笔者将在后文中展开具体的分析。

再次，从生活经历变量来看，在中产阶层身份认同中，只有近期家庭压力一个变量具有比较显著的影响，住房市值、人均住房面积完全不显著，旅游支出也仅在只控制人口学变量、制度环境变量和客观阶层地位变量时才在90%的水平上显著，一旦加入更多变量，影响系数就不再显著。而在层级地位认同中近期家庭压力、住房市值和旅游支出都具有显著影响。所以生活经历变量在中产阶层身份认同中的影响也小于对层级地位认同的影响。

最后，从相对剥夺感变量来看，它对中产阶层身份认同的影响要高于对层级地位认同的影响，尽管与自己以前比产生的相对剥夺感的影响系数方向有悖于常理，但这主要是由相对剥夺感不同维度间的多重共线性造成的，因而并不能否认它在中产阶层认同中的作用。另外，从另一个侧面来说，与自己以前比产生的相对剥夺感在一定程度上反映了被访者之前的生活水平，相对剥夺感程度越高，说明他们曾经有过较好的生活，所以中产阶层身份认同中的相对剥夺感部分被其他变量解释之后，这一变量可以继续以实际客观地位的部分对家庭中产阶层认同发挥正向的作用。

总之，在四类变量中，前三种变量对层级地位认同的影响更为显著，相对剥夺感变量对中产阶层身份认同的影响更为显著。同时，我们也必须注意到，每个人在判断自家是否属于中产阶层时，内心的衡量标准是不一样的。所以为了得到更真实的影响人们中产阶层身份认同的外在社会因素，必须控制评价标准带来的差异。在本研究的尝试中，我们发现，对评价标准的控制会减弱制度环境和相对剥夺感在家庭中产阶层身份认同中的作用，增强客观阶层地位和生活经历变量在其中的作用。此外，在不同评价标准的中产阶层群体中，以上四类变量发挥的作用也存在差异，整体而言，在低评价标准的中产阶层群体中，制度环境、家庭客观阶层地位、生活经历和相对剥夺感对其是否认同家庭中产阶层身份都发挥着非常显著的作用；而对于高评价标准的中产阶层来说，更多的是家庭客观阶层地位和生活经历变量发挥作用，制度环境变量和相对剥夺感变量的影响都不具有统计上的显著性。这表明评价标准不仅影响着人们的中产阶层身份认同，也影响着其他变量作用的发挥，我们新的研究视角的加入是非常有必要的。

另外，对以上各类自变量之间存在的内部关系的中介路径的分析显示，家庭客观阶层地位对家庭中产阶层身份认同的影响既可以直接发挥作用，又可以通过提高生活水平或降低相对剥夺感而间接发挥作用。但是当我们控制了外在制度环境变量和内在评价标准变量后，家庭客观阶层地位对家庭中产阶层身份认同的直接效应不再显著，只有通过生活水平和相对剥夺感的间接效应显著。另外，制度环境对家庭中产阶层认同的直接效应具有显著的调节作用，家庭客观阶层地位对处于较优制度环境的被访者的中产阶层身份认同的影响要大于处于较差制度环境的被访者。评价标准变量对生活经历的中介效应具有显著的调节作用，生活经历变量的作用对评价标准高于平均水平的中产阶层群体的作用更大。

第六章
主观地位认同的不一致

因为本研究主要是从层级地位认同和中产阶层身份认同两个方面对中产阶层的主观地位认同展开测量，这时就面临一个对两种测量结果一致性问题的讨论，本章将对这一问题展开分析。根据前文的分析，通过不同的测量方式测得的主观地位认同，呈现不同的特征，层级地位认同呈现"低调趋中"的倾向，而中产阶层身份认同呈现"认同缺失"的特征。从总的趋势来看，二者具有不一致性，那么如果我们把每个人的这两种主观地位认同合并为一个新的变量，又会呈现怎样的特征呢？二者是一致的还是不一致的，哪些因素会影响被访者的选择？这将是本章要探讨的内容。

一　研究假设

本章主要是对本研究的主观阶层地位认同不一致假设，即对中产阶层群体的层级地位认同与中产阶层身份认同之间存在的一定差异展开讨论。根据前文的分析，我们在采用不同的方式对人们的主观地位认同进行测量时，测得的阶层地位认同可能是不一致的，可能会呈现量表式的层级地位认同的中层比重高于中产阶层身份认同的中产阶层比重。而人们所处的制度环境、客观阶层地位、生活经历和相对剥夺感可能会影响人们对这两个问题的回答。那些认同自己"中产阶层身份"的人可能比单纯认同自己处于中层的人拥有更高的客观阶层地位，享受更好的生活。由此我们可以将"主观阶层地位认同不一致"假设具体化为如下研究假设。

假设9-1：层级地位认同测得的中层比重高于中产阶层身份认同测得的中产阶层比重。

假设9-2：所处的制度环境越好，越一致地认同自家为中产阶层。

假设9-2-1：家庭成员中有人在公有制单位工作的家庭更有可能认同自家为中产阶层。

假设9-2-2：14岁时为非农业户口的家庭更有可能认同自家为中产阶层。

假设9-2-3：目前获得上海户籍的家庭更有可能认同自家为中产阶层。

假设9-2-4：对当前社会公平做出更高评价的家庭更有可能认同自家为中产阶层。

假设9-2-5：对我国社会流动机制做出开放型评价的家庭更有可能认同自家为中产阶层。

假设9-3：所处的客观阶层地位越高，越一致地认同自家为中产阶层。

假设9-3-1：职业地位更高的家庭更有可能认同自家为中产阶层。

假设9-3-2：受教育年限更高的家庭更有可能认同自家为中产阶层。

假设9-3-3：家庭人均收入更高的家庭更有可能认同自家为中产阶层。

假设9-4：生活经历越好，越一致地认同自家为中产阶层。

假设9-4-1：最近面临更小生活压力的家庭更有可能认同自家为

中产阶层。

假设9-4-2：家庭住房市值越高的家庭更有可能认同自家为中产阶层。

假设9-4-3：当前住房面积越大的家庭更有可能认同自家为中产阶层。

假设9-4-4：旅游支出更高的家庭更有可能认同自家为中产阶层。

假设9-5：相对剥夺感越低，越一致地认同自家为中产阶层。

假设9-5-1：与多数人比产生的相对剥夺感越低的家庭更有可能认同自家为中产阶层。

假设9-5-2：与周围人比产生的相对剥夺感越低的家庭更有可能认同自家为中产阶层。

假设9-5-3：与自己以前比产生的相对剥夺感越低的家庭更有可能认同自家为中产阶层。

假设9-5-4：对自己将来变化的预期产生的相对剥夺感越低的家庭更有可能认同自家为中产阶层。

假设9-6：判断中产阶层的家庭资产标准越低，越一致地认同自家为中产阶层。

二　主观地位认同不一致现状

根据前文对两种测量方式测得的层级地位认同和中产阶层身份认同的特征分析，我们已经发现上海中产阶层居民主观地位认同内部的不一致问题。接下来我们进一步处理，与身份认同的二分法一样，我们把层级地位认同的测量数据也合并为二分变量，具体方法如下：层级地位认同得分在4分及以下的赋值为0，表示在家庭层级地位上不认同中层，层级地位认同得分在 5 分及以上的赋值为 1，表示在家庭层级地位上认同中层。然后与中产阶层身份认同变量交互，我们可以得到一个包含四分类的新变量，各个类别分布见表 6 - 1。有 28.12% 的中产阶层既不认同自己的中层地位也不认同自己的中产阶层身份（既不处于中层也不属于中产阶层）；有 34.00% 的中产阶层认同自己的中层地位但不认同自己的中产阶层身份（处于中层但不属于中产阶层）；只有 33.64% 的中产阶层既认同自己的中层地位又认同自己的中产阶层身份（既处于中层又属于中产阶层）；另外，还有 59 位中产阶层认同自己的中产阶层身份但不认同自己的中层地位（属于中产阶层但不处于中层），这部分人所占比重很低，仅为 4.23%。综合而言，有 61.76% 的中产阶层的中层地位认同和中产阶层身份认同基本是一致的，即都不认同或都认同。另外，有 38.23% 的中产阶层的主观地位认同是不一致的，并且对于绝大多数中产阶层而言，中产阶层身份的标准应该是高于中层地位的，因为更多的人认同自己处于中层但不认同自己属于中产阶层。我们的假设 9 - 1 得到了证实。

表 6 - 1　主观地位认同情况分布（$N = 1394$）

单位：人，%

主观地位认同	频数	百分点
既不处于中层也不属于中产阶层	392	28.12
处于中层但不属于中产阶层	474	34.00
属于中产阶层但不处于中层	59	4.23
既处于中层又属于中产阶层	469	33.64

三　主观地位认同不一致的影响因素分析

为了了解以上主观地位认同中各个类别的人群特征，我们做了多类别 logistic 回归模型分析，但是考虑到"属于中产阶层但不处于中层"类别的人员比例太低，我们在本部分剔除了这 59 个样本，仅分析另外三类人员的情况。在模型中我们以认同处于中层但不属于中产阶层的这部分中产阶层群体为参照对象，分析那些在主观地位认同中既不认同中层也不认同中产阶层以及既认同中层又认同中产阶层的两类人群特征。对于自变量的选择，主要还是前文提到的制度环境、客观阶层地位、生活经历和相对剥夺感变量，统计结果分布在表 6-2 至表 6-7 中。在这一部分主要采用分批纳入变量的嵌套模型进行检验，模型 1 只加入了控制变量，模型 2 在模型 1 的基础上加入了制度环境变量，模型 3 在模型 2 的基础上加入了客观阶层地位变量，模型 4 在模型 3 的基础上加入了生活经历变量，模型 5 在模型 4 的基础上加入了相对剥夺感变量。除了各个具体的指标变量外，我们还加入了综合变量来分析制度环境、客观阶层地位、生活经历和相对剥夺感对人们主观阶层地位认同不一致的影响。

从控制变量来看，与认同处于中层但不属于中产阶层的人相比，男性选择既不处于中层也不属于中产阶层的发生比是女性的 1.433 倍，而选择既处于中层又属于中产阶层的发生比是女生的 1.478 倍。这一结果表明，在采用两种不同的方式对主观阶层地位进行测量时，女性更能注意到二者之间的差异，对层级地位认同和中产阶层身份认同做出不同的判断，而男性则更倾向于做出一致的判断，都认同或都不认同。从年龄来看，年龄越大，越倾向于做出不一致的判断，即认同处于中层但不属于中产阶层，但是与这一选择相比，既不处于中层又不属于中产阶层的发生比系数并不具有统计上的显著性。年龄每增加 1 岁，认为自家既处于中层又属于中产阶层的发生比是认同处于中层但不属于中产阶层的 96.9%，该系数在 99% 的置信水平上显著。从婚姻状况来看，与已婚的人相比，未婚者更能注意到两种测量之间的差异而做出处于中层但不属于中产阶层的判断。与未婚者相比，已婚者选择自家"既处于中层又属于中产阶层"的发生比是选择"处于中层但不属于中产阶层"的 2.276

倍，该系数在99%的置信水平上显著。从政治面貌来看，党员比非党员更容易做出中层与中产阶层身份的不同判断，但是这种差异只在样本数据中存在，我们无法将这一结果推广至上海市所有中产阶层群体。

表6-2 主观地位认同不一致的多类别 logistic 回归模型分析1

变量	模型1	
	既不处于中层也不属于中产阶层	既处于中层又属于中产阶层
性别（男性＝1）	1.433 ***	1.478 ***
	(0.198)	(0.198)
年龄	0.998	0.969 ***
	(0.00561)	(0.00531)
婚姻状况（已婚＝1）	1.152	2.276 ***
	(0.213)	(0.456)
家庭政治面貌（党员＝1）	1.006	0.683 **
	(0.150)	(0.103)
常数项	0.693	1.754 **
	(0.188)	(0.476)
N	1335	

$^{***} p < 0.01$，$^{**} p < 0.05$，$^{*} p < 0.1$。

注：系数为发生比，括号内为稳健标准误。

（一） 制度环境与主观地位认同选择

根据表6-3的统计结果，制度环境变量对中产阶层的主观地位认同的选择具有非常显著的影响。首先从单位性质来看，家庭成员中有人在公有制单位工作的被访者更容易做出不一致的选择，即认同自己处于中层但不认同自己属于中产阶层，与这一选择相比，家人在公有制单位工作的中产阶层选择"既处于中层又属于中产阶层"的发生比是家庭中没有人在公有制单位工作的中产阶层的64.4%，这一系数在99%的水平上显著。但是选择"既不处于中层又不属于中产阶层"的发生比系数并不具有统计上的显著性。假设9-2-1并未得到证实，尽管家庭单位性质对人们的选择具有显著影响，但是影响的方向与我们的假设是相反的。

从 14 岁时户籍性质来看，该变量对人们的选择产生明显影响。与选择"处于中层但不属于中产阶层"的人相比，14 岁时为非农业户口的人选择"既不处于中层也不属于中产阶层"的发生比是 14 岁时为农业户口的人的 73.2%，该系数在 90% 的水平上显著。14 岁时为非农业户口的人选择"既处于中层又属于中产阶层"的发生比是 14 岁时为农业户口的人的 2.143 倍，该系数在 99% 的水平上显著。假设 9－2－2 得到了证实，14 岁时为非农业户口的家庭更有可能认同自家为中产阶层。

从当前的户籍所在地来看，该变量对人们选择"处于中层但不属于中产阶层"还是选择"既处于中层又属于中产阶层"并没有显著影响，但是获得上海户籍的人选择自家"既不处于中层也不属于中产阶层"的发生比是选择自家"处于中层但不属于中产阶层"的 52.4%。这在一定程度上表明拥有上海户籍的中产阶层更加认同自家处于中间等级，但不一定认同自家属于中产阶层。假设 9－2－3 在一定程度上得到了证实。

从对社会公平程度的评价来看，该变量对人们的选择产生非常明显的影响。与选择"处于中层但不属于中产阶层"的人相比，对社会公平程度的评价每提高 1 个层次，选择"既不处于中层也不属于中产阶层"的发生比会降低 31.7%，选择"既处于中层又属于中产阶层"的发生比会增加 34.1%。假设 9－2－4 得到了证实。

从社会流动机制来看，该变量对人们选择"处于中层但不属于中产阶层"还是选择"既处于中层又属于中产阶层"并没有显著影响，但对人们选择"处于中层但不属于中产阶层"还是选择"既不处于中层也不属于中产阶层"具有显著的影响。与选择前者相比，选择后者的发生比会降低 30.0%，该系数在 95% 的水平上显著。这也就意味着对我国当前社会流动机制做出开放型评价的人，会比做出封闭型评价的人更加认同自家处于中间等级，但不一定更加认同自家的中产阶层身份。假设 9－2－5 在一定程度上得到了证实。

综合而言，较好的制度环境对人们主观阶层地位认同的选择发挥着非常重要的影响。与处于较差制度环境的人相比，处于较好制度环境的人更有可能做出自家"既处于中层又属于中产阶层"而不是"处于中层但不属于中产阶层"的选择，或者做出自家"处于中层但不属于中产阶层"而不是"既不处于中层也不属于中产阶层"的选择。

表 6-3　主观地位认同不一致的多类别 logistic 回归模型分析 2

变量	模型 2.1		模型 2.2	
	既不处于中层也不属于中产阶层	既处于中层又属于中产阶层	既不处于中层也不属于中产阶层	既处于中层又属于中产阶层
性别（男性 =1）	1.440 ***	1.447 ***	1.458 ***	1.433 ***
	(0.200)	(0.195)	(0.207)	(0.198)
年龄	1.002	0.966 ***	1.005	0.969 ***
	(0.00578)	(0.00551)	(0.00609)	(0.00588)
婚姻状况（已婚 =1）	1.122	2.286 ***	1.170	2.197 ***
	(0.210)	(0.459)	(0.226)	(0.436)
家庭政治面貌（党员 =1）	0.961	0.712 **	1.055	0.769 *
	(0.145)	(0.108)	(0.166)	(0.121)
制度环境（较好 =1）	0.635 ***	1.614 ***		
	(0.0969)	(0.266)		
家庭单位性质（公有制 =1）			0.942	0.644 ***
			(0.162)	(0.104)
14 岁时户籍性质（非农业 =1）			0.732 *	2.143 ***
			(0.134)	(0.447)
户籍所在地（上海 =1）			0.524 ***	1.253
			(0.105)	(0.277)
社会公平评价			0.683 ***	1.341 ***
			(0.0560)	(0.104)
社会流动机制评价（开放型 =1）			0.700 **	1.107
			(0.100)	(0.154)
常数项	0.825	1.385	3.522 ***	0.413 **
	(0.229)	(0.394)	(1.308)	(0.162)
N	1335		1335	

*** $p < 0.01$，** $p < 0.05$，* $p < 0.1$。

注：系数为发生比，括号内为稳健标准误。

（二）　客观地位与主观地位认同选择

表6-4记录的是在控制人口学变量和制度环境变量的情况下，家庭客观阶层地位对人们主观地位选择的影响。首先从职业地位来看，职业地位每提高1个层次，与做出"处于中层但不属于中产阶层"的选择相比，做出"既不处于中层也不属于中产阶层"的选择的发生比会降低13.3%。但是家庭职业地位的提高并不能提高人们选择自家"既处于中层又属于中产阶层"这一认同的发生比。假设9-3-1部分得到证实。与职业地位的影响相反，家庭受教育年限对人们选择自家"既处于中层又属于中产阶层"这一认同有显著的影响，而对人们选择"既不处于中层也不属于中产阶层"这一认同的影响并不显著。具体而言，家庭受教育年限每增加1年，人们做出自家"既处于中层又属于中产阶层"这一认同的发生比是选择"处于中层但不属于中产阶层"的1.091倍。假设9-3-2部分得到证实。而家庭人均收入对人们的选择产生非常明显的影响。与选择"处于中层但不属于中产阶层"的人相比，人均家庭收入每增加1%，选择"既不处于中层也不属于中产阶层"的发生比会降低46.7%，选择"既处于中层又属于中产阶层"的发生比会增加155.8%。假设9-3-3得到了证实。

综合而言，客观阶层地位对人们主观地位认同的影响是非常显著的。人们的客观阶层地位每提高1个单位，选择"既不处于中层也不属于中产阶层"的发生比会降低36.7%，选择"既处于中层又属于中产阶层"的发生比会增加114.6%。以上两个系数均在99%的水平上显著。

对比表6-4和表6-3的统计结果，我们发现在加入了家庭客观阶层地位变量后，制度环境变量中的家庭单位性质和14岁时的户籍性质变量对人们主观地位认同选择的影响系数的显著性降低。控制了家庭客观阶层地位变量后，14岁时为非农业户口的人在"既不处于中层也不属于中产阶层"和"处于中层但不属于中产阶层"之间的选择与14岁时为农业户口的人之间并没有显著差异。这主要是因为户籍性质对人们的选择产生的影响在一定程度上与不同户籍性质的人们所处的客观阶层地位之间存在一定差异，14岁时为农业户口的人的客观阶层地位低于非农业户口的人。这一点在综合指标模型中也有很好的体现，在表6-4的模型3.1中制度环境的综合变量对主观阶层地位认同选择的影响系数的显著性水平从99%下降到95%。

表6-4 主观地位认同不一致的多类别 logistic 回归模型分析3

变量	模型3.1		模型3.2	
	既不处于中层也不属于中产阶层	既处于中层又属于中产阶层	既不处于中层也不属于中产阶层	既处于中层又属于中产阶层
性别（男性=1）	1.467***	1.420**	1.538***	1.331*
	(0.206)	(0.200)	(0.223)	(0.195)
年龄	0.989*	0.986**	0.999	0.987*
	(0.00616)	(0.00620)	(0.00690)	(0.00683)
婚姻状况（已婚=1）	1.258	1.803***	1.259	1.843***
	(0.244)	(0.365)	(0.255)	(0.376)
家庭政治面貌（党员=1）	1.155	0.569***	1.171	0.739*
	(0.180)	(0.0923)	(0.195)	(0.127)
制度环境（较好=1）	0.686**	1.449**		
	(0.108)	(0.254)		
家庭单位性质（公有制=1）			0.904	0.878
			(0.162)	(0.153)
14岁时户籍性质（非农业=1）			0.790	1.661**
			(0.150)	(0.371)
户籍所在地（上海=1）			0.531***	1.087
			(0.111)	(0.253)
社会公平评价			0.690***	1.374***
			(0.0587)	(0.114)
社会流动机制评价（开放型=1）			0.718**	1.104
			(0.104)	(0.164)
客观阶层地位	0.633***	2.146***		
	(0.0543)	(0.181)		

续表

变量	模型 3.1		模型 3.2	
	既不处于中层也不属于中产阶层	既处于中层又属于中产阶层	既不处于中层也不属于中产阶层	既处于中层又属于中产阶层
家庭职业地位			0.867 *	1.012
			(0.0729)	(0.0794)
家庭受教育年限			0.986	1.091 **
			(0.0383)	(0.0443)
家庭人均收入对数			0.533 ***	2.558 ***
			(0.0621)	(0.281)
常数项	1.011	0.713	6,784 ***	1.48e-06 ***
	(0.280)	(0.222)	(9,351)	(2.10e-06)
N	1335		1335	

$^{***}p<0.01$，$^{**}p<0.05$，$^{*}p<0.1$。

注：系数为发生比，括号内为稳健标准误。

（三）　生活经历与主观地位认同选择

根据表 6-5 的统计结果，在生活经历变量中，只有近期家庭压力变量和旅游支出变量对人们主观地位认同的选择具有显著影响。从近期家庭压力变量来看，与选择"处于中层但不属于中产阶层"的人相比，近期家庭压力每提高 1 个层次，选择"既不处于中层也不属于中产阶层"的发生比会增加 42.0%，选择"既处于中层又属于中产阶层"的发生比会降低 28.7%。假设 9-4-1 得到了证实。从旅游支出来看，与选择"处于中层但不属于中产阶层"的人相比，旅游支出每提高 1%，选择"既不处于中层也不属于中产阶层"的发生比会降低 6.5%，但是不会促使人们选择"既处于中层又属于中产阶层"的主观地位认同。假设 9-4-4 只得到了部分证实。而住房市值和当前人均住房面积变量对人们主观地位认同的选择都不具有任何影响。假设 9-4-2 和假设 9-4-3 都没有得到证实。

在加入生活经历变量后，客观阶层地位变量中，家庭受教育年限的影响显著性有所下降。家庭受教育年限每提高 1 年，与选择"处于中层但不属于中产阶层"的相比，选择"既处于中层又属于中产阶层"的发生比会提高 8.3%，但仅在 90% 的水平上显著。选择"既不处于中层也不属于中产阶层"的发生比也不再更低，而会提高 1.2%，只是系数不显著。这表明在控制生活经历变量后，家庭受教育年限对主观阶层地位认同的影响不显著，这与单独对层级地位认同影响因素的分析结论也是一致的。另外，这也表明，随着受教育程度的提高，人们对中层地位和中产阶层身份的认同越趋向于做出一致的选择。另外，在加入生活经历变量后，制度环境变量中户籍所在地的影响也有明显减弱的趋势。选择既不处于中层也不属于中产阶层的发生比系数由原来的非常显著，变为仅在 90% 的水平上显著。

从综合变量来看，根据近期家庭压力、住房市值和旅游支出提取的生活水平因子对人们主观地位认同的选择具有非常显著的影响。具体而言，生活水平因子分值每提高 1 分，与选择"不处于中层但属于中产阶层"的人相比，选择"既不处于中层也不属于中产阶层"的发生比会下降 42.8%，选择"既处于中层又属于中产阶层"的发生比会增加 50.9%，且两个系数均在 99% 的水平上显著。生活经历变量的加入对客观阶层地位和制度环境变量显著性的影响也可以更为明显得体现出来。客观阶层地位变量对选择"既不处于中层也不属于中产阶层"的发生比系数的显著性从 99% 下降至95%。而制度环境变量对主观地位认同的选择完全没有了统计上的显著性。

表 6-5　主观地位认同不一致的多类别 logistic 回归模型分析 4

变量	模型 4.1		模型 4.2	
	既不处于中层也不属于中产阶层	既处于中层又属于中产阶层	既不处于中层也不属于中产阶层	既处于中层又属于中产阶层
性别（男性＝1）	1.539 ***	1.380 **	1.565	1.290 *
	(0.224)	(0.196)	(0.234)	(0.190)

续表

变量	模型 4.1		模型 4.2	
	既不处于中层也不属于中产阶层	既处于中层又属于中产阶层	既不处于中层也不属于中产阶层	既处于中层又属于中产阶层
年龄	0.992	0.986 **	0.999	0.986 *
	(0.00638)	(0.00618)	(0.00723)	(0.00690)
婚姻状况（已婚 = 1）	1.386	1.659 **	1.188	1.856 ***
	(0.281)	(0.332)	(0.269)	(0.411)
家庭政治面貌（党员 = 1）	1.133	0.597 ***	1.181	0.745 *
	(0.182)	(0.0970)	(0.204)	(0.128)
制度环境（较好 = 1）	0.877	1.175		
	(0.148)	(0.208)		
家庭单位性质（公有制 = 1）			0.947	0.848
			(0.177)	(0.148)
14 岁时户籍性质（非农业 = 1）			0.798	1.643 **
			(0.158)	(0.367)
户籍所在地（上海 = 1）			0.651 *	0.942
			(0.152)	(0.237)
社会公平评价			0.731 ***	1.335 ***
			(0.0643)	(0.113)
社会流动机制评价（开放型 = 1）			0.749 *	1.089
			(0.113)	(0.162)
客观阶层地位	0.794 **	1.907 ***		
	(0.0722)	(0.170)		
家庭职业地位			0.859 *	0.998
			(0.0745)	(0.0775)
家庭受教育年限			1.012	1.083 *
			(0.0413)	(0.0449)
家庭人均收入对数			0.722 ***	2.364 ***
			(0.0895)	(0.280)
生活经历	0.578 ***	1.509 ***		
	(0.0448)	(0.172)		
近期家庭压力			1.420 ***	0.713 ***
			(0.105)	(0.0841)
住房市值对数			0.965	1.048
			(0.0444)	(0.0663)
当前人均住房面积			0.996	1.002
			(0.00487)	(0.00397)

变量	模型 4.1		模型 4.2	
	既不处于中层也不属于中产阶层	既处于中层又属于中产阶层	既不处于中层也不属于中产阶层	既处于中层又属于中产阶层
旅游支出对数			0.935 ***	1.018
			(0.0174)	(0.0224)
常数项	0.624	0.817	189.8 ***	3.93e−06 ***
	(0.185)	(0.258)	(277.6)	(5.82e−06)
N	1335		1335	

$^{***}p < 0.01$，$^{**}p < 0.05$，$^{*}p < 0.1$。

注：系数为发生比，括号内为稳健标准误。

（四） 相对剥夺感与主观地位认同选择

根据表 6−6 的统计结果，在相对剥夺感变量中，与多数人比、与周围人比和与自己以前比产生的相对剥夺感对人们主观地位认同的选择都具有较为明显的影响。从与多数人比产生的相对剥夺感来看，相对剥夺感程度每提高 1 个层次，选择"既处于中层又属于中产阶层"的发生比会降低 37.0%，但是不会提高人们选择"既不处于中层也不属于中产阶层"的发生比。假设 9−5−1 部分得到证实。从与周围人比产生的相对剥夺感来看，相对剥夺程度每提高 1 个层次，选择"既处于中层又属于中产阶层"的发生比会降低 26.3%，选择"既不处于中层也不属于中产阶层"的发生比会提高 35.3%。假设 9−5−2 得到证实。从与自己以前比产生的相对剥夺感来看，相对剥夺感程度每提高 1 个层次，选择"既处于中层又属于中产阶层"的发生比会提高 36.2%，但是不会影响人们选择"既不处于中层也不属于中产阶层"的发生比。虽然影响系数具有统计上的显著性，但是影响方向与假设并不一致，所以假设 9−5−3 没有得到证实。而对自己将来变化的预期产生的相对剥夺感对人们主观地位认同的选择并没有显著影响，假设 9−5−4 并未得到证实。

表 6 - 6　主观地位认同不一致的多类别 logistic 回归模型分析 5

变量	模型 5.1		模型 5.2	
	既不处于中层也不属于中产阶层	既处于中层又属于中产阶层	既不处于中层也不属于中产阶层	既处于中层又属于中产阶层
性别（男性 =1）	1.443 **	1.346 **	1.475 **	1.214
	(0.215)	(0.193)	(0.225)	(0.183)
年龄	0.984 **	0.994	0.993	0.990
	(0.00656)	(0.00657)	(0.00753)	(0.00739)
婚姻状况（已婚 =1）	1.319	1.650 **	1.212	1.801 ***
	(0.272)	(0.334)	(0.270)	(0.403)
家庭政治面貌（党员 =1）	1.106	0.612 ***	1.176	0.777
	(0.183)	(0.102)	(0.210)	(0.138)
制度环境（较好 =1）	0.759	1.237		
	(0.131)	(0.223)		
家庭单位性质（公有制 =1）			0.980	0.818
			(0.187)	(0.146)
14 岁时户籍性质（非农业 =1）			0.757	1.688 **
			(0.154)	(0.386)
户籍所在地（上海 =1）			0.606 **	0.966
			(0.142)	(0.246)
社会公平评价			0.761 ***	1.360 ***
			(0.0687)	(0.118)
社会流动机制评价（开放型 =1）			0.775 *	1.096
			(0.119)	(0.166)
客观阶层地位	0.800 **	1.901 ***		
	(0.0739)	(0.171)		
家庭职业地位			0.834 **	1.014
			(0.0740)	(0.0799)
家庭受教育年限			0.997	1.095 **
			(0.0412)	(0.0463)
家庭人均收入对数			0.820	2.253 ***
			(0.103)	(0.277)
生活经历	0.603 ***	1.467 ***		
	(0.0482)	(0.165)		
近期家庭压力			1.366 ***	0.741 **
			(0.104)	(0.0877)

变量	模型 5.1		模型 5.2	
	既不处于中层也不属于中产阶层	既处于中层又属于中产阶层	既不处于中层也不属于中产阶层	既处于中层又属于中产阶层
住房市值对数			0.946	1.069
			(0.0438)	(0.0690)
当前人均住房面积			0.996	1.001
			(0.00460)	(0.00399)
旅游支出对数			0.943 ***	1.008
			(0.0179)	(0.0223)
相对剥夺感	1.662 ***	0.689 ***		
	(0.139)	(0.0570)		
与多数人比			1.305	0.630 ***
			(0.216)	(0.100)
与周围人比			1.353 *	0.737 **
			(0.216)	(0.106)
与自己以前比			1.132	1.362 **
			(0.150)	(0.184)
对自己将来变化的预期			0.985	0.896
			(0.128)	(0.111)
常数项	0.987	0.532 *	13.30 *	1.91e−05 ***
	(0.306)	(0.178)	(20.21)	(2.96e−05)
N	1335		1335	

$^{***} p < 0.01$，$^{**} p < 0.05$，$^{*} p < 0.1$。

注：系数为发生比，括号内为稳健标准误。

　　相对剥夺感变量的加入对生活经历变量和制度环境变量影响显著性的变化并不明显，但是对客观阶层地位尤其是家庭职业地位和家庭受教育年限的影响产生了一定的影响，二者影响的显著性水平有了一定提高。这一研究结论与前文单独对层级地位认同和中产阶层身份认同影响系数的分析具有一定的相似性。之所以会出现这一结果，还是与职业地位和受教育年限对相对剥夺感的影响有很大关系。为了对这一想法进行验证，我们重点分析了各个具体变量，尤其是客观阶层地位变量在相对剥夺感中的影响。表 6-7 记录了整个统计结果。

　　从制度环境变量来看，在不控制其他变量的情况下，制度环境变量中只有对社会公平程度的评价具有显著的负向作用。对社会公平程度的评价每提高一个档次，相对剥夺感会下降 0.124 分。但是在控制客观阶层地位变量和生活经历变量后，14 岁时户籍性质和户籍所在地变量的影响并始具有统计上的显著性。在控制其他所有变量的情况下，与 14 岁时为农业户口的人相比，非农业户口的人相对剥夺感会增加 0.157 分。与目前还没有获得上海户籍的人相比，已经获得上海户籍的人的相对剥夺感会增加 0.136 分。这说明中产阶层群体面临的户籍制度环境越好，产生的相对剥夺感越强，这在很大程度上与参照群体选择和回报期待有很大的关系。面临的户籍环境越好，人们就更有可能接触到阶层地位更高的人群，这部分人就会带给他们更大的心理落差，从而产生更高的相对剥夺感。

　　从客观阶层地位来看，不管是否控制生活经历变量，职业地位、家庭受教育年限和家庭人均收入对相对剥夺感的影响都具有统计上的显著性，但是影响的方向并不一致。家庭职业地位和家庭受教育年限的影响是正向的，而家庭人均收入的影响是负向的。在控制其他变量的情况下，家庭职业地位每提高一个层次，相对剥夺感会提高 0.0662 分，该系数在 95% 的水平上显著。家庭成员受教育年限每增加一年，相对剥夺感会提高 0.0297 分，该系数在 95% 的水平上显著。家庭人均收入每提高 1%，相对剥夺感会下降 0.0027（-0.267 * ln1.01 = 0.0027）分，该系数在 99% 的水平上显著。从影响系数来看，家庭职业地位和家庭受教育年限的影响较小，而家庭人均收入的影响较大，所以在前文路径分析中，由三者综合而成的客观阶层地位变量对相对剥夺感的影响呈现与家庭人均收入相一致的负相关。家庭职业地位与家庭受教育年限对相对剥夺感的影响之所以呈现正相关，其实与人们的回报期待有很大的关系，对那些处于较高职业地位和受过较高程度教育的中产阶层来说，他们前期进行了较高的投入，因而对回报的期待更高，也更关注投入回报比，一旦实际回报没有达到他们的预期，就会产生较高的相对剥夺感。而收入则是一种实际的回报，所以这一回报的高低直接影响着相对剥夺感的高低，呈现收入越高，相对剥夺感越低的特征。正是因为家庭职业地位和家庭受教育年限对相对剥夺感的正向作用，我们在控制相对剥夺感之后，两个变量中因为回报期待发挥作用的部分就相当于被控制了，作为客观阶层地位的更纯粹效应就显示出来了。

从生活经历变量来看，除了当前人均住房面积的影响不具有统计上的显著性之外，其他三个变量都具有非常显著的影响。在控制其他变量的情况下，近期家庭压力每提高一个层次，相对剥夺感就会增加 0.151 分，该系数在 99% 的水平上显著。住房市值每提高 1%，相对剥夺感会增加 0.0045（0.0455 * ln1.01 = 0.0045）分，该系数在 95% 的水平上显著，这一结果确实比较难以理解。为了尝试找到答案，本研究试图单独分析住房市值对相对剥夺感的影响，但发现影响并不显著，只有在纳入人均家庭收入变量时，住房市值的影响才开始显著。这说明住房市值对相对剥夺感的影响是基于人均家庭收入在发挥作用，它只能解释相对剥夺感中被人均家庭收入消减后的那部分方差。旅游支出每增加 1%，相对剥夺感会降低 0.0002（ - 0.0246 * ln1.01 = 0.0002）分，该系数在 99% 的水平上显著。这说明，人们的生活水平与消费品位越高，相对剥夺感越低。

表 6 - 7　相对剥夺感的影响因素分析

变量	(1) 相对剥夺感	(2) 相对剥夺感	(3) 相对剥夺感
性别（男性 = 1）	0.0330	0.0732	0.0766
	(0.0511)	(0.0494)	(0.0485)
年龄	0.0209 ***	0.0180 ***	0.0175 ***
	(0.00214)	(0.00232)	(0.00232)

续表

变量	（1） 相对剥夺感	（2） 相对剥夺感	（3） 相对剥夺感
婚姻状况（已婚 = 1）	− 0.0123	0.0166	− 0.0121
	(0.0687)	(0.0665)	(0.0714)
家庭政治面貌（党员 = 1）	0.130 **	0.0601	0.0628
	(0.0583)	(0.0590)	(0.0579)
家庭单位性质（公有制 = 1）	0.0153	− 0.0806	− 0.0812
	(0.0595)	(0.0565)	(0.0553)
14 岁时户籍性质（非农业 = 1）	0.0526	0.138 **	0.157 **
	(0.0674)	(0.0678)	(0.0686)
户籍所在地（上海 = 1）	0.0938	0.140 *	0.136 *
	(0.0741)	(0.0724)	(0.0780)
社会公平评价	− 0.124 ***	− 0.107 ***	− 0.0804 ***
	(0.0309)	(0.0290)	(0.0285)
社会流动机制评价（开放型 = 1）	− 0.0718	− 0.0565	− 0.0452
	(0.0518)	(0.0500)	(0.0492)
家庭职业地位		0.0630 **	0.0662 **
		(0.0276)	(0.0276)
家庭受教育年限		0.0266 *	0.0297 **
		(0.0144)	(0.0142)
家庭人均收入对数		− 0.342 ***	− 0.267 ***
		(0.0346)	(0.0368)
近期家庭压力			0.151 ***
			(0.0287)
住房市值对数			0.0455 **
			(0.0180)
当前人均住房面积			0.000133
			(0.00136)
旅游支出对数			− 0.0246 ***
			(0.00677)
常数项	− 0.699 ***	2.547 ***	1.447 ***
	(0.142)	(0.433)	(0.447)
N	1394	1394	1394
R^2	0.108	0.175	0.206

*** $p < 0.01$，** $p < 0.05$，* $p < 0.1$。

注：系数为发生比，括号内为稳健标准误。

最后，从综合的相对剥夺感变量对主观地位认同选择的影响来看，它对人们的主观地位选择具有非常显著的影响。具体而言，相对剥夺感因子分每提高 1 分，与选择不处于中层但属于中产阶层的人相比，选择既不处于中层也不属于中产阶层的发生比会提高 66.2%，选择既处于中层又属于中产阶层的发生比会降低 31.1%，且两个系数均在 99% 的水平上显著。相对剥夺感综合变量的加入对生活经历、客观阶层地位和制度环境变量显著性的影响也没有明显变化。之所以没有呈现与分变量相似的结果，主要是因为综合的客观阶层地位变量对相对剥夺感的影响呈现出明显的负相关，这一变量作为客观阶层地位主成分已经将家庭职业地位和家庭受教育年限变量回报期待部分的解释消除。

（五） 评价标准与主观地位认同选择

根据表 6 - 8 的统计结果，判断中产阶层的家庭资产标准对人们的主观地位认同发挥着一定作用。家庭资产标准每提高 1%，选择既处于中层又属于中产阶层的发生比会下降 38.2%，但是不会影响人们选择既不处于中层也不属于中产阶层的发生比。假设 9 - 6 得到部分证实。这主要还是因为家庭资产标准本身就是人们评价中产阶层身份的标准，而不是评价层级地位的标准，所以出现这一结果是完全可以理解的。另外，这一变量的加入对其他变量影响的变化也并不明显，只有家庭受教育年限影响系数的显著性水平和系数大小均有一定提高。这应该也与家庭受教育年限对家庭资产评价标准的显著影响有很大的关系。

表6-8 主观地位认同不一致的多类别 logistic 回归模型分析6

变量	模型6.1		模型6.2	
	既不处于中层也不属于中产阶层	既处于中层又属于中产阶层	既不处于中层也不属于中产阶层	既处于中层又属于中产阶层
性别（男性=1）	1.429**	1.317*	1.458**	1.196
	(0.212)	(0.196)	(0.221)	(0.187)
年龄	0.984**	0.996	0.994	0.991
	(0.00656)	(0.00689)	(0.00760)	(0.00774)
婚姻状况（已婚=1）	1.311	1.678**	1.198	1.938***
	(0.269)	(0.341)	(0.267)	(0.443)
家庭政治面貌（党员=1）	1.103	0.618***	1.172	0.778
	(0.181)	(0.105)	(0.209)	(0.141)
制度环境（较好=1）	0.766	1.182		
	(0.133)	(0.218)		
家庭单位性质（公有制=1）			0.991	0.926
			(0.190)	(0.172)
14岁时户籍性质（非农业=1）			0.755	1.575*
			(0.153)	(0.371)
户籍所在地（上海=1）			0.601**	0.957
			(0.141)	(0.240)
社会公平评价			0.759***	1.325***
			(0.0687)	(0.122)
社会流动机制评价（开放型=1）			0.766*	1.051
			(0.118)	(0.164)
客观阶层地位	0.795**	2.014***		
	(0.0732)	(0.184)		
家庭职业地位			0.829**	1.000
			(0.0736)	(0.0803)
家庭受教育年限			0.996	1.122***
			(0.0411)	(0.0486)
家庭人均收入对数			0.809*	2.378***
			(0.102)	(0.301)
生活经历	0.604***	1.575***		
	(0.0492)	(0.174)		
近期家庭压力			1.364***	0.721***
			(0.105)	(0.0846)

续表

变量	模型6.1		模型6.2	
	既不处于中层也不属于中产阶层	既处于中层又属于中产阶层	既不处于中层也不属于中产阶层	既处于中层又属于中产阶层
住房市值对数			0.948	1.110
			(0.0437)	(0.0703)
当前人均住房面积			0.996	1.002
			(0.00462)	(0.00430)
旅游支出对数			0.943 ***	1.010
			(0.0178)	(0.0226)
相对剥夺感	1.646 ***	0.688 ***		
	(0.137)	(0.0596)		
与多数人比			1.301	0.651 ***
			(0.216)	(0.107)
与周围人比			1.348 *	0.716 **
			(0.215)	(0.107)
与自己以前比			1.126	1.397 **
			(0.148)	(0.193)
对自己将来变化的预期			0.982	0.878
			(0.127)	(0.115)
家庭资产标准	1.002	0.620 ***	1.010	0.618 ***
	(0.0699)	(0.0430)	(0.0735)	(0.0445)
常数项	0.980	7.755 ***	15.75 *	9.18e-05 ***
	(0.513)	(4.014)	(23.96)	(0.000147)
N	1335		1335	

*** $p < 0.01$, ** $p < 0.05$, * $p < 0.1$。

注：系数为发生比，括号内为稳健标准误。

四　小结

本章主要对层级地位认同与中产阶层身份认同选择的内部不一致性问题进行了分析。研究发现，在采用层级地位认同进行测量时，选择处于中层及以上的比例达到67.64，但是其中认同自己属于中产阶层群体的只有49.73%。所以两种测量方式测得的中产阶层群体的主观地位认同具有很大程度的不一致性。但是，这种不一致性更多地表现为中产阶层身份的不认同，因为在层级地位认同和中产阶层身份认同出现不一致的533位被访者中，只有59位被访者（11.07%）的选择是认同自己的中产阶层身份，但认为自己的层级地位在中层以下。而另外474位被访者（88.93%）的选择都是认为自己的层级地位在中层及以上，但不属于中产阶层群体。

而从对人们主观地位认同选择影响因素的分析中我们发现，制度环境变量对人们主观地位认同的选择并不具有显著的影响，而客观阶层地位、生活经历和相对剥夺感对人们的选择均具有非常显著的影响，并整体呈现客观阶层地位越高、生活经历越好、相对剥夺感越低的人，在"处于中层但不属于中产阶层"和"既处于中层又属于中产阶层"之间的选择中，更倾向于选择前者，而在"既不处于中层也不属于中产阶层"和"既处于中层又属于中产阶层"之间的选择中，更倾向于选择后者。也就是说，人们在对层级地位认同和中产阶层身份认同做出判断时，更多的还是与其所处的实际生活水平有很大关系。较高的客观阶层地位和生活水平有助于人们在层级地位认同中选择中层及以上层级，同时在客观阶层地位和生活水平达到一定程度之后会进一步认同中产阶层身份。换句话说，居民只有当自身的客观阶层地位和生活水平达到一定高的程度之后才会认同自己属于中产阶层，而对层级地位认同中的中层认同却不需要太高的客观阶层地位和生活水平。

为了进一步说明以上结论，我们分别选取客观阶层地位中的人均家庭收入变量和生活经历中的近期家庭压力变量展开单因素方差分析，由此说明三类选择人群在客观阶层地位和生活经历方面的特征。从人均家庭收入来看（结果见表6-9），主观地位认同选择为"既不处于中层也不属于中产阶层"类别的均值为 59623.45 元，比选择"处于中层但不属于中产阶层"类别的人低 21360.4 元，比选择"既处于中层又属于中产阶层"类别的人低 123616.65 元。尽管后面类别的标准差也比前面类别更大，但是方差检验结果 F 值为 59.99，说明不同主观地位认同的居民在人均家庭收入上存在显著的差异，且选择"既处于中层又属于中产阶层"类别的人高于选择"处于中层但不属于中产阶层"类别的人，而选择"处于中层但不属于中产阶层"类别的人又高于选择"既不处于中层也不属于中产阶层"类别的人。

表 6-9 不同主观地位认同的人均家庭收入差异分析

主观地位认同	均值	标准差	频数	F
既不处于中层也不属于中产阶层	59623.45	53262.43	392	
处于中层但不属于中产阶层	80983.85	84544.26	474	59.99 ***
既处于中层又属于中产阶层	183240.1	288334.9	469	
整体	110635.47	188315.65	1335	

*** $p < 0.01$，** $p < 0.05$，* $p < 0.1$。

从近期家庭压力来看（结果见表 6-10），主观地位认同选择为"既不处于中层也不属于中产阶层"类别的均值为 1.11，比选择"处于中层但不属于中产阶层"类别的人高 0.61，比选择"既处于中层又属于中产阶层"类别的人高 0.9。尽管也存在均值越大，标准差越大的问题，但是方差检验结果 F 值为 96.57，说明不同主观地位认同的居民在近期家庭压力上存在的差异在 99% 的水平上显著，且选择"既处于中层又属于中产阶层"类别的人面临的家庭压力程度最低，其次是选择"处于中层但不属于中产阶层"类别的人，面临压力最大的是选择"处于中层但不属于中产阶层"类别的人。

表 6 - 10　不同主观地位认同的近期家庭压力差异分析

主观地位认同	均值	标准差	频数	F
既不处于中层也不属于中产阶层	1. 109694	1. 281666	392	
处于中层但不属于中产阶层	0. 504219	0. 929311	474	96. 57 ***
既处于中层又属于中产阶层	0. 206823	0. 614876	469	
整体	0. 577528	1. 026532	1335	

*** $p < 0.01$, ** $p < 0.05$, * $p < 0.1$。

最后，从评价标准来看，因为我们对评价标准的测量主要是针对人们判断中产阶层身份的家庭资产标准，所以这一变量仅在人们是否认同中产身份时具有显著影响，而在"既不处于中层也不属于中产阶层"和"处于中层但不属于中产阶层"两个选择中并没有显著影响。

第七章
结论与讨论

一　主要结论

本研究主要从层级地位认同和中产阶层身份认同两个方面对上海市客观中产阶层群体的主观地位认同问题进行了分析，主要研究结论如下。

（一）　主观地位认同现状

上海市客观中产阶层群体的层级地位认同具有明显的"低调趋中"倾向，在以家庭为分析单位的主观层级地位认同中，有32.36%的中产阶层认为自己的家庭层级在中下层及以下，而认同自家处于中层以上位置的比例仅有13.71%，相对较低，认同中层位置的比例约为54%。但是在对自家"中产阶层"身份认同的回答中又呈现明显的"认同缺失"倾向，只有37.88%的中产阶层认同自家属于中产阶层家庭。而从层级地位认同与中产阶层身份认同的相关性来看，虽然二者存在统计上的相关性，但是如果把层级地位认同中做出中层及以上判断的人视为也应该

具有中产阶层身份认同的话，二者其实具有很大的不一致。有 38.23%
的人在层级地位认同和中产阶层身份认同中的回答并不一致，而其中又
以认同中层但不认同中产阶层者占绝大多数（88.93%）。这也提醒我
们在以后对主观阶层地位认同进行分析，尤其是以客观中产阶层群体为
分析对象时，必须注意因为测量方式的不同而带来的结论差异。综合而
言，采用层级地位认同测得的中产阶层地位认同比例要高干采用二分的
中产阶层身份认同中选择"是"的比例。

（二）　判断中产阶层群体的评价标准差异

根据我们的研究结果，民众自己心目中判断中产阶层群体的具体指
标和一些指标的具体标准与学者的研究又很大的差异。在民众自己看
来，判断中产阶层最重要的还应该是财产标准，包括收入、资产和支出
等，其次是受教育程度标准。包括职业类型在内的其他变量在民众心目
中都显得不是那么重要。而在具体财产标准上，无论是根据个人收入标
准还是根据家庭资产标准，民众对中产阶层的评价标准都处于一个非常
高的水平，这与学者们的界定有非常大的差距。以个人收入标准为例，
有超过一半的民众认为判断中产阶层的个人年收入标准应该在 20 万元
以上，甚至有约 20% 的人认为这一标准应该在 50 万元以上。而家庭资
产标准更是高的惊人，有约 80% 的人认为父母和未成年子女组成的一
家三口要达到中产阶层，家庭资产应该在 100 万元以上，55% 的人认为
应该在 400 万元以上，有约 30% 的人认为应该在 500 万元以上。而
2014 年上海市商品住宅成交均价为 27165 元/平方米，以此为参照，我
们可以想象大多数民众心目中的中产阶层群体是一个什么样的形象。

那么究竟哪些因素在影响着人们判断中产阶层的财产标准？我们从
制度环境、客观阶层地位、生活经历和相对剥夺感四个方面展开了讨论。
从各个指标对个人收入标准和家庭资产标准的影响来看，存在一定差异。

在控制所有其他变量的情况下，家庭职业地位、人均住房面积、与周围人比、与自己以前比和对自己将来变化的预期产生的相对剥夺感指标对两种评价标准的影响均不显著。单位性质、14 岁时户籍性质、家庭受教育年限，近期压力状况、住房市值和与多数人比产生的相对剥夺感指标对个人收入标准的影响不显著，而对家庭资产标准的影响显著。当前户籍所在地、社会流动机制评价和旅游支出指标对个人收入标准的影响显著，而对家庭资产标准的影响不显著。只有社会公平评价和家庭人均收入两个指标对两种评价标准的影响均显著。这一结果在一定程度上也表明，民众对中产阶层群体还没有形成一个比较稳定的认识，心目中的中产阶层还是一个非常模糊的形象。所以，才会出现从个人收入和家庭资产两个角度询问标准时每个人的标准缺少内部一致性的现象。

（三）层级地位认同的影响因素

制度环境、客观阶层地位、生活经历和相对剥夺感都对人们的主观家庭层级地位认同产生一定的影响。首先，从制度环境来看，只有家庭单位性质的影响不显著，这主要是因为上海市作为一个市场化程度非常高的城市，单位性质的优势得不到体现，甚至对人们的主观地位认同具有一定的阻碍作用。除此之外，其他变量都呈现明显的正向作用，即所处的制度环境越好，越有可能认为自家处于较高的层级地位。其次，从客观阶层地位来看，无论是家庭职业地位、家庭受教育年限还是家庭人均收入都对主观家庭层级地位认同具有显著的正向作用。但是家庭职业地位和家庭受教育年限的影响并不十分稳定，容易受到一些其他因素的影响。这主要是因为家庭职业地位和家庭受教育年限因为受"回报期待"的影响较大，其对相对剥夺感的影响呈现与家庭人均收入相反的正向作用，即家庭职业地位和家庭受教育年限越高，相对剥夺感越强。所以是否控制相对剥夺感变量对二者在家庭层级地位认同中的影响造成一定差异。再次，从生活经历来看，近期家庭压力、住房市值和旅游支出具有显著的影响，并基本表现出生活水平越高，对自家阶层地位的认同越高。最后，从相对剥夺感来看，与多数人比和与周围人比产生的横向剥夺比与自己以前比和对自己将来变化的预期产生的纵向剥夺感更能影响人们的家庭层级地位认同。

同时，我们也必须注意到，以上四类自变量之间也存在内部的互相联系，而这种内部联系又会影响其他变量对家庭层级地位认同的结果。根据我们的中介路径结果，家庭客观阶层地位对家庭层级地位的影响既可以直接发挥作用，又可以通过提高生活水平或降低相对剥夺感而间接发挥作用。但是制度环境对整个路径的调节效应并不十分明显，只有在家庭客观阶层地位通过生活经历变量影响层级地位认同的路径中不同制度环境的中产阶层群体之间在 90% 的水平上具有显著的差异。而在其他路径中并没有显著的差异。但是，制度环境变量对相对剥夺感、生活经历和家庭层级的主效应非常显著。

（四） 中产阶层身份认同的影响因素

我们对中产阶层身份认同影响因素的分析主要从两方面展开：一方面，分析影响层级地位认同的制度环境变量、家庭客观阶层地位变量、生活经历变量和相对剥夺感变量等在中产阶层身份认同中的作用；另一方面，分析主观评价标准变量的影响以及对这一视角的引入对其他变量的调节作用进行分析。

结果显示，各因素对中产阶层身份认同的影响与它们对家庭层级地位认同的影响之间存在很大差异。首先，从制度环境来看，尽管影响方向一致，但是，具有显著性的变量少了很多。在层级地位认同中，只有单位性质变量的影响不显著，而在中产阶层身份认同中，单位性质、户籍所在地、社会流动机制评价都不具有显著影响，只有 14 岁时户籍性质和社会公平评价的影响显著。并且在加入评价标准变量后，14岁时户籍性质的显著性水平也只有90%。而如果我们用综合的户籍制度变量，它的显著性在加入评价标准变量后完全消失。其次，从家庭客观阶层地位来看，它对两种测量方式的主观地位认同的影响比较相似，都呈现受教育年限的影响不太稳定的特征，在仅控制人口学变量、制度环境变量和生活经历变量时，显著性都会消失，而在加入相对剥夺感变量后显著性又会恢复。但是职业地位在中产阶层认同中的显著性一直没有达到统计要求。再次，从生活经历变量来看，在中产阶层身份认同中，只有近期家庭压力一个变量具有比较显著的影响，住房市值、人均住房面积完全不显著，旅游支出也仅在只控制人口学变量、制度环境变量和客观阶层地位变量时才在90%的水平上显著，一旦加入更多变量，影响系数就不再显著。而在层级地位认同中近期家庭压力、住房市值和旅游支出都具有显著影响。所以生活经历变量在中产阶层身份认同中的影响也小于对层级地位认同的影响。最后，从相对剥夺感变量来看，它对中产阶层身份认同的影响要大于对层级地位认同的影响，与多数人比、与周围人比和与自己以前比产生的相对剥夺感对人们中产阶层身份认同均发挥着非常显著的影响。

总之，在四类变量中，前三种变量对层级地位认同的影响更为显著，而相对剥夺感变量对中产阶层身份认同的影响更为显著。同时，我们也必须注意到，每个人在判断自家是否属于中产阶层时，内心的衡量标准是不一样的。所以为了得到更真实的影响人们中产阶层身份认同的外在社会因素，必须控制评价标准带来的差异。在本研究的尝试中，我们发现，对评价标准的控制会减弱制度环境和相对剥夺感在中产阶层身份认同中的作用，增强客观阶层地位和生活经历变量在其中的作用。

另外，对考虑以上各类自变量之间存在的内部关系的中介路径的分析显示，在加入外部制度环境和内部评价标准两个调节效应之前，家庭客观阶层地位影响家庭中产阶层认同的直接效应和三条间接效应路径都十分显著。两个中介变量同样都发挥推动的作用。较高家庭地位的人更趋向于认同自家属于中产阶层，又可以通过提高生活水平和降低相对剥夺感而进一步增加对中产阶层的认同。加入制度环境调节之后，各个路径也依然显著，但制度环境对家庭中产阶层认同的直接主效应不显著，但交互效应显著。加入家庭资产标准调节效应之后，从生活经历到相对剥夺感的影响系数不显著，也就意味着家庭客观阶层地位通过生活经历变量进而降低相对剥夺感而影响家庭中产阶层认同的这条两步中介效应并不显著。资产标准和家庭客观阶层地位的交互效应不显著，但资产标准与生活经历的交互响应显著。而在两个调节效应同时加入时，家庭客观阶层地位影响主观家庭中产阶层认同的中介效应不再显著，但通过生活经历变量进而降低相对剥夺感而影响个人层级地位认同的这条两步中介效应重新变得显著。

（五） 主观地位认同选择不一致问题

在采用层级地位认同与中产阶层身份认同两种不同测量方式对居民主观地位认同进行测量过程中，我们发现人们的主观地位认同选择存在不一致问题。这种不一致主要与人们所处的客观阶层地位、生活经历和相对剥夺感有很大的关系。一般而言，客观阶层地位越高、生活经历越好、相对剥夺感越低的人，在"处于中层但不属于中产阶层"和"既处于中层又属于中产阶层"之间的选择中，更倾向于选择前者；而在"既不处于中层也不属于中产阶层"和"既处于中层又属于中产阶层"之间的选择中，更倾向于选择后者。也就是说，人们在对层级地位认同和中产阶层身份认同做出判断时，更多的还是会与其所处的实际生活水平有很大的关系。较高的客观阶层地位和生活水平有助于人们在层级地位认同中选择中层及以上层级，同时在客观阶层地位和生活水平达到一定程度之后会进一步认同中产阶层身份。换句话说，只有当居民的客观阶层地位和生活水平达到一定高的程度之后才能认同自己属于中产阶层，而对层级地位认同中的中层认同却不需要太高的客观阶层地位和生活水平。

二 主要贡献

首先，本研究在对中产阶层群体主观地位认同的分析中，从两个角度对主观地位认同展开了测量，一个是梯子量表的层级地位认同，一个是二分的中产阶层身份认同。这两种不同的测量方式得出了不同的研究结论，前者测得的结果显示，我国中层认同比例相对较高，而后者显示，我国中层认同比例偏低。在之前的研究中，尽管分别针对层级地位认同和中产阶层身份认同展开了较多的讨论，但是将二者放在一起讨论的研究不多，意识到二者测量差异的研究更不多。本书的这一研究发现进一步提醒我们，在以后对主观阶层地位认同展开分析的过程中，尤其是以客观中产阶层群体为分析对象时，我们必须注意因为测量方式的不同而带来的结论差异。

其次，本研究对中产阶层群体主观地位认同的研究引入了一个"评价标准群体差异"的视角，即我们认为"中产阶层认同"作为一个抽象的主观变量，在测量过程中会存在回答结果"人际不可比性"的问题。所以如果我们在利用这些测量结果做进一步分析的过程中不考虑被访者主观标准差异带来的误差，则研究结论就可能变得不再可信。举个简单的例子，在小 A 看来，中产阶层就是一群有一份稳定的工作、能够按揭买车买房、吃穿不愁的人；而在小 B 看来，中产阶层应该是住在花园别墅、开敞篷跑车、工作之余可以喝着现磨咖啡或红酒躺在阳台看书或与朋友悠闲地谈论金融或戏剧、每年有几次出国旅游度假的人。在问到他们自己是否属于中产阶层时，我们恐怕就会得到两种不同的回答，小 A 的回答更可能是"是"，而小 B 的回答很可能是"否"。二者尽管都在对自己的中产阶层身份这一问题做出回答，但是评价标准是不一致的，如果我们不对其展开进一步的控制，可能会得到并非真实的研究结论。因此本研究"评价标准群体差异"研究视角的引入在一定程度上可以避免这一问题。目前，国内学者在对主观地位认同问题展开分析的过程中并未注意到这一问题。但是这一点已经在公共卫生学方面的自评健康问题中引起了学者的广泛关注，也给了我们一定的启发。在本研究中，我们确实发现了在控制评价标准变量后，出现了之前讨论的一些影响因素的作用发生了变化的情况。加入评价标准变量后，制度环境不再发挥作用，相对剥夺感的作用进一步减弱，而客观阶层地位和生活经历变量的作用则进一步增强。所以，之前一些学者提出的我国居民主观地位认同中存在的主客观阶层地位认同不一致的问题，一定程度上是由他们的评价标准差异所导致的，在我们控制这一差异之后，二者的一致性将会明显增强。

最后，我们同时注意到，我们讨论的影响居民主观地位认同的各个因素之间也存在着某种内在的因果，因此我们以客观阶层地位变量为基础自变量，以生活经历和相对剥夺感变量为中介变量，进一步进行中介效应分析，并将外在的制度环境变量和内在的评价标准变量作为调节变量，分析它们对整个路径系数的影响变化。研究发现，较高的客观阶层地位既可以直接对主观地位认同发挥作用，也可以通过提高人们的生活水平、降低人们的相对剥夺感来影响人们的主观地位认同。同时，我们也注意到客观阶层地位变量中的职业地位、受教育年限对相对剥夺感的影响和家庭人均收入的影响方向是不同的，这种分析可以帮助我们解释以上两个变量在主观地位认同模型中的系数变化。让我们对各个变量在主观地位认同中的作用有一个更加清晰的认识。

三 研究反思

因为笔者在进行研究设计时，还没有接触到吴琼（2014）和宋庆宇、乔天宇（2017）采用"虚拟情境锚定法"对层级地位认同回答结果的"人际不可比性"问题进行调节的测量方法，所以本研究的整个分析就没有对层级地位认同中"评价标准的群体差异"进行控制，而仅在中产阶层身份认同中进行了控制，所以我们没有办法对二者都进行控制之后的统计结果进行进一步的对比和分析。

因为本研究的分析单位为家庭，但是我们在资料搜集过程中，很多资料仍然是个体层面的，比如户籍状况，我们只问到了被访者自己14岁时的户籍性质和当前的户籍所在地，而没有收集到其他家庭成员的户籍状况。此外，针对布迪厄意义上阶级惯习的一些测量还存在不足，所以我们整个生活经历变量只使用了近期生活压力、住房市值和旅游支出三类指标，在人们的生活品位等的测量指标方面还有一定欠缺。

针对本研究的一些研究不足，笔者认为，在之后的相关研究中可以做进一步的改进。首先，应该设计一整套可能影响居民主观地位认同的指标体系，这些指标体系不仅要考虑个人的阶层地位、生活水平，还要对家庭所有成员的情况进行了解。其次，我们可以广泛采用"虚拟情境锚定法"对人们的层级地位认同和中产阶层身份认同展开测量，帮助我们避免由测量结果的"人际不可比性"带来的研究误差。但是我们需要注意虚拟情境的设计应该合理，最好能够针对不同的客观指标，如收入、教育、职业等分别展开讨论，这样我们就可以进一步了解不同指标在民众选择中的大概权重，从而为我们以后确定中产阶层群体的测量标准提供一些启发。

参考文献

埃里克·欧林·赖特，2006，《阶级》，刘磊、吕梁山译，高等教育出版社。

埃里克·欧林·赖特，2011，《阶级分析方法》，马磊、吴菲等译，复旦大学出版社。

敖杏林，2015，《影响农村妇女阶层认同的诸因素分析》，《社会发展研究》第 4 期。

奥康奈尔，2012，《定序因变量的 logistic 回归模型》，赵亮员译，上海人民出版社。

陈传波、白南生、赵延东，2012，《适应性区群抽样：研究流动农民工的方法与实践》，《统计研究》第 5 期。

陈光金，2013，《不仅有"相对剥夺"，还有"生存焦虑"——中国主观认同阶层分布十年变迁的实证分析（2001—2011）》，《黑龙江社会科学》第 5 期。

陈义平，2005，《分化与组合：中国中产阶层研究》，广东人民出版社。

陈云松、范晓光，2016，《阶层自我定位、收入不平等和主观流动感知（2003—2013）》，《中国社会科学》第 12 期。

仇立平，2014，《上海社会阶层结构转型及其对城市社会治理的启示》，《国家行政学院学报》第 4 期。

崔岩、黄永亮，2017，《中等收入群体客观社会地位与主观阶层认同分析——兼议如何构建主观阶层认同上的橄榄型社会》，《社会发展研究》第 3 期。

狄煌，2003，《合理界定中等收入者》，《经济参考报》2 月 12 日。

刁鹏飞，2012，《城乡居民的公平意识与阶层认同——基于中国社会状况综合调查数据的初步报告》，《江苏社会科学》第 4 期。

董文兰、李镒冲、王丽敏、董建群、姜勇、王卓群、王临虹，2013，《2010 年中国成年人自评健康状况》，《中华预防医学杂志》第 12 期。

董运生，2006，《地位不一致与阶层结构变迁》，博士学位论文，吉林大学。

杜雪，2012，《偏移与归属：中产阶层主观阶层认同问题研究》，硕士学位论文，西北大学。

范丛，2013，《中国中产阶层自我认同的影响因素》，《东南大学学报》（哲学社会科学版）第 1 期。

范晓光、陈云松，2015，《中国城乡居民的阶层地位认同偏差》，《社会学研究》第 4 期。

范贞，2008，《中产阶层休闲旅游消费品位的特质和表现》，《北方经贸》第 4 期。

冯仕政，2009，《中国社会转型期的阶层与分析认同》，载郑杭生主编《中国人民大学中国社会发展研究报告 2009》，中国人民大学出版社。

冯仕政，2011，《中国社会转型期阶级认同与社会稳定——基于中国综合调查的实证研究》，《黑龙江社会科学》第 3 期。

冯婷，2005，《中产阶级的形象——从经济识别到文化标识》，《中共浙江省委党校学报》第 5 期。

高泰，2017，《地位不一致对政府信任的影响》，硕士学位论文，上海社会科学院。

高勇，2013，《地位层级认同为何下移：兼论地位层级认同基础的转变》，《社会》第 4 期。

郭辉，2013，《误读与偏移：中国中产阶级认同研究》，硕士学位论文，南京大学。

郭星华，2001，《城市居民相对剥夺感的实证研究》，《中国人民大学学报》第 3 期。

国家发改委宏观经济研究院课题组，2005，《中等收入者的定义和划分标准》，《经济研究参考》第 5 期。

韩钰、仇立平，2015，《中国城市居民阶层地位认同偏移研究》，《社会发展研究》第 1 期。

胡建国，2010，《"三问"中产阶层》，《人民论坛》第 10 期。

胡联合、胡鞍钢，2008，《中产阶层："稳定器"还是相反或其他——西方关于中产阶层社会政治功能的研究综述及其启示》，《政治学研究》第 2 期。

黄庐进，2010，《转型时期中国中产阶层消费结构变动分析》，《统计与决策》第 11 期。

吉尔伯特、卡尔，1992，《美国阶级结构》，彭华民、齐善鸿等译，孙明海校，中国社会科学出版社。

金玉，2014，《中国社会中产阶级的构成及其阶级意识》，《东疆学刊》第 3 期。

雷渊才、唐守正，2009，《适应性群团抽样技术方法和应用研究进展》，《林业科学》第 3 期。

李春玲，2003，《中国当代中产阶层的构成及比例》，《中国人口科学》第 6 期。

李春玲，2007，《当代中国社会的消费分层》，《中山大学学报》（社会科学版）第 4 期。

李春玲，2008a，《中国中产阶级的增长及其现状》，《江苏社会科学》第 5 期。

李春玲，2008b，《中产阶级的社会政治态度》，《探索与争鸣》第 7 期。

李春玲，2011a，《中国中产阶级的发展状况》，《黑龙江社会科学》第 1 期。

李春玲，2011b，《寻求变革还是安于现状——中产阶级社会政治态度测量》，《社会》第 2 期。

李春玲，2013，《如何定义中国中产阶级：划分中国中产阶级的三个标准》，《学海》第 3 期。

李春玲，2016，《中等收入群体与中间阶层的概念定义——社会学与经济学取向的比较》，《国家行政学院学报》第 6 期。

李春玲，2018，《中等收入群体的增长趋势与构成变化》，《北京工业大学学报》（社会科学版）第 2 期。

李春玲、吕鹏，2008，《社会分层理论》，中国社会科学出版社。

李飞，2013，《客观分层与主观建构：城镇居民阶层认同的影响因素分析——对既往相关研究的梳理与验证》，《青年研究》第 4 期。

李路路，2002，《制度转型与分层结构的变迁》，《中国社会科学》第 6 期。

李路路，2008a，《中间阶层的社会功能：新的问题取向和多维分析框架》，《中国人民大学学报》第 4 期。

李路路，2008b，《中间阶层的社会-政治功能：新的问题和视角》，《探索与争鸣》第 7 期。

李路路、李升，2007，《"殊途异类"·当代中国城镇中产阶级的类型化分析》，《社会学研究》第 6 期。

李路路、王宇，2009，《当代中国中间阶层的社会存在：社会生活状况》，《江苏社会科学》第 1 期。

李培林，2005，《社会冲突与阶层意识——当代中国社会矛盾研究》，《社会》第 1 期。

李培林、张翼，2000，《消费分层：启动经济的一个重要视点》，《中国社会科学》第 1 期。

李培林、张翼，2008，《中国中产阶级的规模、认同和社会态度》，《社会》第 2 期。

李培林、张翼、赵延东、梁栋，2005，《社会冲突与阶级意识——当代中国社会矛盾问题研究》，社会科学文献出版社。

李培林、朱迪，2015，《努力形成橄榄型分配格局——基于 2006—2013 年中国社会状况调查数据的分析》，《中国社会科学》第 1 期。

李培林、朱迪，2016，《扩大中等收入群体，促进消费拉动经济——上海中等收入群体研究报告》，《江苏社会科学》第 5 期。

李强，2001，《关于中产阶级和中间阶层》，《中国人民大学学报》第 2 期。

李强，2005a，《关于中产阶级的理论与现状》，《社会》第 1 期。

李强，2005b，《"丁字型"社会结构与"结构紧张"》，《社会学研究》第 2 期。

李强，2007，《怎样看待我国当前的中产阶层？》，《领导文萃》第 9 期。

李强，2009，《转型时期城市"住房地位群体"》，《江苏社会科学》第 4 期。

李强，2010，《当代中国社会分层：测量与分析》，北京师范大学出版社。

李强，2011，《社会分层十讲》，社会科学文献出版社。

李强、王昊，2017，《我国中产阶层的规模、结构问题与发展对策》，

《社会》第 3 期。

李强、赵罗英，2017，《中国中等收入群体和中等生活水平研究》，《河北学刊》第 3 期。

李强，2017，《职业特征、生活感知与城乡居民阶层认同——基于 2012 年世界价值观调查数据的分析》，《调研世界》第 1 期。

李实，2017，《中国中等收入群体的规模及其变化趋势》，《社会治理》第 6 期。

李向健，2016，《转型期农村青年阶层认同的影响因素分析——基于 2013CGSS 的一项经验研究》，《湖北社会科学》第 7 期。

李小红、严翅君，2014，《中产阶层的文化态度》，《江苏社会科学》第 4 期。

李友梅，2005，《社会结构中的"白领"及其社会功能——以 20 世纪 90 年代以来的上海为例》，《社会学研究》第 6 期。

连玉君、廖俊平，2017，《如何检验分组回归后的组间系数差异？》，《郑州航空工业管理学院学报》第 6 期。

刘长江，2008，《中产阶级研究中的三个问题》，《唯实》第 7 期。

刘精明、李路路，2005，《阶层化：居住空间、生活方式、社会交往与阶层认同——我国城镇社会阶层化问题的实证研究》，《社会学研究》第 3 期。

刘欣，2001，《转型期中国大陆城市居民的阶层意识》，《社会学研究》第 3 期。

刘欣，2002，《相对剥夺地位与阶层认知》，《社会学研究》第 1 期。

刘欣，2003，《阶级惯习与品味：布迪厄的阶级理论》，《社会学研究》第 6 期。

刘欣，2007，《中国城市的阶层结构与中产阶层的定位》，《社会学研究》第 6 期。

刘彦、靳晓芳，2015，《城乡居民家庭消费支出与阶层认同——基于 CGSS 2010 的数据分析》，《兰州交通大学学报》第 2 期。

刘毅，2006，《中产阶层的界定方法及实证测度——以珠江三角洲为例》，《开放时代》第 4 期。

刘毅，2008，《中产阶层消费结构变迁及特征——基于珠江三角洲城镇住户调查的分析》，《经济学家》第 3 期。

卢福营、张兆曙，2006，《客观地位分层与主观地位认同》，《中国人口科学》第 3 期。

陆新超，2009，《中国现阶段地位不一致的效应研究》，硕士学位论文，上海社会科学院。

陆学艺，2002，《当代中国社会阶层研究报告》，社会科学文献出版社。

陆学艺主编，2004，《当代中国社会流动》，社会科学文献出版社。

陆益龙，2010，《乡村居民的阶级意识和阶层认同：结构抑或建构——基于 2006 CGSS 的实证分析》，《江苏社会科学》第 1 期。

吕庆春，2006，《中产阶层的社会结构与自我认同》，《甘肃理论学刊》第 4 期。

吕庆春、伍爱华，2016，《中产阶层是社会发展的"稳定器"吗?》，《探索》第 4 期。

罗伯特·K. 默顿，2006，《社会理论和社会结构》，唐少杰、齐心等译，译林出版社。

马丹丹，2015，《中产阶层社区的涌现——从中国住房改革的角度梳理》，《社会科学论坛》第 6 期。

《马克思恩格斯全集》第一卷，1956，人民出版社。

《马克思恩格斯全集》第四卷，1958，人民出版社。

马克斯·韦伯，2010，《经济与社会》，阎克文译，上海人民出版社。

马丽娟、李小凤，2006，《关于中产阶级的理论回顾》，《西北第二民族学院学报》（哲学社会科学版）第 3 期。

《毛泽东选集》第一卷，1991，人民出版社。

米尔斯，2006，《白领：美国的中产阶级》，周晓虹译，南京大学出版社。

齐奥尔特·西美尔，2001，《时尚的哲学》，费勇、吴𦊿译，文化艺术出版社。

齐杏发，2010，《当前中国中产阶层政治态度的实证研究》，《社会科学》第 8 期。

邱皓政，2008，《心理特质的类别化与连续性及其效标关联效度分析：潜在类别分析与因素分析的比较研究》，载《全国教育与心理统计测量学术年会暨第八届海峡两岸心理与教育测验学术研讨会论文摘要集》。

沈晖，2008，《当代中国中间阶层认同研究》，中国大百科全书出版社。

沈瑞英，2007，《中产阶级"稳定器"理论质疑》，《学术界》第 4 期。

宋辰婷，2013，《中国中产阶级的中产认同与幸福感测量——基于 2006 年中国综合社会调查的实证分析》，《江汉论坛》第 11 期。

宋庆宇、乔天宇，2017，《中国民众主观社会地位的地域差异基于对 CFPS 2012 成人问卷数据的"虚拟情境锚定法"分析》，《社会》第 6 期。

孙秀林、雷开春，2012，《上海市新白领的政治态度与政治参与》，《青年研究》第 4 期。

孙秀林、张璨，2014，《上海青年中产阶层的奢侈品消费研究》，《青年研究》第 5 期。

索尔斯坦·凡勃伦，2011，《有闲阶级论》，赵伯英译，陕西人民出版社。

谭日辉，2012，《当代中国城市居民居住状况对阶层认同与生活质量的

影响分析——基于中国综合调查的实证研究》，《城市发展研究》
第 10 期。

汤普森，2001，《英国工人阶级的形成》，钱乘旦等译，译林出版社。

汤茜草，2012，《从"被中产"到"被消失的中产"：G 市高校教师群
体的住宅福利与阶层认同》，博士学位论文，华东理工大学。

田卡，2011，《消费、生活方式和社会分层》，《黑龙江社会科学》第
1 期。

王建平，2006a，《国外有关中产阶级消费的社会学研究述评》，《天府
新论》第 2 期。

王建平，2006b，《存在与困惑：中国城市中产阶级的消费张力》，《学
术交流》第 10 期。

王建平，2007a，《"品味阶层"：现实抑或表象?》，《学术论坛》第 1 期。

王建平，2007b，《中国城市中间阶层消费行为》，中国大百科全书出版社。

王凯，2010，《住房：中国中产阶级的身份建构与符号区隔》，硕士学
位论文，中南大学。

王孟成，2014，《潜变量建模与 Mplus 应用》，重庆大学出版社。

王永年，2004，《马克思的"中间阶层"理论及其在我国社会主义市场
经济条件下的意义》，《当代经济研究》第 10 期。

温忠麟、侯杰泰、张雷，2005，《调节效应与中介效应的比较和应用》，
《心理学报》第 2 期。

温忠麟、刘红云、侯杰泰，2012，《调节效应和中介效应分析》，教育
科学出版社。

温忠麟、张雷、侯杰泰、刘红云，2004，《中介效应检验程序及其应
用》，《心理学报》第 5 期。

吴清军，2006，《西方工人阶级形成理论述评——立足中国转型时期的
思考》，《社会学研究》第 2 期。

吴琼，2014，《主观社会地位评价标准的群体差异》，《人口与发展》第 6 期。

肖日葵、仇立平，2016，《"文化资本"与阶层认同》，《国家行政学院学报》第 6 期。

肖文涛，2001，《中国中间阶层的现状与未来发展》，《社会学研究》第 3 期。

谢霄亭、马子红，2017，《城镇居民的住房消费和阶层认同——基于 CGSS 2013 数据的实证分析》，《云南民族大学学报》（自然科学版）第 2 期。

谢熠，2017，《客观阶层地位与主观阶层认同——基于 CSS 2013 的实证分析》，《重庆交通大学学报》（社会科学版）第 6 期。

许琪，2018，《"混合型"主观阶层认同：关于中国民众阶层认同的新解释》，《社会学研究》第 6 期。

许琪、熊略宏，2016，《本人还是配偶？谁决定中国已婚女性的阶层认同》，《中国青年研究》第 12 期。

亚科布齐，2012，《中介作用分析》，李骏译，格致出版社。

亚里士多德，2009，《政治学》，吴寿彭译，商务印书馆。

姚俭建，2005，《论西方社会的中产阶级——文化资本理论框架内的一种解读》，《上海大学学报》（社会科学版）第 3 期。

张海东、杨城晨，2017，《住房与城市居民的阶层认同——基于北京、上海、广州的研究》，《社会学研究》第 5 期。

张宛丽，2002，《对现阶段中国中间阶层的初步研究》，《江苏社会科学》第 4 期。

张文宏、刘飞、项军，2021，《相对收入与中国夫妻地位认同——基于"社会比较－性别规范"框架的分析》，《学术月刊》第 9 期。

张文宏、刘琳，2013，《住房问题与阶层认同研究》，《江海学刊》第

4 期。

张文彤，2004，《SPSS 统计分析高级教程》，高等教育出版社。

张晓华，2017，《基于经济学角度分析中国中产阶层的构成》，《邢台学院学报》第 4 期。

张翼，2005，《中国城市社会阶层冲突意识研究》，《中国社会科学》第 4 期。

张翼，2009，《中产阶级是社会稳定器吗?》，载李春玲主编《比较视野下的中产阶级形成过程、影响以及社会经济后果》，社会科学文献出版社。

张翼，2010，《家庭背景影响了人们教育和社会阶层地位的获得》，《中国社会科学院研究生院学报》第 4 期。

张翼、侯慧丽，2004，《中国各阶层人口的数量及阶层结构——利用 2000 年第五次全国人口普查所做的估计》，《中国人口科学》第 6 期。

张展，2012，《中国城镇中产阶层家庭理财研究》，博士学位论文，西南财经大学。

赵洁，2010，《社会转型期我国中等收入阶层的评判标准》，《求实》第 9 期。

赵延东，2005，《"中间阶层认同"缺乏的成因及后果》，《浙江社会科学》第 2 期。

《中国城市发展报告》编委会编，2012，《中国城市发展报告 2011》，中国城市出版社。

中国社会科学院"当代中国人民内部矛盾研究"课题组，2004，《城市人口的阶层认同现状及影响因素》，《中国人口科学》第 5 期。

钟茂初、宋树仁、许海平，2010，《中产阶层的定量界定与中国收入分配格局的演变趋势》，《未来与发展》第 2 期。

周晓虹，1991，《现代社会心理学》，江苏人民出版社。

周晓虹，2005a，《再论中产阶级：理论、历史与类型学兼及一种全球化的视野》，《社会》第 4 期。

周晓虹，2005b，《中国中产阶层调查》，社会科学文献出版社。

周晓虹，2005c，《全球中产阶级报告》，社会科学文献出版社。

周晓虹，2006，《中国中产阶级：现实抑或幻象》，《天津社会科学》第 2 期。

周晓虹，2007，《〈白领〉、中产阶级与中国的误读》，《读书》第 5 期。

朱斌，2017，《当代中国的中产阶级研究》，《社会学评论》第 1 期。

朱迪，2013，《城市化与中产阶层成长——试从社会结构的角度论扩大消费》，《江苏社会科学》第 3 期。

朱伟珏、姚瑶，2012，《阶级、阶层与文化消费——布迪厄文化消费理论研究》，《湖南社会科学》第 4 期。

庄家炽，2016，《参照群体理论评述》，《社会发展研究》第 3 期。

《资本论》第三卷，1975，人民出版社。

Zhao, Xinshu, et al. 2013. "Reconsidering Baron and Kenny: Myths and Truths about Mediation Analysis." *Journal of Consumer Research* 37 (2): 197 – 206, 转引自陈瑞、郑毓煌、刘文静《中介效应分析：原理、程序、Bootstrap 方法及其应用》，《营销科学学报》第 4 期。

Abhijit V. Banerjee, Esther Duflo. 2008. "What is Middle Class about the Middle Classes around the World?" *The Journal of Economic Perspectives*, 22 (2): 3 – 28.

Andersen, R., & Curtis, J. 2012. "The Polarizing Effect of Economic Inequality on Class Identification: Evidence from 44 Countries." *Research in Social Stratification & Mobility*, 30(1). 129 141.

Bank, W. 2006. "Global Economic Prospects 2007: Managing the Next

Wave of Globalization. "*World Bank Publications,* 33(1):190 −192.

Baron, R, M. Kenny, D. , A. 1986. "The Moderator − Mediator Variable Distinction in Social Psychological Research: Conceptual, Strategic, and Statistical Considerations. " *Journal of Personality and Social Psychology,* 51 (6): 1173 −1182)

Berger, J. , Zelditch, M. , Anderson, B. , and Cohen, B. P. 1972. "Structural aspects of distributive justice. A Status Value Formulation. " in Berger, J. , Zelditch, M. , and Anderson, B. (eds.), *Sociological Theories in Progress,* Vol. 2. New York: Houghton Mifflin.

Birdsall, N. , Graham, C. , & Pettinato, S. 2000. *"Stuck in the Tunnel: Is Globalization Muddling the Middle Class?"* Lis Working Papers.

Blau, P. M. , & Duncan, O. D. , 1967. *The American Occupational Structure.* New York: Wiley.

Bourdieu, P. 1984. *Distinction: A Social Critique of the Judgement of Taste.* Cambridge: Harvard University Press.

Bourdieu, P. 1987. "What Makes a Social Class? On The Theoretical and Practical Existence of Groups. " *Berkeley Journal of Sociology,* 32(1):1 −17.

Bucy, E, P. , & Holbert, R, L. 2013. "Sourcebook for Political Communication Research: Methods, Measures, and Analytical Techniques. "

Cantril, H. 1943. "Identification with social and Economic Class. " *Journal of Abnormal & Social Psychology,* 38(38):74 −80.

Chevalier, A. and Antony Fielding. 2011. "An Introduction to Anchoring Vignettes. "*Journal of the Royal Statistical Society,* 174:569 −574.

Dadush, U. , & Shimelse Ali. 2012. "In Search of the Global Middle Class: A New Index, " https://carnegieendowment. org/2012/07/23/in − search − of − global − middle − class − new − index − pub −48908.

Duncan, O. D. 1961. *"A Socioeconomic Index for all Occupations."* in A. J. Resis (ed.) *Occupations and Social Status.* New York: Free Press.

Evans, M. D. R., & Kelley, J. 2004. "Subjective Social Location: Data From 21 Nations." *International Journal for Quality in Health Care,* 16(1) : 3 −38.

Gans, H. J. 1999. *Popular Culture and High Culture: an Analysis and* Evaluation of Taste. New York: Basic Books.

Ganzeboom, H. B. , & Donald, J. 1996. "Treiman, Internationally Comparable Measures of Occupational Status for the 1988 International Standard Classification of Occupations, " *Social Science Research,* 25(3) : Pages 201 − 239.

Ganzeboom. H. B. , Graaf, P. M. D. , & Treiman, D. J. 1992. "A Standard International Socio − economic Index of Occupational Status. " *Social Science Research,* 21(1) : 1 −56.

Gartrell, C. D. 1982. "On the Visibility of Wage Referents. "*Canadian Journal of Sociology,* 7(2) : 117 −143.

Gerth & Mills. ed. 1958. From Max Weber: Essays In Sociology. New York: Oxford University Press.

Giddens, A. 1973. *The Class Structure of Advanced Societies.* New York: Harper & Row Publishers.

Goldthorpe, J. H. , Frank Bechhofer, & David Lockwood. 1969. *The Affluent Worker In The Class Structure.* Cambridge: Cambridge University Press.

Gurin, P. , Miller, and Gerald Gurin. 1980. "Stratum Identification and Consciousness. " *Social Psychology Quarterly,* 43(1) : 30 −47.

Gurr, T. R. 1971. *Why Men Rebel.* Princeton University Press.

Haddon, E. 2012. "Class Identification in New Zealand: An Analysis of the

Relationship between Class Position and Subjective Social Location. " *Journal of Sociology*, 51(3):737 −754.

Hayes. A. F. , Preacher. K. J. , Myers. T. A. 2011. "Mediation and the Estimation of Indirect Effects in Political Communication Research, " in E. P. Bucy & R. Lance Holbert(Eds) , Sourcebook for Political Communication research: Methods, measures, and analytical techniques. (pp. 434 −465) New York: Routledge

Hodge, R. W. , & Treiman, D. J. 1968. "Class Identification in the United States. " *American Journal of Sociology*, 73(5) : 535.

Jackman, M. R. , & Jackman, R. W. 1973. "An Interpretation of the Relation between Objective and Subjective Social Status. " *American Sociological Review*, 38(5) : 569 −582.

Katznelson, I. A. , & R. Zolberg. 1986. *Working Class Formation: The Nineteenth Century Patterns in Western Europe and the United States*. Princeton: Princeton University Press.

King, G. C. , J. L. Murray, Joshua A. Salomon, and Ajay Tandon. 2004. "Enhancing the Validity and Cross − cultural Comparability of Measurement in survey research. " *American Political Science Review*, 98(1):191 − 207.

Kluegel, J. R. , Singleton, R. , & Starnes, C. E. 1977. "Subjective Class Identification: A Multiple Indicator Approach. " *American Sociological Review*, 42(4):599 −611.

Kristopher, J. Preacher, Derek, D. Rucker, Andrew, F. Hayes. 2007. "Taylor & Francis Online: Addressing Moderated Mediation Hypotheses: Theory, Methods, and Prescriptions. " *Multivariate Behavioral Research*, 42 (1): 185.

Lin, T, H. , & Dayton, C. M. 1997. "Model Selection Information Criteria for Non −Nested Latent Class Models. " *Journal of Educational & Behavioral Statistics*, 22(3) : 249 −264.

Lindemann, K. , Saar, E. , & Lindemann, K. 2014. "Contextual Effects on Subjective Social Position: Evidence from European Countries. " *International Journal of Comparative Sociology*, 55(1) : 3 −23.

MacKinnon, D. P. 2008. *"Introduction to Statistical Mediation Analysis. "* New York: Lawrence Erlbanum Associates.

MacKinnon, D. P. , Chondra, M. Lockwood, & Jason Williams. 2004. "Confidence Limits for the Indirect Effect: Distribution of the Product and Resampling Methods. " *Multivariate Behavioral Research,* 39(1) : 99 −128.

McCutcheon, A. L. 1987. *"Latent Class Analysis. "* Newbury Park: Sage Publications, Inc.

Milanovic, B. , & Yitzhaki, S. 2002. "Decomposing World Income Distribution: Does the World Have a Middle Class?" *Review of Income & Wealth*, 48(2) : 155 −178.

Pew Research Center. 2008. "Inside the Middle Class: Bad Times Hit the Good Life. " https://www. pewresearch. org/wp − content/uploads/sites/3/2010/10/MC −Middle −class −report1. pdf.

Pew Research Center. 2015. The American Middle Class is Losing Ground: No longer the Majority and Falling Behind Financially. www. pewresearch. org.

Preacher, K. J. , & Hayes, A. F. 2004. "SPSS and SAS Procedures for Estimating Indirect Effects in Simple Mediation Models. " *Behavior Research Methods Instruments & Computers,* 36(1) . 717 731.

Ravallion, M. 2010. "The Developing World's Bulging (but Vulnerable)

Middle － Class. ” *World Development,* 38(4):445 －54.

Rosenbaum, E. F. 1999. “Against Naive Materialism: Culture, Consumption and the Causes of Inequality. ” *Cambridge Journal of Economics,* 23 (3): 317 －336.

Runciman, W. G. 1966. *Relative Deprivation and Social Justice: a Study of Attitudes to Social Inequality in Twentieth Century England.* Gregg Revivals.

Schwarz, G. 1978. “Estimating the Dimension of a Model. ” *Annals of Statistics,* 6(2): 15 －18.

Seaton, M. , H. W. Marsh, & R. G. Craven. 2010. “Big － Fish － Little － Pond Effect Generalizability and Moderation—Two Sides of the Same Coin. ” *American Educational Research Journal ,* 47(2):390 －433.

Sosnaud, B. , Brady, D. , & Frenk, S. M. 2013. “Class in Name Only: Subjective Class Identity, Objective Class Position, and Vote Choice in American Presidential Elections. ” *Social Problems,* 60(1): 81 －99.

Starnes, C. E. , and Royce Singleton. 1977. “Objective and Subjective Status Inconsistency: A Search for Empirical Correspondence, ” *The Sociological Quarterly,* 18(2):253 －266.

Stouffer, S. A. , Suchman, E. A. , De Vinney, L. C. , Dtar S. A. , & Williams R. M. 1949. *The American Solider: Adjustment During Army Life, Princeton.* N. J. : Princeton University Press.

Ted, M. , Brimeyer Miller, J. , & Perrucci, R. 2006. “Social Class Sentiments in Formation: Influence of Class Socialization, College Socialization, and Class Aspirations. ” *The Sociological Quarterly,* 47(3):471 －495.

Treiman, D. J. , & Rossi, P. H. 1977. *Occupational Prestige in Comparative Perspective .* Academic Press, pp. 511 －514.

Wang, F. 2010, "Boundaries of Inequality: Perceptions of Distributive Justice among Urbanites, Migrants, and Peasants."In Martin King Whyte(eds.), *One Country, Two Societies: Rural − Urban Inequality in Contemporary China.* Cambridge: Harvard University Press.

附　录　特大城市居民生活状况调查

调查问卷 （节选）

0. 问卷编号：[＿ | ＿ | ＿ | ＿]【访问员不需填写，事后统一编号】

1. 样本序号：[＿ | ＿ | ＿ | ＿ | ＿ | ＿ | ＿]

2. 抽样页类型：A　B　C　D　E　F　G　H

3. 调查地点：

   城市名称：_____上海市_____

   区名称：_____

   街道名称：_____

   居委会名称：_____

   社区编号：[＿ | ＿ | ＿ | ＿]

4. 受访者居住的小区类型

   （1） 未经改造的老城区（街坊型社区）

   （2） 单一或混合的单位社区

   （3） 保障性住房社区

   （4） 普通商品房小区

   （5） 别墅区或高级住宅区

（6）新近由农村社区转变过来的城市社区（村改居、村居合并或
"城中村"）

（7）其他（请注明＿＿＿＿＿＿＿＿＿＿）

5. 受访户类型： （1）家庭户 （2）集体户

6. 受访者是不是答话人： （1）是 （2）不是

7. 访问员（签名）＿＿＿＿＿＿ 代码：[S｜H｜＿｜＿｜＿]

8. 陪访督导（签名）＿＿＿＿＿ 代码：[S｜H｜＿｜＿｜＿]

　　一　审（签名）＿＿＿＿＿＿ 代码：[S｜H｜＿｜＿｜＿]

　　二　审（签名）＿＿＿＿＿＿ 代码：[S｜H｜＿｜＿｜＿]

　　三　审（签名）＿＿＿＿＿＿ 代码：[S｜H｜＿｜＿｜＿]

9. 现场复核类型： （1）入户复核 （2）电话复核 （3）未复核

　　复　核（签名）＿＿＿＿＿＿ 代码：[S｜H｜＿｜＿｜＿]

　　【访问员：请记录当前时间【[＿｜＿] 月 [＿｜＿] 日 [＿｜＿] 时
[＿｜＿] 分】

F1. 家庭成员信息表

请访问员结合抽样过程中被访者提供的家庭成员信息（包括在外上学的学生、在外工作的家人等），将家庭成员的称谓、性别等信息补全，并向被访者追问其他具体信息。同时，如果被访者没有提及分家的父母或子女情况，请务必追问。目前没有工作、曾经有过非农工作的家庭成员的职业状况请填写其最后一份工作的情况。

个人编码	1.称谓	2.与101关系（卡）	3.性别	4.出生年份	5.民族	6.婚姻状况	7.受教育程度	8.政治面貌	9.入党年份	10.健康状况	11.户口类型	12.户口所在地	13.就业/就学状态	14.具体职业与工作内容	15.职业类型（卡）	16.单位类型（卡）	17.行业	18.行业编码	19.是否与101同吃住	20.是否与101同收支
101	受访者	1					—									—	—	—	—	—
102	父亲	11																		
103	母亲	11																		
104	配偶	2																		
105																				
106																				
107																				
108																				
109																				
110																				

注：3. 性别：（1）男　（2）女　（3）去世/不适用

5. 民族：（1）汉　（2）其他（请注明＿＿＿＿＿）

6. 婚姻状况：（1）未婚　（2）同居　（3）初婚有配偶　（4）再婚有配偶　（5）离婚　（6）丧偶

7. 受教育程度：(1) 未上学 (2) 小学/私塾 (3) 初中 (4) 技校 (5) 中专 (6) 职业高中 (7) 普通高中 (8) 大学专科
 (9) 大学本科 (10) 研究生及以上 (11) 其他（请注明 _____ ）

8. 政治面貌：(1) 中共党员 (2) 民主党派 (3) 群众 【跳问第 10 题】

10. 健康状况：(1) 非常健康 (2) 比较健康 (3) 一般 (4) 较不健康 (5) 非常不健康

11. 户口类型：(1) 农业户口 (2) 非农业户口 (3) 其他（请注明 _____ ）

12. 户口所在地：(1) 本市 (2) 本市以外 (3) 其他（请注明 _____ ）

13. 就业/就学状态：(1) 全职就业 (2) 半职就业 (3) 临时性就业 (4) 休长假、产假 (5) 离退休 (6) 失业/下岗
 (7) 丧失劳动能力 (8) 服兵役 (9) 操持家务 (10) 毕业后从未工作 (11) 务农 (12) 上学且无工作
 (13) 学龄前

19. 是否与101同吃住：(1) 同吃同住 (2) 同吃不同住 (3) 同住不同吃 (4) 不同吃不同住

20. 是否与101同收支：(1) 同收同支 (2) 同收不同支 (3) 同支不同收 (4) 不同收不同支

F2. 以上人员中谁是家中的主事者？【请填写 F1 中"个人编码"，只填写 1 人】

记录：［＿＿＿＿＿＿＿］

访问员注意：以下问题中"您家"是指与被访者经济共用的家。

F3. 您家的居住类型是：【请访问员根据 F1 表自行判断选择，不需问被访者】

1. 一人单独居住【跳问 F5】
2. 夫妇同住（核心家庭）【跳问 F5】
3. 夫妇及未婚子女同住（核心家庭）
4. 父（母）亲与已婚子女同住（直系家庭）
5. 已婚兄弟姊妹同住（联合家庭）
6. 父（母）亲与已婚子女及已婚兄弟姊妹同住（直系联合家庭）
7. 祖孙同住（包括外孙）
8. 家人与非亲属同住
9. 其他（请注明＿＿＿＿＿＿＿＿＿＿＿＿＿＿＿＿＿＿＿＿＿＿＿＿）

F4. F1 表中同住家庭成员中有没有 2014 年还在上中小学（包括高中）的成员？有的话请告诉我们他在教育方面的简单情况：

情况	选项	就学成员（请填写 F1 表中的家庭成员代码）				
		1. ——	2. ——	3. ——	4. ——	5. ——
1. 目前主要谁在看管孩子？	填写主要看管人在 F1 表中的代码，不需要则填 0					
2. 2014 年 9 月，孩子的教育阶段	即将上——					
3. 孩子就读的学校性质	(1) 国内民办/私立学校　(2) 国内公办学校 (3) 国外学校					
4. 孩子的学习成绩	(1) 非常好　(2) 好　(3) 中等　(4) 差 (5) 非常差					
5. 孩子是否上过补习班？	(1) 是　(2) 否					
6. 孩子是否做过有收入的兼职/打工？	(1) 是　(2) 否					
7. 孩子是否做过志愿服务活动？	(1) 是　(2) 否					
8. 孩子父亲在 F1 表中的代码						
9. 孩子母亲在 F1 表中的代码						

F5. 您家现在居住的房子是：

— 1. 完全自有

— 2. 和单位共有产权

— 3. 租住

4.政府免费提供　5.单位免费提供
6.父母/子女提供 7.向其他亲友借住
8.其他（请注明_____）　　→　【答完跳问F7】

F5.7.1您向谁租的这个房子？
1.政府（选此项填答F5.7.2）2.房产公司 3.单位 4.亲友
5.私人 6. 房管所 7.其他（请注明_____）
F5.7.2您租住的房子是否是政府廉租房？ 1.是 2.否
F5.7.3住房的建筑面积：_____平方米
F5.7.4上月租金是_____元
F5.7.5您家是否与他人合租？
1.是【答完跳问F7】
2.否【答完跳问F7】

F5.6.1登记所有者是谁？1. _____ 2. _____ 【填家庭成员代码】
F5.6.2 哪年提供的？_____年
F5.6.3 当时总价是：_____万元
F5.6.4 单位拥有产权_____%
F5.6.5 住房的建筑面积：_____平方米
F5.6.6 住房的现在市值约为_____万元【答完至F6】

F5.2.1是否原为单位住房？ 1.是 2.否
F5.2.2登记的所有者是谁？ 1. _____ 2. _____ 【填家庭成员代码】
F5.2.3您家的住房属于哪种情况？

1.继承的　　　　　2.自己/自家建造的　　　　　3.购买的

F5.3.1您是哪一年继承的？_____年

F5.3.2 您继承的这个房子是属于哪种情况？
1.自家建造的
【回答 F5.4.1】

2.购买的
【回答 F5.5.1】

F5.4.1 哪年建造的_____年
F5.4.2 当时造价（包括装修费）_____万元
F5.4.3 住房的建筑面积是_____平方米
F5.4.4 住房的现在市值是_____万元【答完至F6】

F5.5.1 哪年购买的？_____年
F5.5.2 当年您购买的是否为政府提供的经济适用房？
1.是 2.否
F5.5.3 当时总价是_____万元
F5.5.4您家住房的购入方式是？
1.现手（一手房）
2.二手房
F5.5.5 住房的建筑面积是_____平方米
F5.5.6 住房的现在市值是_____万元【答完至F6】

F6. 您家建房或者购房的经费来源是：

    1. 银行贷款：[＿＿＿＿＿＿] 万元

    2. 个人或夫妻两人储蓄：[＿＿＿＿＿＿] 万元

    3. 父母筹：[＿＿＿＿＿＿] 万元

    4. 亲友送：[＿＿＿＿＿＿] 万元

    5. 借款：[＿＿＿＿＿＿] 万元

    6. 其他（请注明＿＿＿＿＿）[＿＿＿＿＿＿] 万元

F7. 您家现住房是否要缴纳物业管理费（包括单位缴纳部分）？

    1. 是

    2. 否【跳问 F9】

F8. 过去一年，您家物业费的缴费标准是每平方米多少钱？

    记录：[＿＿＿＿＿＿] 元/月

F9. 除此之外您家还有 [＿＿＿＿] 处房产；目前总市值大约 [＿＿＿＿]
万元。

F10. 您家目前大约有多少本书籍（不包括教科书），其中属于您孩子
的大约有多少本？

    记录：全家有 [＿＿＿＿＿＿] 本，孩子有 [＿＿＿＿＿＿] 本。

F11. 最近 6 个月，您家是否请了保姆？

    1. 是

    2. 否【跳问 F14】

F12. 最近 6 个月，您家请的保姆是否为居家/全职（每天工作 8 小时以上）的？

1. 是

2. 否【跳问 F14】

F13. 最近 6 个月，您家请的保姆平均每天工作多长时间？

记录：每天工作［＿＿＿＿］小时，每月工作［＿＿＿＿］天。

F14. 最近 6 个月，您家是否请了钟点工？

1. 是

2. 否【跳问 F16】

F15. 最近 6 个月，您家请的钟点工平均工作多长时间？

记录：每月工作［＿＿＿＿］次，平均每次工作［＿＿＿＿］小时。

F16. 您家国外是否有直系亲属？

1. 有

2. 没有

F17. 您家是否有借钱给别人/机构/公司？

1. 是

2. 否【跳问 F19】

F18. 到目前为止，您家借给别人/机构/公司尚未收回的共有多少？

记录：［＿＿＿＿＿＿］元

F19. 您家是否欠钱（债务）？

    1. 是

    2. 否【跳问 F21】

F20. 到目前为止，您家欠钱（债务）共有多少？

    记录：[＿＿＿＿＿]元

F21. 您曾经是否成功地从银行/信用社等正规金融机构贷到款来用于生产性投资？

    1. 是

    2. 否

F22. 去年，您家是否以货币、实物或其他形式向社会机构或个人进行过捐赠？

    1. 捐赠过

    2. 没有捐赠过【跳问 F24】

F23. 去年，您家捐赠钱物的总价值约合人民币多少元？

    记录：[＿＿＿＿＿]元

F24. 在我们的社会里，有些群体居于顶层，有些群体则在底层。这张卡片（出示示卡）上有一个从上往下的梯子，最高的"10"分代表最顶层，最低的"1"分代表最底层。【请出示示卡 1，第 3 页】

	顶层	☐ 10	顶层
		☐ 9	
		☐ 8	
		☐ 7	
		☐ 6	
		☐ 5	
		☐ 4	
		☐ 3	
		☐ 2	
	底层	☐ 1	底层

F24.1 您认为您家目前在哪个等级上？【访员注意 10 分代表最顶层，1 分代表最底层】

记录：[＿＿＿＿＿＿] 分

F24.2 您认为您家 5 年前在哪个等级上？【访员注意 10 分代表最顶层，1 分代表最底层】

记录：[＿＿＿＿＿＿] 分

F24.3 您认为您家 5 年后将会在哪个等级上？【访员注意 10 分代表最顶层，1 分代表最底层】

记录：[＿＿＿＿＿＿] 分

F24.4 您认为您家当前的住房处在哪个等级上？【访员注意 10 分代表最顶层，1 分代表最底层】

记录：[＿＿＿＿＿＿] 分

A. 基本情况

A1. 您的出生地是：

    1. _____ 省/自治区/直辖市

    2. 其他国家/地区

A2. 14 岁时，您的户口类型是：

    1. 农业户口

    2. 非农业户口

    3. 其他（请注明_____）

A3. 您目前的户口登记地是：

    1. 本市本区【跳问 A5】

    2. 本市其他区【跳问 A5】

    3. 本市以外地区

    4. 户口待定【跳问 A6】

A4. 您是哪一年离开户口登记地的？（最近的一次）

    记录：[_ | _ | _ | _] 年

    1. 从未在户口登记地生活 　　【跳问 A6】

A5. 您的户口是哪一年迁到本市的？

    记录：[_ | _ | _ | _] 年

    1. 自出生起一直就在本市【跳问 A7】

A6. 您最早是哪一年来到本市居住的？在本市居住了多少年？

记录：[＿ | ＿ | ＿ | ＿] 年，居住了 [＿ | ＿] 年（高位补零，取整数）

1. 自出生起一直就住在本市

A7. 您的宗教信仰是：

1. 无宗教信仰

2. 基督教

3. 天主教

4. 伊斯兰教

5. 道教

6. 佛教

7. 民间信仰

8. 其他（请注明_____）

A8. 您目前的最高受教育程度是（包括目前在读的）：

1. 未上学【跳问 A11】　　　　2. 小学/私塾【跳问 A11】

3. 初中【跳问 A11】　　　　　4. 技校【跳问 A11】

5. 中专【跳问 A11】　　　　　6. 职业高中【跳问 A11】

7. 普通高中【跳问 A10】　　　8. 大学专科【跳问 A10】

9. 大学本科　　　　　　　　　10. 研究生及以上

A9. 您曾经（或正在）就读的大学（全日制本科）的名称和入学年份？

记录：就读学校名称：[_____]，

入学年份 [＿ | ＿ | ＿ | ＿]

A10. 您曾经就读的高中是哪一类学校，是哪年入学的？

记录：学校类型 [__]，入学年份 [__ | __ | __ | __]

1. 省级示范（重点）高中　　　　2. 地市级示范（重点）高中

3. 区/县级示范（重点）高中　　4. 普通高中

5. 私立高中　　　　　　　　　　6. 普通职业高中

7. 重点职业高中　　　　　　　　8. 其他（请注明_____）

访问员读出以下对于"工作"的解释：

这里所说的工作是指最近一周以来：（1）从事过 1 小时以上有收入的工作；（2）在自己/自己家庭或家族拥有的企业/机构中工作，虽然没报酬，但每周工作在 15 小时以上或每天工作 3 小时以上；（3）参加农业生产劳动。符合上述 3 个条件之一，即算作有工作。

注意：（1）离退休人员、下岗失业人员，如果符合上述 3 个条件之一，也算有工作；（2）在校学生的勤工俭学及毕业实习、社会实践不算参加工作。

A11. 您目前的工作情况是：

1. 有工作【跳问 A16】

2. 目前没有工作，曾经有过工作【跳问 A13】

3. 从未工作过

A12. 您一直没有工作的原因是：

1. 还在上学

2. 毕业后没找到合适工作

3. 不想或不需要工作　　　　　【跳问 A36】

4. 其他（请注明_____）

A13. 您从什么时候开始没有工作的？

记录：[＿ | ＿ | ＿ | ＿] 年 [＿ | ＿] 月 （高位补零）

A14. 您目前没有工作的最主要原因是：

1. 已离/退休

2. 丧失劳动能力

3. 因单位原因（如破产、改制、下岗/内退/买断工龄、辞退）失去原工作

4. 因个人和家庭原因（如家务、健康、辞职等）离开原工作

5. 土地被征用

6. 其他（请注明＿＿＿＿＿＿）

A15. 您以后还打算工作吗？

1. 打算工作
2. 不打算工作了 }【跳问 A22】

A16. 今年以来您这份工作平均每月工作多少天？

记录：[＿＿＿＿] 天

A17. 请用 1～5 分，来表达您对目前这份工作下列方面的满意程度，1 分表示非常满意，5 分表示非常不满意，请您对您目前工作状况进行评价。【请出示示卡 2，第 4 页】

项目	非常满意	比较满意	一般	不太满意	非常不满意	不适用
1. 工作收入	1	2	3	4	5	9
2. 工作安全性	1	2	3	4	5	9
3. 工作稳定性	1	2	3	4	5	9

项目	非常满意	比较满意	一般	不太满意	非常不满意	不适用
4. 工作环境	1	2	3	4	5	9
5. 工作时间	1	2	3	4	5	9
6. 晋升机会	1	2	3	4	5	9
7. 工作趣味性	1	2	3	4	5	9
8. 工作合作者	1	2	3	4	5	9
9. 能力和技能的展现	1	2	3	4	5	9
10. 他人给予工作的尊重	1	2	3	4	5	9
11. 在工作中表达意见的机会	1	2	3	4	5	9
12. 整体满意度	1	2	3	4	5	9

A18. 您的收入多大部分来自本工作？

  1. 全部

  2. 大部分

  3. 小部分

A19. 今年以来，您这份工作平均每月给您带来多少收入？【记录具体数字，并高位补零，没有此项收入填0000000，不适用填9999999】

项目	金额（元）						
	百万	十万	万	千	百	十	个
1. 工资、薪金（含津贴、补助、奖金和提成）	[_]	[_]	[_]	[_]	[_]	[_]	[_]
2. 经营和投资所得利润和分红【如果是年终结算，请推算一下每月平均所得；持有本企业股份的职工也应填答】	[_]	[_]	[_]	[_]	[_]	[_]	[_]
3. 其他	[_]	[_]	[_]	[_]	[_]	[_]	[_]

A20. 您未来 2 年内有何打算？（限选两项）

    1. 找一份新工作/创业

    2. 继续目前工作/上学

    3. 离职脱产参加培训

    4. 离职生育子女

    5. 参加在职培训

    6. 离职/半职回家照顾家人

    7. 退休

    8. 暂时离职一段时间后再继续工作

    9. 没考虑过

    10. 其他（请注明_____）

A21. 您认为自己在未来的 6 个月内失业的可能性有多大？

    1. 非常有可能

    2. 有可能

    3. 一般

    4. 不可能

    5. 非常不可能

A22. 您通过什么渠道获得目前/最后这份工作？（可多选）

    1. 顶替父母/亲属

    2. 国家招录、分配/组织调动

    3. 个人直接申请/应聘

    4. 职业介绍机构

    5. 他人介绍推荐

    6. 其他（请注明_____）

A23. 您目前/最后这份工作的起止时间是？

记录：起于 ［＿｜＿｜＿｜＿］年，止于 ［＿｜＿｜＿｜＿］年
（目前在职，工作止的时间填 2014）

A24. 您目前/最后这份工作的身份是：

1. 有固定雇主/单位的雇员或工薪收入者

2. 雇主/老板（企业的所有者/出资人/合伙人）雇了 ［＿｜＿｜＿｜＿］人

3. 自营劳动者（没有雇用他人的个体工商户）

4. 家庭帮工（为自己家庭/家族的企业工作，但不是老板）

5. 自由职业者

6. 劳务工/劳务派遣人员

7. 无固定雇主的零工、散工

8. 其他（请注明_____）

A25. 您目前/最后这份工作的主要的工作（职业）是什么？（请详细说明职务、岗位、工种和工作内容等。如果您的工作活动属于家庭经营、个人单独做事或无具体工作单位就请告诉我您所做的具体事）【访问员请参照职业编码表进行追问并详细记录】

记录工作单位名称（全称）：_____

记录具体职务、职称、行政级别、岗位、工种：_____

记录具体工作内容：_____

［＿｜＿｜＿］

A26. 您目前/最后这份工作属于什么行业？（在单位就业者，请说出单位/公司的具体名称、生产和经营活动的类型；由劳务派遣机构派

出的保安、劳务工、家政服务员等，劳务派遣机构是其单位；如果没有单位，则个人职业就等于行业）【访问员请参照行业编码表进行追问并详细记录】

记录单位/公司具体生产和经营活动类型（行业）：＿＿＿＿＿＿

[＿ | ＿]

A27. 在您目前/最后的工作中，您的管理活动情况是：

1. 只管理别人，不受别人管理（管 [＿＿＿＿＿＿] 人）

2. 既管理别人，又受别人管理（管 [＿＿＿＿＿＿] 人）

3. 只受别人管理，不管理别人【跳问 A29】

4. 既不管理别人，也不受别人管理【跳问 A29】

A28. 如果您管理其他人，您的管理权限属于哪种情况？

	完全有权	部分有权	完全无权
1. 参与单位决策	1	2	3
2. 给下属布置工作	1	2	3
3. 提拔下属职位	1	2	3
4. 惩处下属	1	2	3

【访问员注意：单位应该是一个独立核算的机构，有自己的财务和人事管理职权。如果受访者的工作机构分很多层级，无法区别哪一级是自己单位时，可以提示，受访者工资关系所在的那一级，就可能是他/她的单位；由劳务派遣机构派出的保安、劳务工、家政服务员等，劳务派遣机构是其单位；个体经营者也要填答】

A29. 您目前/最后这份工作的单位或公司的类型是：

　　1. 党政机关、人民团体、军队

　　2. 国有企业及国有控股企业

　　3. 国有/集体事业单位

　　4. 集体所有或集体控股企业

　　5. 私有/民营或私有/民营控股企业

　　6. 三资企业

　　7. 协会、行会、基金会等社会团体或社会组织

　　8. 民办非企业单位

　　9. 社区居委会、村委会等自治组织

　　10. 个体工商户

　　11. 其他（请注明_____）

　　12. 无单位【跳问 A32】

A30. 您目前/最后这份工作的单位或公司有多少员工？（记录具体数字）

　　记录：［_____］人

A31. 您目前/当时是否与工作单位或雇主签订了书面劳动合同？

　　1. 签订了固定期限劳动合同

　　2. 签订了无固定期限劳动合同

　　3. 签订了试用期劳动合同

　　4. 签订了其他合同（请注明_____）

　　5. 没有签订劳动合同

　　6. 不需要签劳动合同（如公务员或国家机关、事业单位编内人员）

A32. 在目前/最后的工作中，您与下列各类人员打交道的频繁程度是：
【请出示示卡 3，第 5 页】

	经常	有时	很少	从不	不适用
1. 顾客/服务对象	1	2	3	4	9
2. 客户/供应商	1	2	3	4	9
3. 上级领导	1	2	3	4	9
4. 下级同事	1	2	3	4	9
5. 平级同事	1	2	3	4	9
6. 上级部门/单位	1	2	3	4	9
7. 下级部门/单位	1	2	3	4	9
8. 其他单位	1	2	3	4	9

A33. 您是否有过被解聘或被迫辞职的经历？

1. 有

2. 无

A34. 您工作以来，有没有换过工作单位（指换单位或企业）？

1. 换过，［＿＿＿＿＿］次

2. 没有【跳问 A36】

A35. 现在，我们想了解一下您工作单位的变化情况：【访问员注意：
如果 A34 只换过一次工作，本题仅填写第一次工作的情况】

	第一次	倒数第二次
1. 起始年份		
2. 终止年份		
3. 就业方式		
4. 就业身份		
5. 工作单位名称		

	第一次	倒数第二次
6. 具体职务、职称、行政级别、岗位、工种		
7. 具体工作内容		
8. 职业编码	[_ | _ | _]	[_ | _ | _]
9. 单位/公司具体生产和经营活动类型（行业）		
10. 行业编码	[_ | _]	[_ | _]
11. 单位类型		
12. 单位员工数		

3. 就业方式：(1) 顶替父母/亲属
         (2) 国家招录、分配/组织调动
         (3) 个人直接申请/应聘
         (4) 职业介绍机构
         (5) 他人介绍推荐
         (6) 其他（请注明_____）

4. 就业身份：(1) 有固定雇主/单位的雇员/工薪收入者
         (2) 雇主/老板 雇了 [_ \| _ \| _ \| _] 人
         (3) 自营劳动者
         (4) 家庭帮工（为自己家的企业工作，但不是老板）
         (5) 自由职业者
         (6) 劳务工/劳务派遣人员
         (7) 无固定雇主的零工、散工
         (8) 其他（请注明_____）

11. 单位类型：(1) 党政机关、人民团体、军队
         (2) 国有企业及国有控股企业
         (3) 国有/集体事业单位
         (4) 集体所有或集体控股企业
         (5) 私有/民营或私有/民营控股企业
         (6) 三资企业
         (7) 协会、行会、基金会等社会团体或社会组织
         (8) 民办非企业单位
         (9) 社区居委会、村委会等自治组织
         (10) 个体工商户
         (11) 其他（请注明_____）
         (12) 无单位

A36. 您有下列哪种社会保障？

	您目前有没有下列社会保障？			您有下列哪种社会保障？
	有	没有	［不清楚］	
养老保险	1	2	8	1. 企业职工基本养老保险
				2. 城乡居民社会养老保险
				3. 离退休金
				4. 农村社会养老保险（新农保）
医疗保险	1	2	8	1. 城镇职工基本医疗保险
				2. 城镇居民基本医疗保险
				3. 公费医疗
				4. 新型农村合作医疗保险（新农合）
失业保险	1	2	8	
工伤保险	1	2	8	
生育保险	1	2	8	
住房公积金/住房补贴/福利房	1	2	8	
城乡最低生活保障（吃低保）	1	2	8	

A37. 您和您家人购买了哪些商业保险？（可多选）

1. 意外伤害保险

2. 养老保险

3. 医疗保险

4. 子女教育金保险

5. 家庭财产保险

6. 机动车辆或第三者责任保险

7. 贷款保证保险

8. 其他（请注明_____）

9. 以上都没买

A38. 您自己去年（2014 年）全年的总收入是多少？（记录具体数字，
并高位补零）

百万位	十万位	万位	千位	百位	十位	个位
|_|	|_|	|_|	|_|	|_|	|_|	|_|	元

A39. 您认为我国目前最合适的退休年龄应该是：

记录：男性 ［_____］ 周岁，女性 ［_____］ 周岁

A40. 您目前的婚姻状况：【访问员注意：本题直接根据家庭表中被访
者的婚姻状况圈选、跳题，无须再问】

1. 未婚【跳问 A50】

2. 同居【跳问 A49】

3. 初婚有配偶

4. 再婚有配偶

5. 离婚【跳问 A50】

6. 丧偶【跳问 A50】

A41. 您是哪一年成家的？【访问员注意：本题问的是被访者初婚年份】

记录：［_|_|_|_］年

A42. 结婚前您的最后那份工作是您哪一份工作？【访问员注意：如果
被访者没换过工作，请选4】

1. 没有工作【跳问 A45】

2. 第一份工作【跳问 A45】

3. 倒数第二份工作【跳问 A45】

4. 目前/最后这份工作【跳问 A45】

5. 其他工作

A43. 结婚前您的最后那份工作的主要的工作（职业）是什么？（请详细说明职务、岗位、工种和工作内容等。如果您的工作活动属于家庭经营、个人单独做事或无具体工作单位就请告诉我您所做的具体事）【访问员请参照职业编码表进行追问并详细记录】

记录工作单位名称（全称）：_____

记录具体职务、职称、行政级别、岗位、工种：

记录具体工作内容：_____

[_ | _ | _]

A44. 结婚前您的最后那份工作的单位或公司的类型是：

1. 党政机关、人民团体、军队

2. 国有企业及国有控股企业

3. 国有/集体事业单位

4. 集体所有或集体控股企业

5. 私有/民营或私有/民营控股企业

6. 三资企业

7. 协会、行会、基金会等社会团体或社会组织

8. 民办非企业单位

9. 社区居委会、村委会等自治组织

10. 个体工商户

11. 其他（请注明_____）

12. 无单位

A45. 结婚前您配偶是否有非农工作？

1. 是

2. 否【跳问 A49】

A46. 结婚前您配偶最后那份工作是他（她）目前或最后一份工作吗？

    1. 是【跳问 A49】

    2. 否

A47. 结婚前您配偶最后那份工作的主要的工作（职业）是什么？（请详细说明职务、岗位、工种和工作内容等。如果您的工作活动属于家庭经营、个人单独做事或无具体工作单位就请告诉我您所做的具体事）【访问员请参照职业编码表进行追问并详细记录】

记录工作单位名称（全称）：＿＿＿＿＿＿＿＿＿＿＿

记录具体职务、职称、行政级别、岗位、工种：＿＿＿＿＿＿＿

记录具体工作内容：＿＿＿＿＿＿＿＿＿＿＿

                                       [＿ | ＿ | ＿]

A48. 结婚前您配偶最后那份工作的单位或公司的类型是：

    1. 党政机关、人民团体、军队

    2. 国有企业及国有控股企业

    3. 国有/集体事业单位

    4. 集体所有或集体控股企业

    5. 私有/民营或私有/民营控股企业

    6. 三资企业

    7. 协会、行会、基金会等社会团体或社会组织

    8. 民办非企业单位

    9. 社区居委会、村委会等自治组织

    10. 个体工商户

    11. 其他（请注明＿＿＿＿＿＿）

    12. 无单位

A49. 您配偶或同居伴侣去年（2014 年）全年的总收入是多少？【访问员注意：此题仅已婚或有同居伴侣者回答，请记录具体数字，并高位补零】

百万位	十万位	万位	千位	百位	十位	个位
|_|	|_|	|_|	|_|	|_|	|_|	|_|	元

A50. 您父亲的出身是：

1. 贫（雇）农 　　2. 下中农 　　3. 富裕中农

4. 富农 　　5. 地主 　　6. 工人

7. 职员 　　8. 资本家 　　9. 小业主

10. 干部 　　11. 革命军人 　　12. 旧政权中的官吏

13. 其他（请注明_____） 　　14. 不知道

A51. 您 14 岁时，您父亲的工作身份是：

1. 有固定雇主/单位的雇员或工薪收入者

2. 雇主/老板（企业的所有者/出资人/合伙人）雇了 ［\|_\|_\|_\|_\|］人

3. 自营劳动者（没有雇用他人的个体工商户）

4. 家庭帮工（为自己家庭/家族的企业工作，但不是老板）

5. 自由职业者

6. 劳务工/劳务派遣人员

7. 无固定雇主的零工、散工

8. 其他（请注明_____）

9. 务农【跳问 A54】

10. 没有工作【跳问 A54】

11. 已故【跳问 A54】

A52. 您 14 岁时，您父亲的职业具体是：【访问员请参照职业编码表进行追问并详细记录】

记录工作单位名称（全称）：＿＿＿＿＿＿＿＿＿＿＿＿＿＿＿

记录具体职务、职称、行政级别、岗位、工种：＿＿＿＿＿＿＿

记录具体工作内容：＿＿＿＿＿＿＿＿＿＿＿＿＿＿＿＿＿

[_ | _ | _]

A53. 您 14 岁时，您父亲那份工作所在的单位/公司是：

1. 党政机关、人民团体、军队

2. 国有企业及国有控股企业

3. 国有/集体事业单位

4. 集体所有或集体控股企业

5. 私有/民营或私有/民营控股企业

6. 三资企业

7. 协会、行会、基金会等社会团体或社会组织

8. 民办非企业单位

9. 社区居委会、村委会等自治组织

10. 个体工商户

11. 其他（请注明＿＿＿＿＿）

12. 无单位

B. 生活与态度

B1. 请您告诉我，去年（2014 年）您家下列各项收入情况？【记录具体数字，并高位补零，没有此项收入填 0000000，不适用填 9999999】

项目	金额（元）						
	百万	十万	万	千	百	十	个
1. 总收入	[__]	[__]	[__]	[__]	[__]	[__]	[__]
2. 工资性收入（所有在职工作人员的薪酬、补贴、奖金，退休人员的离退休金）	[__]	[__]	[__]	[__]	[__]	[__]	[__]
3. 经营性收入（店铺/代销点/理发店/餐馆等）	[__]	[__]	[__]	[__]	[__]	[__]	[__]
4. 财产性收入（债券/股息/基金/彩票/红利/土地、厂房租赁、销售收益等）	[__]	[__]	[__]	[__]	[__]	[__]	[__]
5. 其他收入	[__]	[__]	[__]	[__]	[__]	[__]	[__]

B2. 以上家庭收入主要包括哪几位家庭成员？【请填写家庭成员代码，并划去剩余空格】

成员 1	成员 2	成员 3	成员 4	成员 5	成员 6	成员 7	成员 8	成员 9	成员 10

B3. 请您告诉我，去年（2014 年）您家下列各项支出情况？【记录具体数字，并高位补零，没有此项收入填 0，不适用填 9999999】

消费支出情况	金额（元）						
	百万	十万	万	千	百	十	个
总支出	[__]	[__]	[__]	[__]	[__]	[__]	[__]
其中：1. 饮食消费支出	[__]	[__]	[__]	[__]	[__]	[__]	[__]

消费支出情况	金额（元）						
	百万	十万	万	千	百	十	个
2. 服装、配饰支出	[＿]	[＿]	[＿]	[＿]	[＿]	[＿]	[＿]
3. 医疗支出	[＿]	[＿]	[＿]	[＿]	[＿]	[＿]	[＿]
4. 教育支出（包括成人和孩子所有教育费用总和）	[＿]	[＿]	[＿]	[＿]	[＿]	[＿]	[＿]
5. 衣食外的基本日常支出（如水、电、煤、交通费等）	[＿]	[＿]	[＿]	[＿]	[＿]	[＿]	[＿]
6. 住房支出（购房、建房、房租或还房贷等）	[＿]	[＿]	[＿]	[＿]	[＿]	[＿]	[＿]
7. 礼品和礼金支出总额	[＿]	[＿]	[＿]	[＿]	[＿]	[＿]	[＿]
8. 赡养/抚养费用	[＿]	[＿]	[＿]	[＿]	[＿]	[＿]	[＿]
9. 旅游度假/健身/娱乐文化支出	[＿]	[＿]	[＿]	[＿]	[＿]	[＿]	[＿]
10. 其他支出	[＿]	[＿]	[＿]	[＿]	[＿]	[＿]	[＿]

B4. 以上家庭消费支出主要包括哪几位家庭成员？【请填写家庭成员代码，并划去剩余空格】

成员 1	成员 2	成员 3	成员 4	成员 5	成员 6	成员 7	成员 8	成员 9	成员 10

B5. 去年（2014 年）您的家庭收入排除消费支出后还有多少结余？其中用于银行储蓄和其他理财投资的各有多少？

	百万	十万	万	千	百	十	个
结余	[＿]	[＿]	[＿]	[＿]	[＿]	[＿]	[＿]
其中：银行储蓄	[＿]	[＿]	[＿]	[＿]	[＿]	[＿]	[＿]
投资理财	[＿]	[＿]	[＿]	[＿]	[＿]	[＿]	[＿]

B6. 最近一年您或您家庭是否遇到下列问题?

问题	是	否
1. 住房条件差，买不起房	1	2
2. 子女教育费用高，难以承受	1	2
3. 赡养老人负担过重	1	2
4. 医疗支出大，难以承受	1	2
5. 家人无业、失业或工作不稳定	1	2

B7. 您认为您的生活水平发生了/未来可能发生怎样的变化?【请出示示卡 4，第 6 页】

	上升很多	略有上升	没有变化	略有下降	下降很多
1. 与社会大多数人相比	1	2	3	4	5
2. 与身边同事/朋友/邻居相比	1	2	3	4	5
3. 与自己 5 年前比	1	2	3	4	5
4. 未来 5 年可能会	1	2	3	4	5

B8. 您认为您的以下方面在本地大体属于哪个层次?【请出示示卡 5，第 7 页】

	上层	中上层	中层	中下层	下层
1. 职业地位（仅限有过工作的人答）	1	2	3	4	5
2. 经济收入	1	2	3	4	5
3. 消费水平	1	2	3	4	5
4. 综合地位	1	2	3	4	5

B9. 您认为您的以下方面在全国大体属于哪个层次？【请出示示卡5，第7页】

	上层	中上层	中层	中下层	下层
1. 职业地位（仅限有过工作的人答）	1	2	3	4	5
2. 经济收入	1	2	3	4	5
3. 消费水平	1	2	3	4	5
4. 综合地位	1	2	3	4	5

B10. 您认为应该依据什么来判断是否为中产阶级？（可多选）

1. 收入水平

2. 职业种类

3. 受教育程度

4. 消费水平

5. 资产总量（包括房产、土地等）

6. 品位与休闲方式

7. 自我认同（自己确定是否为中产阶层）

8. 其他（请注明_____）

B11. 您认为您的家庭是中产阶层家庭吗？

1. 是【跳问 B13】

2. 不是

3. 不清楚

B12. 您认为您家在哪方面没有达到中产阶层标准？（可多选）

1. 收入水平

2. 职业种类

3. 受教育程度

4. 消费水平

5. 资产总量（包括房产、土地等）

6. 品位与休闲方式

7. 自我认同（自己确定是否为中产阶层）

8. 其他（请注明＿＿＿＿＿＿）

B13. 您认为您本人是中产阶层吗？

　　1. 是【跳问 B15】

　　2. 不是

　　3. 不清楚

B14. 您认为自己哪方面没有达到中产阶层标准？（可多选）

　　1. 收入水平

　　2. 职业种类

　　3. 受教育程度

　　4. 消费水平

　　5. 资产总量（包括房产、土地等）

　　6. 品位与休闲方式

　　7. 自我认同（自己确定是否为中产阶层）

　　8. 其他（请注明＿＿＿＿＿＿）

B15. 如果按收入标准来划分中产阶层，您认为在本地个人年收入多少才能成为中产阶层？

　　记录：[＿＿＿＿＿＿] 万元以上

B16. 如果按家庭资产标准来划分中产阶层家庭，您认为在本地一个三口之家（父母和未成年子女）的家庭资产（包括房产、土地等）达到多少才能成为中产阶层家庭？

记录：[＿＿＿＿＿] 万元以上

B17. 总的来说，您认为当今的社会是否公平？

1. 完全不公平
2. 比较不公平
3. 一般
4. 比较公平
5. 完全公平

B18. 您觉得一个人要获得更高的社会或经济地位，下列各项中最重要的三项是：（每列单选）【请出示示卡6，第8页】

	第一重要	第二重要	第三重要
1. 家庭背景	1	1	1
2. 受教育水平	2	2	2
3. 个人的天赋	3	3	3
4. 努力工作	4	4	4
5. 个人的社会关系	5	5	5
6. 国家的政策倾斜	6	6	6
7. 运气	7	7	7

G. 联系方式

谢谢您参与我们的调查。我们诚挚地希望能与您保持联系，希望您能告诉我们您的联系方式，以便将来可以把我们的研究成果报告给您。我们会严格遵守科学研究的伦理及中国有关法律的规定，为您提供的所有信息保密。除了本研究目的之外，不向任何单位和个人泄露，并愿意为此承担法律责任。谢谢您的理解和配合。

G1. 您的姓名是：_____

G2. 您的手机号码是：[_ | _ | _ | _ | _ | _ | _ | _ | _ | _ | _]

G3. 您家的固定电话 号码是：[_ | _ | _ | _ | _ | _ | _]

区号是：[_ | _ | _ | _]

G4. 您的 email 地址是：_____

G5. 您的邮寄地址是：_____市_____县（区）_____乡镇/街道_____

邮政编码是：[_ | _ | _ | _ | _ | _]

【调查员注意：读出下列句子："访问到此结束，感谢您对我们工作的支持。祝您身体健康、工作顺利、合家和睦！"】

【访问员：请记录当前时间 [_ | _] 月 [_ | _] 日 [_ | _] 时 [_ | _] 分】

后 记

　　还记得 2011 年参加硕士研究生复试时，仇立平教授拿着我的报名表问道："我看你报名时填的研究方向是社会分层，为什么会对社会分层感兴趣？"其实当时自己对社会学还没有太多的认识和了解，不太清楚社会学所包含的各个研究方向，只是在本科的课堂上听老师提起陆学艺教授的"十大阶层"，大概知道社会分层问题是社会学的一个研究方向，所以就选择了这个唯一熟悉的内容作为自己未来的研究方向。入学后，有幸在硕士和博士期间分别跟仇立平教授和张文宏教授两位社会分层研究大咖学习相关理论知识，并开展自己的研究。在两位导师和学院其他老师的帮助下，我对社会分层问题有了进一步的认识和理解，也越来越体会到其中的乐趣。所以在硕士和博士学位论文的研究选题中都义无反顾地选择了社会分层研究中的主观地位认同问题，本书的成果即在博士学位论文基础上修改完成的。

　　在修改书稿的过程中，在上海大学读书时的一幕幕再次浮现在脑海中。上海大学的七年学习生涯，让我收获良多，那里有丰富的学术交流和实践平台，还有一群可敬的老师和可爱的同学，他们督促我不断进步，也帮助我顺利完成了本书的初稿，对他们我一直心怀感恩和谢意。首先，我要感谢我的两位导师张文宏教授和仇立平教授，本研究从选题开始两位老师就提供了很多意见和建议，他们时刻想着帮助我完善整个研究设计，研究的每一个步骤都有他们辛勤的指导；其次，我要感谢上海大学社会学院的李友梅教授和张海东教授，是他们让我在大型调查中加入自己的研究设计，获得了整个研究不可缺少的实证资料；再次，还要感谢关信平教授、张广利教授、周怡教授、翁定军教授、孙秀林教授、肖瑛教授、陆小聪教授、彭善民教授、袁浩教授、甄志宏教授、黄苏萍副教授和陈蒙副教授在研究过程中给我提出的意见和建议。

虽然本书的初稿在 2018 年就已经完成，但苦于缺少经费迟迟未能进一步完善和公开出版。本书得以出版要感谢我现在的工作单位——济南大学政法学院的两个重要科研平台和团队，尤其是平台和团队负责人高功敬教授对我的支持和帮助。本书受山东省社科理论重点研究基地（济南大学）"新时代社会治理与政策创新"研究基地和山东省高等学校青创人才引育计划"新时代社会治理与社会政策创新团队"的资助才得以在原有研究形成的初稿基础上进一步完善、深化，形成最终成果，并得以出版。本书也有幸成为山东省社科理论重点研究基地（济南大学）"新时代社会治理与政策创新"研究基地、山东省高等学校青创人才引育计划"新时代社会治理与社会政策创新团队"的研究成果之一。

此外，本书能够顺利完善并出版还离不开济南大学政法学院原院长梁丽霞和党委书记徐庆国对我的支持和帮助。如果说仇立平教授、张文宏教授和张海东教授是我学习路上的领路人，带我走进学术研究大门，那么徐庆国书记、梁丽霞院长和高功敬院长则是我工作路上的领路人，在他们的指引下，我从一名学生转变为一名教师，除了科研工作，还承担起教书育人的重任。在未来的工作中我定当不断努力，争做一名优秀的高校教师。

本书的研究从 2014 年的研究设计到今天的出版，历时 8 年，虽然迟日旷久，但研究还多有不足之处，希望学界同人批评、指正，在未来的研究中，我也将不忘初心、砥砺前行。

图书在版编目（CIP）数据

中产阶层的主观地位认同：以上海市数据为例 / 韩
钰著. --北京：社会科学文献出版社，2022.11
（济大社会学丛书）
ISBN 978 - 7 - 5228 - 1176 - 5

Ⅰ.①中… Ⅱ.①韩… Ⅲ.①中等资产阶级 - 研究 -
上海 Ⅳ.①D675.1

中国版本图书馆 CIP 数据核字（2022）第 228094 号

· 济大社会学丛书 ·

中产阶层的主观地位认同
——以上海市数据为例

著　者／韩　钰

出 版 人／王利民
责任编辑／胡庆英
责任印制／王京美

出　　版／社会科学文献出版社·群学出版分社（010）59366453
　　　　　　地址：北京市北三环中路甲 29 号院华龙大厦　邮编：100029
　　　　　　网址：www.ssap.com.cn
发　　行／社会科学文献出版社（010）59367028
印　　装／三河市东方印刷有限公司

规　　格／开　本：787mm × 1092mm　1/16
　　　　　　印　张：16.5　字　数：222 千字
版　　次／2022 年 11 月第 1 版　2022 年 11 月第 1 次印刷
书　　号／ISBN 978 - 7 - 5228 - 1176 - 5
定　　价／98.00 元

读者服务电话：4008918866